五代宋金元人
边疆行记十三种疏证稿

贾 敬 颜 著

中 华 书 局

图书在版编目（CIP）数据

五代宋金元人边疆行记十三种疏证稿/贾敬颜著. —
北京:中华书局,2004.8(2022.5 重印)
ISBN 978-7-101-03736-4

Ⅰ.五… Ⅱ.贾… Ⅲ.①游记-注释-中国-古代
②游记-考证-中国-古代 Ⅳ.K928.9

中国版本图书馆 CIP 数据核字(2003)第 003743 号

责任编辑：崔文印

五代宋金元人边疆行记十三种疏证稿
贾敬颜 著

＊
中 华 书 局 出 版 发 行
(北京市丰台区太平桥西里 38 号 100073)
http://www.zhbc.com.cn
E-mail:zhbc@zhbc.com.cn
三河市航远印刷有限公司印刷
＊
850×1168 毫米 1/32 · 12¼印张 · 277 千字
2004 年 8 月第 1 版 2022 年 5 月第 3 次印刷
印数:3801-4600 册 定价:48.00 元
ISBN 978-7-101-03736-4

作 者 像

序

我即为贾子伯颜（敬颜）教授序其遗著《东北古地理古民族丛考》的第二年，贾夫人孟荣福同志又抱贾子遗稿《五代宋金元人边疆行记十三种疏证稿》来，云："子为吾之夫近四十年的莫逆交，知吾之夫莫若子，谨请再序之！"我虽陋劣不文，序亡友书，固后死者之责，何敢辞？乃受而竭数日之力展阅一遍，掩卷叹曰：余睹全稿涂乙多处，笔迹遒劲如昨，犹仿佛想见贾子平日的为人和蔼可亲，谈锋犀利，宛然历历在目；而今墓草方生，音容渺然，不可复承声矣。伤哉！

忆五十年代初，贾子与徐子尊六（宗元）教授及余结识之初，假日多暇，偶尔叙谈。每以往古经史群籍，汗牛充栋，令人似无可再着墨处，有之亦徒供覆耳。勤读书人莫若注释一二种古籍名著来。古籍名著既已数百千年流传到今，则吾人注释亦必附以传于不朽也。此论乃为当时只欲多著书而不喜读原著之人而发，不啻一版清凉剂。既遭十年浩劫之秋，徐子先逝，贾子年过不惑，与历史系诸同志共同参加《中国历史地图集》东北边疆部分的编绘和释文工作，前后达十数年。贾子专力遍读东北史志以及东北边疆游记之书，陆续撰成路振《乘轺录》、王曾《上契丹事》、许亢宗《宣和奉使行程录》、王寂《辽东行部志》、《鸭江行部志》等注释多种。上述各种注释，先交中国书店总店北京琉璃厂门市部油印数百册，分赠诸师友；后又续有增订，分别寄交《北方文物》、《史学集刊》、《黑龙江民族丛考》、《社会科学辑刊》等杂志公开发表。贾子生前搜集其注释各书,得十三种,合订为一编,即此遗稿之最后手定本。贾子亲笔题为《疏证稿》,意为待定之稿,谦辞也,实与《东北古地理古民族丛考》为姐妹编。两者均为今之治东北史地与东北民族史者必读之书,洵一日不可或缺者也。

全稿以书为篇,凡十有三篇,约30万字。其中五代后晋一人,元人王恽、张德辉、周伯琦三人,而以宋人胡峤、路振、王曾、许亢宗、王寂等五人为最多。明以前有关东北边疆地区之主要游记,大抵均囊括于此。贾子以其一己的比较完整的学术体系和独到的风格,一一为之排比校勘,爬梳钩稽,间附己意。每篇以本书原文为纲,有原注者次之,己之注释又次之。注释或云"颜案"或否,均另起行,序次井然,尤便读者。释文短者数字,长者数百或过千字,无则从阙,不著一字。不强以不知为知,知必引史为证,以伸己说,亦有引而不发,以俟来哲。

此定本出之贾子手定,批改过半,未及卒业,而贾子作古。幸得贾子所激赏的门弟子李桂枝等同学为之续成,并谋出版问世。尤以李桂枝同学详为考定引文,订讹纠谬,不厌其烦,得以完编。如李辈重道而又尊师,不亦弥可称道哉?贾子一生安贫乐道,以诲人著述为职志,门弟子成就者众。今成《疏证稿》十三种,超出平昔矢志注释古籍一二种者多多。贾子良足以引为自豪而含笑于九泉矣!敢以质诸世之同好者,以为何如?是为序。

王锺翰于中央民族学院

一九九一年四月

目　　录

《晋出帝北迁记》疏证稿

《契丹国志》三、四两卷记晋出帝北迁,乃联缀《通鉴》及《欧史·晋家人传》之《高后李氏传》而成。今改题《晋出帝北迁记》而注释其事迹,以为《五代宋金元人行记十三种疏证稿》之首篇。

辽降出帝为光禄大夫、检校太尉,封负义侯,

《通鉴》卷二百八十六《后汉纪》一卷高祖天福十二年即晋出帝之开运四年(947年)之下及《晋家人传》并著其事于正月辛卯,即初五日。

迁于黄龙府。

原注:"即慕容氏和龙城也。"

案:此亦从《通鉴》中来,但胡三省注疑非汉辽西郡界之慕容氏和龙城,殆契丹后改隆州、北至混同江一百三十里之黄龙府是也。《三朝北盟会编》卷二十一称:德光以兵直抵汴京,迁少主于黄龙府。《薛史·少帝纪》五卷,谓黄龙府在渤海国界。且后文言:自南海府(今海城)至黄龙府,又去怀密州(即怀州),而中途返归辽阳,亦与慕容氏和龙城(今朝阳市)行程不合。辑本《元一统志》:黄龙府治利俗县,晋少帝初安置之地,金改为利涉军(今农安县)。

帝使人谓太后曰:

帝,谓辽太宗耶律德光;而太后,则出帝之母李氏,唐明宗第五女。

"吾闻尔子重贵不从母教而至于此,可求自便,勿与俱行。"太后答曰:"重贵事妾甚谨,所失者,违先君之志,

> 先君,谓高祖石敬瑭。

绝两国之欢;然重贵此去幸蒙大惠,安生保家,母不随子,欲何所归?"于是太后与冯皇后、

> 后,定州人。父濛为州进奏使。先嫁重胤,重胤早卒,出帝于居丧中纳之。见本传。

皇弟重睿、

> 重睿,《晋家人传》有传。

皇子延煦、延宝举族从晋侯而北。

> 延煦、延宝,高祖诸孙也,出帝以为子。亦见同传。

以宫女五十、宦者三十、东西班五十、医官一、控鹤四、御厨七、茶酒司三、仪鸾司三、六军士二十人从,卫以骑兵三百。

> 《辽史·太宗纪》下卷作内宫三人、健卒十人。"三"下缺"十"字,"十"上缺"二"字。

又遣赵莹、冯玉、李彦韬与之俱。

> 《通鉴》系晋主、李后等之北迁于癸卯即十七日下,并补赵、冯、李俱迁之文。莹字玄辉,华州华阴人;玉字璟臣,冯后之弟;彦韬,太原人;三人俱开运用事之臣。又皆殁于契丹。见薛、欧二史各传(《薛史》卷八十八、八十九,《欧史》卷五十六)。

所经州县,皆故晋将吏,有所供馈,不得通。路傍父老,争持羊酒为献,卫兵推隔,不得使见,皆涕泣而去。旧臣亦无敢进谒者,独磁州刺史李毂迎谒于路,倾赀以献。

李榖谒献事《旧史考异》引《宋史》本传（卷二百六十二）已著录。榖字惟珍，颍州汝阴人。

晋侯至中度桥，

胡注："滹沱水迳恒州东南，恒州之人各随便为津渡之所。此为中度者，明上下流各有度也。"（卷二百八十五）《辽史》卷七十六耶律解里、耶律朔古、赵延寿三传称滹沱河中渡桥，《耶律拔里得传》（卷七十六）只作滹沱河，而《耶律图鲁窘传》（卷七十五）则称滹沱桥。

见杜威寨，叹曰："天乎！我家何负于汝，为此贼所破！"恸哭而去。

开运三年秋，契丹寇镇、定、威，西趋中渡桥，与敌夹滹沱河而军。偏将宋彦筠、王清渡水力战，而重威按兵不动。彦筠遂败，清战死。磁州刺史兼北面转运使李榖说威及李守贞，以三脚木为桥，募敢死士过河击贼，诸将皆以为然，独威不许。契丹遣骑兵夜并西山击栾城，断威军后。是时，威、守贞已有异志，而粮道隔绝，乃阴遣人诣契丹请降。杜威，即杜重威。《薛史》称：帝过中渡桥，阅杜重威营寨之迹，而《辽史》等称中渡寨。

刘知远自将东迎晋侯，至寿阳，

寿阳，今山西寿阳县。

闻已经数日，乃留兵戍承天军而还。

胡注：承天军在井陉县娘子关西南太原府广阳县界。宋朝太平兴国四年，改广阳为平定县，置平定军。县有承天军寨，在太原府南三百五十里。

颜案：当今桃河北岸娘子关北。以上《通鉴》系于甲戌即二月十八日下。

晋侯自幽州行十余日,

原无"行"字,"日"误"里"。幽州,今北京市。《金史》卷一零五《任熊祥传》:八代祖圃,为后唐宰相。圃孙睿,随石晋北迁,遂为燕人。

过平州,沿途无供给,饥不得食,

《家人传》作:"过平州,出榆关,行砂碛中,饥不得食。"而《薛史》作:"自范阳行数十里,过蓟州、平州,至榆关。沙塞之地,略无供给,每至宿顿,无非路次,一行乏食。"范阳,即幽州。蓟州,今河北蓟县。平州,今卢龙县。榆关,今抚宁县榆关村。

遣宫女、从官采木实、野蔬而食。又行七、八日,至锦州。

锦州,今辽宁锦州市。今锦州旧城北街尚存辽时所建大广济寺塔。胡注引《金人疆域图》:"锦州南至燕京一千四百一十五里。"盖自燕京趋平州,出榆关,傍海滦,至锦州,故途程迂回,遥远若是。

卫兵迫拜太祖画像,

胡注:契丹置锦州,近木叶山。

案:此注误。太祖葬祖州,陵曰祖陵。而木叶山在上京东北三百里,祖陵所在山仅当其西南一脉耳。锦州张挂太祖御容,非言锦州必为太祖葬所也。参胡氏于卷二百七十五《后唐纪》明宗天成二年正月己卯日阿保机葬木叶山下之注语。

不胜屈辱而呼曰:"薛超误我,不令我死。"

胡注:谓薛超持之,不令赴火也。

案:开运三年十二月壬申,帝于宫中起火,自携剑驱后宫十余人将赴火,为亲军将薛超所持,俄而张彦泽自宽仁门传契丹主与太后书慰抚之,且召桑维翰、景延广,帝乃命灭火,悉开宫城。帝坐苑中，与后妃相聚而泣。召翰林学士范质草降表，自称："孙男臣重贵，祸至神惑，运尽天亡。今与太后及妻冯氏，举族于郊野面缚待罪次。遣男镇宁节度使延煦、威信节度使延宝，奉国宝一、金印三出降。"太后亦上表，称"新妇李氏妾"。

冯后求毒药，欲与晋侯俱自死，不果。

《薛史·少帝纪》系此于帝后在辽阳之际，曰："行至辽阳，皇后冯氏以帝陷蕃，过受艰苦，令内官潜求毒药，将自饮之，并以进帝，不果而止。"

又行五、六日，过海北州，

海北州，治开义县，地在医巫闾山之西，南海之北，州以是而得名，故城在今辽义县南四十里之开州屯。城址周一里，已毁，见《义县志·建置志》上卷及《奉天通志》卷五十四。

至东丹王墓，

东丹王即阿保机长子图欲，世宗之父。《辽史》本传，明言葬于医巫闾山。王寂《辽东行部志》：承天皇太后葬景宗于先茔陵之东南，建城曰乾州，取其陵在西北隅，故以名焉。《奉天通志》卷五十四，言《行部志》所指之先茔，指东丹王及世宗之二显陵而言，皆在医巫闾山中（望海山近旁），适当乾陵之西北。故曰葬景宗于先茔陵之东南。又西北曰乾，景宗陵在州之西北隅，故名乾陵。而州又因乾陵而名乾州。乾州约在今辽宁北镇县城西南十二里观音洞附近。《宋会要辑稿》蕃夷一卷："大中祥符三年（辽统和二十八年）七月，雄州言：契丹国主以其母丧殡显州。日三时沃奠，葬于州北二十五里。"《续资治通鉴长编》卷七十三同年四月记："契丹主葬其母于显州北二十里。"两契丹主均谓圣宗。圣宗母即承天太后。承天后与景宗合葬乾陵，而乾陵在显州北二十五里，或二十里。显州故城在今辽宁北镇县西南五里之北镇庙。1971 年，北镇县修建战备医院,于医巫闾山中富屯公社龙岗大队掘出耶律宗正、宗允兄弟之墓志并宗正之妻秦晋国妃之志盖。宗正、宗允之父即耶律隆庆,为景宗之子而圣宗之弟。两志均言陪葬于乾陵。是乾陵即今龙岗也("龙岗",疑为"陵岗"之讹误)。龙岗位于北镇庙之北而稍偏西向,两地相距为二十里左右,与《会要》及《长编》之说皆相合。

遣延煦拜之。又行十余日,渡辽水,

辽水,今辽河。

至渤海国铁州。

《辽史·地理志》二卷:"铁州,建武军,刺史。(中略)渤海置州,(中略)在东京西南六十里,统县一:汤池县。"王寂《鸭江行部志》:"汤池,本辽时铁州,以其东有铁岭,故名之。"《辽东志》:"汤池县,盖州城东北七十里,辽置,属铁州,今为汤池堡。"铁州治汤池县,金废州存县,属盖州。汤池堡,今辽宁营口县(大石桥)东南之汤池村。

又行七、八日,过南海府,

《辽志》二卷:"海州,南海军,节度。本沃沮国地……渤海号南京南海府。叠石为城,幅员九里,都督沃、晴、椒三州。"海州,今辽宁海城县,向无异说。但金毓黻《渤海国志长编》卷十四《地理志》曰:《辽志》言者,盖辽迁东丹国时,于今海城之地置海州南海军。以南海府沃州之民迁于此处;又置耀州(案:即今营口县迤北之岳州城)以迁椒州之民;置嫔州(案:即今海城县东北三十余里之向阳寨)以迁晴州之民。撰《辽史》者以为前后一地,混叙不分,故有此误,其实相去盖千里也。《辽志》所云叠石为城,幅员九里,盖指南海府旧制,与后迁之海州无涉(旧制之南海府,俗云即今朝鲜咸镜南道之咸兴)。案:金氏说精当可取。

遂至黄龙府。

如前说，黄龙府即混同江南之龙州（隆州）黄龙府，今吉林农安县。盖晋主自南海府北过辽阳，经瀋州（今沈阳市）、兴州（今沈阳北六十里之懿路村）、咸州（今开原县老城镇）、肃州（今昌图县昌图镇）、同州（今开原县南中固镇）、信州（今吉林怀德县〔公主岭〕西北新集城），而至黄龙府。此宋人使金过往行程也。

先是述律太后徙晋侯并后于怀密州，

述律太后，阿保机之妻而德光之母。怀密州即怀州，有怀陵，为德光葬所；怀州在今岗岗庙之小城子，而怀陵在今岗岗庙北之川心庙。述律之所以徙晋侯母子于怀密州者，守陵也。《金史》卷一零五《杨伯雄传》：八世祖彦稠，后唐清泰中为定州兵马使。后随晋主北迁，遂居临潢。案：伯雄之祖既随主人北迁而居临潢，且临潢乃辽之皇都，必在此献俘，则出帝无不到之理。

去黄龙府西北一千五百里。

怀密州距黄龙府为东西向而略南。西北向之说，误从旧图籍中得来。

行过辽阳二百里，

《金史》卷七十五《孔敬宗传》：其先，东垣人，石晋末，徙辽阳。案：孔氏先人未必即随出帝徙辽阳，但辽阳有石晋移民，从可知矣。

而述律太后为帝所囚，

帝，谓世宗兀欲，即薛、欧二史之永康王（大同元年二月封）。囚述律处，在祖州祖陵之侧。

晋侯与太后复得还于辽阳，稍有供给。

太后"太"字从《欧史》补。《薛史·少帝纪》：永康王请帝却往辽阳城驻泊，帝遣使奉表于永康，且贺克捷，自是帝一行稍得供给。

天禄元年四月,帝至辽阳,

世宗大同元年九月丁卯即十六日始改元天禄元年。此实北汉高祖乾祐元年亦即天禄二年四月之事,《国志》误书。

晋侯白衣纱帽,与太后、皇后诣帐中上谒,帝令晋侯以常服见。晋侯伏地雨泣,自陈过咎。

意补下句晋侯"晋"字,"雨泣"原误"而泣",从薛、欧二史改。

帝使人扶起之,与坐,饮酒奏乐。而帐下伶人、从官望见故主,皆泣下,悲不自胜,争以衣服、药饵为遗。五月,帝上陉,取晋侯所从宦者十五人、东西班十五人及皇子延煦而去。帝有妻兄禅奴舍利,

《欧史》只称禅奴。"舍"字从《薛史》补。舍利,契丹贵族之称,汉译"郎君"。案:世宗后萧氏,名撒葛只。述律后弟阿古只之女。阿古只,辽史有传(卷七十三),又作阿骨只,禅奴或其诸子中之一人(传但言子名安团,又作安抟)。

闻晋侯有女未嫁,求之,乃辞以幼。后数日,帝遣骑取之,以赐禅奴舍利。

二史但称禅奴,《国志》抄《通鉴》,《通鉴》亦失一"舍"字,兹一并补足。

陉,北地,尤高凉。北人常以五月上陉避暑,八月下陉。

陉,凉陉简称。辽有凉陉数处,此似为庆州(今巴林右旗白塔子)境内之凉陉。

至八月,帝下陉,太后自驰至霸州谒帝,

霸州,即兴中府,重熙十年升。此方是慕容氏之和龙城也。今辽宁朝阳市。案:帝之所居,名石家寨。《辽史》卷八十六《耶律合

里只传》:"重熙中,累迁西南面招讨都监。充宋国生辰使,馆于白
沟驿。宋宴劳,优者嘲萧惠河西之败。合里只曰:'胜负兵家常
事。我嗣圣皇帝俘石重贵,至今兴中有石家寨。惠之一败,何足较
哉!'"

求于汉儿城侧赐地,种牧以为生,许之。

城在建州。《辽志》三卷:"建州,保静军,上,节度。(中略)汉
乾祐元年,故石晋太后诣世宗,求于汉城侧耕垦自赡。许于建州南
四十里给地五十顷,营构房室,侧立宗庙。"《薛史》亦言:"永康许
诺,令太后于建州住泊。"

帝以太后自从,行十余日,遣与延煦俱还辽阳。

据此及上文,则李太后自辽阳驰驿至霸州谒世宗,今又自霸州
还归辽阳。

己酉天禄二年

原注:"北汉乾祐二年。"

春二月,徙晋侯、太后于建州。

《辽志》:建州在灵河之南,屡遭水害,圣宗迁于河北唐崇州故
城。案:灵河,今大凌河。《热河志》卷九十八《古迹志》二卷,考建
州故城甚详,曰:"建州故城在朝阳县西,(中略)今土默特旗西百
七十里,地名黄河滩,有废城址,东西二百七十丈,南北三百六十
丈,周十里有奇。四门,蒙古名喀喇城。城西北有浮图十七级(中
略),其旁又有小浮图七级(中略),其东距县治,为兴中州地;其西
南达大城子,为利州地;当为建州故城"(《塔子沟纪略》卷六亦有
此城之记述)。案:清朝阳县,今朝阳市,元兴中州,辽、金兴中府。
黄河滩,今地图又作黄花滩,在朝阳市西八十里,属大平房公社,当
大凌河与老虎山河合流处西岸。此圣宗以后之建州。其初所建,

乃在大凌河南岸,考古工作者无不谓即黄花滩西南之木头城子,今属甘招公社(黄花滩与木头城子之间有八棱观辽塔)。

中途,安太妃卒。遗令晋侯焚骨为灰,南向飏之,庶几遗魂得返中国也。

　　安太妃,代北人,出帝生母。此数句从《新五代史》太妃本传中撷来。传又云:"既卒,砂碛中无草木,乃毁奚车而焚之,载其烬骨至建州。李太后亦卒,遂并葬之。"

自辽阳东南行千二百里至建州,

　　东南行,应改西北行。薛史称:"帝自辽阳行十数日,过仪州、灞州,遂至建州。"胡注称:"今按建州在辽阳之西北,其南则义州,其北则土河,土河之北则契丹之中京大定府。"仪州即义州,又作宜州,今辽宁义县。灞州即霸州,后改兴中府,详前文。此自辽阳西至鹤柱馆(今辽阳市西南八十五里唐马寨古城),渡辽河,经杨家砦(约在今沈阳市西北大民屯与大古城之间)、辽州馆(今新民县东北五十八里辽滨塔村)、独山馆(今绕阳河站附近莲花泡西南之古城)、唐叶馆(约今黑山县)、乾州(今北镇县城西南十二里观音洞附近)、闾山馆(今北镇县)、宜州(今义县)、牛心山馆(今锦西县沙锅屯一带)、霸州(今朝阳市)、建安馆(即建州),可再经富水馆(即富庶县,今建平县〔叶柏寿〕公营子古城)、会安馆(今宁城县东南之沙海一带),涉土河(今老哈河)以达中京大定府(今大明城)。《武经总要》北蕃地理详记此一段路途。

节度使赵延晖避正寝以馆之。

去建州数十里外,得地五十余顷,晋侯遣从者耕以给食。

　　晋侯"晋"字亦准前后文补。

顷之,太宗之子述律王遣骑取晋侯宠姬赵氏、聂氏而去。

此三句取材于《旧史》。述律王即穆宗。《旧史》辑录者引《五代会要》：少帝有前右御正天水郡夫人赵氏、春宫赵氏、宝省婉美赵氏（封天水郡夫人）、出使夫人赵氏（充皇后宫司宝），此宠姬赵氏，未知谁是？聂氏，无所闻。

庚戌天禄三年

原注："汉乾祐三年。"

秋八月，

《新史》以为三月太后寝疾，而八月疾亟。

故晋李太后病，无医药，常仰天号泣，戟手骂杜重威、李守贞曰：

胡注："以其降契丹而亡晋也，事见《通鉴》二百八十六卷开运二年。"案：新旧二史，两人并有传（《新史》卷五十二，《旧史》卷一百零九）。

"吾死不置汝！"病亟，谓晋侯曰："我死，焚其骨送范阳佛寺，无使我为虏地鬼也。"是月后卒。

《通鉴》署其日为戊午即二十三日。《新史》复称："帝与皇后、宫人、宦官、东西班，皆被发徒跣，扶舁其枢至赐地，焚其骨，穿地而葬焉。"案：太后葬地曰熨斗山。《热河志》卷九十八《古迹志》一卷引《元一统志》："五代汉乾祐二年二月，辽主耶律德光徙晋出帝及李太后于建州，节度使赵延晖避正寝以馆之。明年三月，李太后寝疾，谓出帝曰：'我死，焚其骨送范阳佛舍。'遂卒。帝与皇后、宫人、宦者，被发徒跣，扶舁其枢，至熨斗山，得地，穿其陇首而葬焉。后人因号李太后塚。又有安妃，从出帝北迁，死于建州道中，遂与李太后并葬于此。"

周显德中，有中国人自辽来者，言晋主及皇后、诸子尚无

恙。其从者亡归及物故过半矣。

　　《新史》此句作:"后不知其所终。"

胡峤《陷辽记》疏证稿

初,萧翰闻德光死,北归,

萧翰,北府宰相萧敌鲁之子,而应天太后之甥,《辽史》卷百十三有传(其人又见《耶律屋质传》等。按:萧翰之名,李崧所制。参《新五代史》卷七十二附录一卷《契丹》上,又《资治通鉴》卷二百八十五《后晋纪》六卷齐王开运三年十一月及卷二百八十六《后汉纪》一卷高祖天福十二年三月两纪事)。耶律德光死于后晋出帝开运四年(即辽太宗会同十一年,世宗天禄元年,公元947年)。

有同州郃阳县令胡峤为翰掌书记,随入契丹,

陶穀《清异录》卷下:"胡峤《飞龙涧饮茶诗》曰:'沾牙旧姓余甘氏,破睡当封不夜侯。'新奇哉!峤宿学,雄材未达,为耶律德光所虏北去,后间道复归。"又卷上言:"胡峤诗:'瓶里数枝婪尾春。'时人罔喻其意。桑维翰曰:唐末文人有谓芍药为'婪尾春'者。婪尾酒乃最后之杯,芍药殿春,亦得是名。"又同卷:"芭蕉诗最难作,胡郃阳峤一篇云:'野人无帐幄,爱此绿参差。'云云。"颜按:峤事迹所知者,只此数端而已(参清郑方坤《五代诗话》卷二及周春《辽诗话》卷下)。

而翰妻争妬,告翰谋反,翰见杀,

翰妻阿不里。告翰谋反,杀翰,谓与明王安端结党之事,死于天禄三年正月。

峤无所依,居虏中七年,当周广顺三年,亡归中国,

　　《册府元龟》:周太祖广顺二年,以契丹虞部员外郎胡峤为汝州鲁山县令,以其归化故也。按:周广顺三年,辽应历三年,而公元953年。

略能道其所见。云自幽州西北入居庸关。

　　此语,《资治通鉴》卷六十一《汉纪》五十二卷孝献皇帝乙卷初平四年十月丙午,刘虞与官属北奔居庸纪事及卷二百七十《后梁纪》五卷均王贞明三年七月之下胡三省注,所引相同。顾炎武《昌平山水记》曰:"《淮南子》云,天下九塞,居庸其一。设关于此,不知始于何代,而《后汉书》建武十五年,徙雁门、代、上谷三郡民置常山居庸关,则自汉有之矣。亦谓之西关,亦谓之军都关,亦谓之纳款关,乃北齐所改。此关自古称为绝险,《金史》卷一零一《李英传》言,中都之有居庸,犹秦之崤、函,蜀之剑门也。自太行山迤北至此数百里不绝,自麓至脊,居庸第八陉也。"

明日又西北,入石门关,关路崖狭,一夫可以当百,此中国控扼契丹之险也。

　　路振《乘轺录》:石门关在幽州西一百八十里,其险绝悉类虎北口。颜按:"西"下当脱"北"字。《辽史·百官志》第二卷,南京诸司有石门统领司。钱良择《出塞纪略》,以为今八达岭或即胡峤所记石门关(李攸《宋朝事实》卷二十,袭契丹巢穴之路,一自南口以北居庸关八答岭。八答岭,即八达岭异称。金人刘迎有《晚到八达岭下达旦乃上》及《出八达岭》两诗,见《中州集》卷三)。元人名此为居庸北口,简曰北口,以与南口,亦即居庸南口相对峙,并筑城设戍以守焉。《金史·食货志二》大定二十年五月,谕有司曰:白石门至野狐岭,其间淀泺多为民耕植者(下略)。"白"必

"自"之误,而石门定石门关也。检《世宗纪》中卷,此年四月庚戌如金莲川,九月壬戌,自金莲川还。自中都到金莲川,必经石门关与野狐岭也。

又三日,至可汗州,

《辽史·太祖纪》上卷神册元年十一月,改妫州为可汗州。今河北怀来县怀来镇。唐称妫州。

南望五台山,其一峰最高者,东台也。

高士奇《扈从西巡日录》:"登东台,巉崖绝涧,约高三十余里,顶若鳌背,名望海峰,寺曰望海寺。盖东望明霞,若波若境,即大海也,因以为名。顶有漫天石,志传,夏则流液,夜则有光。"又曰:"据古经所载,漫天石即是东台。东台去太华泉四十二里,台上遥见沧、瀛诸州,日出时,下视大海,犹陂泽焉。有古寺十五处。"颜按:五台乃太行支脉,太行山平均海拔千七百至千八百公尺,而五台乃在三千公尺,其东台则高达三千一百四十公尺。

又三日,至新武州,

新武州,简称新州,辽改奉圣州,金升德兴府,元为保安州,在今河北涿鹿县西南四十里。

西北行五十里有鸡鸣山,云唐太宗北伐,闻鸡鸣于此,因以名山。

鸡鸣山,在宣化东五十里鸡鸣驿北五里,东距下花园二程。古名鸣鸡山,《魏书》卷五《高宗纪》和平元年五月癸酉纪事,及《水经注》卷十三《漯水注》引《魏土地记》、郦蔚之《隋州郡图经》、《通典》、《太平寰宇记》等书,并已著录。其称谓,北魏已有之,固不始于唐太宗也,传闻异辞。说见《畿辅通志》卷六十五《舆地志》卷二十山川门第九卷。

明日,入永定关北,此唐故关也。

《唐书·地理志》三卷:妫州有永定、窨子二关。永定关,舍今之五贵头亦名弹琴峡者,莫可属矣。峡势陡绝,高五、六百尺,两山相对,中通一路,宽十余丈,怪石纵横,俯瞰溪流潨潨,山光水色相掩映,车行不能方轨,马走不能成列。而距此三里而遥之霸道岭,岭巅有重关残垒,石路坡仄滑腻,人马易于颠踬,东接五贵头,西通岔道口,为居中扼要之关键。

又四日,至归化州。

上引《辽史·太祖纪》神册元年十一月纪事,改武州为归化州。今河北宣化市。

又三日,登天岭。岭东西连亘,有路北下,四顾冥然,黄云白草,不可穷极。契丹谓峤曰:"此辞乡岭也,可一南望而永诀。"同行者皆痛哭,往往绝而复苏。

《读史方舆纪要》卷十八开平卫万全都指挥使司下,谓此天岭即今河北赤城县独石城北四十五里之偏岭(嘉庆《重修清一统志》卷三十九宣化府第二卷、《畿辅通志》卷六十五《舆地志》二十卷山川门第九卷,皆从其说)。

又行三、四日,至黑榆林。时七月,寒如深冬。

后唐明宗长兴三年十月丙辰,幽州节度使张敬达奏:"契丹主耶律德光在黑榆林南捺剌泊"(见《册府元龟》卷九百八十《外臣部》通好类、《薛史》卷四十三《明宗纪》第九卷、《欧史·四夷附录》第一卷《契丹传》、《资治通鉴》卷二百七十八《后唐纪》七卷,但《元龟》及《薛史》乃作十一月乙巳,此从《通鉴》。又《通鉴》卷三百八十《后晋纪》一卷胡注称,契丹牙帐自明宗长兴三年即屯捺剌泊。又《元龟》捺剌泊作"撩剌泊",《欧史》作"揆剌泊"。均误)。捺剌泊之"捺剌",非蒙古语之 nara(n)(此言日月之"日"),即蒙古语之 nau'ur,而契丹语书作"袅",亦犹言"湖泊"焉。捺剌泊或为后日所称之羊城泺,在今河北沽源县东北。而黑榆林又在其北,或为今独石口北百六十里而元上都故址(今内蒙古锡林郭勒盟正蓝旗召乃门苏木)以西之榆木山,蒙古语则名之曰乌里雅苏台山者。

又明日,入斜谷。谷长五十里,高崖峻谷,仰不见日,而寒尤甚。

此斜谷,应为今闪电河(即上都河,滦河上游也)与吐力根河(闪电河支流)中间之某一峡谷区。

已出谷,得平地,气稍温。

此平地,得为今赵古都尔与大青山(标高千八百尺)中间之某一平川地。

又行二日,渡湟水。

即潢河异书,今之西拉木伦河。此似指其上源。

又明日,渡黑水。

黑水,即今之查干木伦河(今查干木伦河,即辽庆州境内之黑河,庆州遗址在今昭乌达盟巴林右旗白塔子)。此似指其下游。

又二日,至汤城淀,气候最温,契丹若大寒,则就温于此。

《契丹国志》卷二十五载峤书"若"作"苦"。

《辽史》卷十四《圣宗纪》五卷统和十八年秋七月,驻跸于汤泉。九月乙亥朔,驻跸黑河。又二十一年九月癸丑,幸女河汤泉,改其名曰松林。按:汤城淀必即汤泉,以其可以温汤故也。汤泉近黑河,故圣宗盘旋避暑于两地之间约二月有余。改女河汤泉曰松林,松林,平地松林简称。而平地松林之北端,又适在黑河以西、潢河源头诸山之地。

其水泉清冷，草软如茸，可藉以寝而多异花，记其二种，一曰旱金，大如掌，金色烁人；一曰青囊，如中国金灯而色类兰，可爱。

　　高士奇《松亭行纪》，言胡峤所记旱金、青囊二种花，于察汉城及西尔哈河中间地乌兰布尔哈苏山中皆有之（察汉城即辽泽州而金、元会州）。查慎行《人海记》上卷：旱金莲花五台山出，瓣如池莲较小，色如真金，曝干可致远。初，友自山西归，有分饷者，以点茶，一瓯置一朵，花开沸汤中，鲜新可爱。后扈从出古北口外，塞山多有之，开花在五、六月间，一入秋，茎株俱萎矣。按：周伯琦《近光集》附录《扈从诗前序》，言失八儿秃（又名牛群头），草多异，花五色，有名金莲者，绝似荷花而黄，尤异。本集卷二《赋得滦河送苏伯修参政赴任湖广诗》："金莲满川净如拭。"原金人所以改曷里浒东川曰金莲川者，正以其地（即元上都之地）遍地皆生旱金莲也。蔡松年《晚夏驿骑再之凉陉观猎山间往来十有五日因书成诗》："山回晚宿一日花，剪金裁碧明烟沙。"一日花金莲一川满布旱金，而剪金裁碧则形容其花盛叶茂之景色（见《中州集》一）。赵秉文《金莲川诗》，实写金莲川行宫景色。云"一望金莲五色中，离宫风月满云龙"，云"夕阳低处紫金容"，云"长扬猎罢回天仗"，可证可证。然汤城淀之旱金莲，乃谓黑水侧近之旱金莲，亦即《辽史》卷三十二《营卫志》中卷行营门夏捺钵所在之黑山之旱金莲。志曰："道宗每岁先幸黑山，拜圣宗、兴宗陵，赏金莲，乃幸子河避暑。吐儿山在黑山东北三百里，近馒头山。黑山在庆州北十三里，上有池，池中有金莲。子河在吐儿山东北三百里。"黑山、馒头山均在庆州，黑山且为黑水所出，即今之汗山（标高千九百三十公尺）。吐儿山又作兔儿山，即犊儿山之讹，或作犊山，契丹语曰"抛古烈"(拖古烈,牛犊也),得为今之奥兰哈达山。馒头山,取其形似,正名永安山,又名庆云山,更曰拽剌山、耶里山、夜来山,相当于今之瓦儿漫汗山,此山之辽帝三陵,已为人所发见。诸山,并大兴安岭之余脉也(博利舒依兴干山)。子河、女河,余疑是一河,"子"、"女"当有一讹。此河即言在吐儿山东北三百里,则非呼林河之上源(或其支流),必归流河之上源(或其支流),其他水流,无可相当者。

又二日,至仪坤州。

《武经总要》卷十六下卷北蕃地理门:"恩州西北至曼头山三十里,山北至宜坤州五十里。""宜坤","仪坤"异书耳。恩州遗址,为今乃林镇西南二十里之土城子(在西桥镇之东)。该书又言:"宜坤州东至长泊十五里。"长泊,或以为奈曼旗(大钦他拉)东北之孔春庙泡子(工程泡子)。则仪坤州位置在今北山根(或五十家子庙一带),可约略指定矣。

渡麝香河。

或以今之广兴元河为麝香河(如彼说可从,则广兴元以南之土城子,乃为仪坤州)。

自幽州至此无里候,其所向不知为南北。

峤随入畜牧,故无里候方向之辨。

又二日,至赤崖,

阎万章先生谓赤崖当在赤崖馆附近。陈襄《神宗皇帝即位使辽语录》:十日过黄河,将至黑崖馆,问此去上京几何? 指东北曰三百里,又自黄河之南去,只数十里。十一日自黑崖馆至三山馆。十二日至赤崖馆。再越四馆(其中二馆为中路馆,即中途休息处)而达上京。可知赤崖必距上京不远,而在其西南方向。黄河即潢

河,亦即峤书之湟水。又《太祖纪》上卷七年(梁开平元年)九月壬
戌(二十三日),上发自西楼,冬十月庚午(初二日)驻赤崖。相距
只九日,则该赤崖亦即峤所经之赤崖焉。西楼,上京异称,详下文。

翰与兀欲相及,遂及述律,战于沙河,

兀欲,世宗本名。述律,应天皇后之姓。《通鉴》卷二百八十
七《后汉纪》二卷高祖天福十二年六月记此事,胡注:"胡峤《入辽
录》曰:'兀欲及述律战于沙河石桥。'盖沙河之桥也。南则姚家
洲,北则宣化馆至西楼。"按:《入辽录》即此《陷辽记》。"石桥"非
峤书原文,而系身之意补。盖双方战处在潢河,或称潢河横渡,又
曰石桥也。

述律兵败而北,兀欲追至独树渡,

此渡,当距石桥不远。

遂囚述律于扑马山。

《五代史》、《辽史》、《契丹国志》诸书,均言述律后幽禁在祖
州(《国志》卷四《世宗皇帝纪年》,称幽太后于太祖墓侧。太祖墓
号祖陵,在祖州)。祖州遗址,乃今林东镇西南之上石房子古城。
而祖州又依木叶山建立城郭。是扑马山即木叶山,或曰祖山;今林
东镇以西乃至祖州及太祖陵所在之连山,均得谓之木叶山(《通
鉴》卷二百七十五《后唐纪》四卷明宗天成二年正月己卯:契丹改
元天显,葬其主阿保机于木叶山),亦即峤书之扑马山也。

又行三日,遂至上京,所谓西楼也。

太祖命康默记等于西楼之地筑城曰上京,在神册三年,即公元
918 年。上京西楼遗址,为今林东镇以南之波罗城。《通鉴》卷二
百八十七《后汉纪》二卷高祖天福十二年六月下胡注引《入辽录》,
此数语作:"兀欲囚述律后于扑马山。又行三日,始至西楼。"《入

辽记》即《入辽录》，亦即《陷辽记》也。胡注又引《匈奴须知》："祖
州东至上京五十里。上京，西楼也。"上石房子古城东北距波罗
城，适为五十里。

西楼有邑屋市肆，交易无钱而用布，

《辽史·地理志》一卷：上京南城谓之汉城，南当横街，各有楼
对峙，下列市肆。又言，南门之东回鹘营，回鹘商贩留居上京，置营
居之。

有绫锦诸工作，

同书：上京齐天皇后故宅则有绫锦院，内省司，麹院、赡国、省
司二仓，皆在大内西南。

宦者、翰林、伎术、教坊、角觝、秀才、僧、尼、道士等，皆中国人而并、汾、幽、蓟之人尤多。

《辽志》卷一"西楼有邑屋市肆"以下迄乎此，全抄峤书，惟改
"秀才"为"儒"字，"尤多"为"为多"而已。

自上京东去四十里，至真珠寨，始食菜。

艺菜植圃之真珠寨，约为今新寨以东之地（或为新寨以北二
道山子以东之地）。

明日东行，地势渐高，

此隆起之地势，当为今阿鲁科尔沁旗东南之天山（标高六百
八十一公尺）。

西望平地松林，郁然数十里。

平地松林，为宋、辽、金、元历朝载籍所艳称，约自巴林两旗起，
西经克什克腾旗、扎鲁特旗、东乌珠穆沁旗，而达于多伦诺尔南北
之地，纵深数百里，皆是也。（王恽《中堂纪事》：上都东北不十里，
即有大松林，可证也。余案《塞程别纪》：大伯颜沟西北三十里至

转水河,山多松树,无人烟。又三十里至红门山口,本名哈马儿昂阿,多松树,无人烟,山渐低小,滦河之源亦出此。闻自此至喜峰口诸山,松皆合抱云云。亦可证。大伯颜沟,今地图作白音沟,《太平乐府》卷一小令一《鹦鹉曲》,冯海粟有《松林》一阕(《辽史》卷八十一《耶律室鲁传》:从上猎松林,至沙岭,卒。此沙岭,应即元人来往上京必经之沙岭。此殆平地松林之南脉)。

遂入平川,多草木,

此多草木之平川,则属今乌力吉木伦河与西拉木伦河中间之旷野。

始食西瓜,云契丹破回纥,得此种,以牛粪覆棚而种,大如中国冬瓜而味甘。

《丹铅总录》卷之四花木类:"余尝疑《本草》瓜类中不载西瓜,后读五代邰阳令胡峤《陷虏记》云:'峤于回纥得瓜,种以牛粪,结实大如斗,味甘,名曰西瓜。'是西瓜自五代始入中国也。"《松漠纪闻续》:"西瓜形如扁蒲而圆,色极青翠,经岁则变黄。其瓤类甜瓜。味甘脆,中有汁,尤冷。《五代史·四夷附录》云:'以牛粪覆棚种之。'予携以归。今禁圃乡圃皆有,亦可留数月,但不能经岁仍不变黄色。鄱阳有久苦目疾者,曝干服之而愈,盖其性冷故也。"宋、元以来多有诗文歌咏西瓜之甘香,如方夔:《食西瓜诗》有句云:"缕缕花衫沾唾碧,痕痕丹血揩肤红。香浮笑语牙生水,凉入衣襟骨有风。"如李东阳《汝贤馈西瓜槟榔诗》有句云:"汉使西还道路赊,至今中国有灵瓜。香浮碧水清先透,片逐鸾刀巧更斜。"赵秉文《解朝醒赋》:"剖西瓜之曆卵,烹此蔡之蛟涎,亦足解五更之渴梦,快一嚼于冰泉。"王予可《西瓜诗》:"一片冷截潭底月,六弯斜卷陇头云。"(《中州集》九)傅雱使金,在太原,馆伴供应有燕山枣栗一并有西瓜数十盘(见《三朝北盟会编》卷百十页五下）。

又东行，至衮潭，始有柳，而水草丰美。

《辽史》：衮潭有离宫，可供游猎（见卷三页三十一、卷四页四十五，卷六页七十三，卷七页八十五）。又有东幸衮潭及清暑衮潭之文（见卷六页八十六、卷八页九十）。今开鲁县西北之塔拉干泡子，可当此潭。

有息鸡草尤美而本大。马食不过十本而饱。

《酉阳杂俎续编》卷十：席箕，一名塞芦，生北胡地。古诗云：千里席箕草。敦煌出唐写本小说《明妃传》残卷有句云："阴极爱长席箕□。"泐缺者，必为"草"字。《辽史》卷百十五《二国外纪·西夏传》：土产有席鸡草子。按：马食之说无稽（唯牛、驼略食此草耳）。息鸡，席箕之语讹。

自衮潭入大山，行十余日而出。

如衮潭为塔拉干泡子，则自塔拉干泡子所入之山，必为自阿鲁科尔沁旗折向西北，超越巴林左旗（林东）以西，直至巴诺尔河上游之岗岗庙太宗葬所（详下）为止之一段大兴安岭南脉；唯其如是，故须行十余日而后得出山。

过一大林，长二、三里，皆芜荑，枝叶有芒刺如箭羽。其地皆无草，兀欲时卓帐于此，会诸部大人葬德光。

《辽史》太宗、世宗二《本纪》及《地理志》，均言太宗葬凤山，陵曰怀陵，后置怀州；《亡辽录》并言其享堂曰崇元殿（《三朝北盟会编》卷二十一引）。怀州遗址在今岗岗庙之小城子（见三宅俊成等编《林东》六十三至六十五页）。怀陵所在为岗岗庙北之川心庙（见 Jos·mullie 著《东蒙古辽代旧城探考记》，冯承钧译，六十七至六十八页）。《契丹国志》卷二引《纪异录》曰：辽帝太宗在栾城病时，上京西八十里山（此据明抄本。扫叶山房刊本作十八里，《辽史·地理志》引此书，更作五十里）有猎人，见太宗容貌如故，乘白马追奔一白狐，因射杀之。（中略）不浃旬而凶问至。验其日，乃得疾之日。国人于其地置堂，塑白狐形，并箭在焉，名曰白狐堂。今其陵之侧，创置怀州是也。"两相比勘，录之上京西八十里山，即祖州之凤山也。《通鉴》卷二百八十七《后汉纪》二卷高祖天福十二年七月辛巳：葬契丹主（按：谓德光）于木叶山。胡注引《匈奴须知》：木叶山西南至上京三百里。是自今波罗城东北逆推三百里为扎鲁特旗（鲁北）以西之罕山以迄上石房子（祖州）、岗岗庙之大兴安岭南脉之西南连山，并得谓之木叶山也。

自此西南行，日六十里，行七日，至大山门，两高山相去一里，而长松丰草，珍禽野卉，有屋室碑石，

《文献通考》卷三百四十五《四夷考》卷二十二契丹上卷引此书"而"字作"有"字，"室"字作"宇"字。《国志》"珍禽"下多"异兽"二字。

曰陵所也。

陵所，谓太祖祖陵也，在今上石房子村西北。自岗岗庙北之川心庙西南行至上石房子不足七日，计四百二十里之数，如非道路纡缓稽迟，则记录有乖讹。胡峤所述相去一里之大山门，即祖州之龙门，此考古学家得诸目验，足以证实峤说。参前引 mullie 氏书六十六页，又岛田正郎著《祖州城》四十六至五十页，贾洲杰著《内蒙古昭盟辽太祖陵调查散记》（《考古》1966 年第 5 期 263 至 266 页）。

兀欲入祭，诸部大人唯执祭器者得入，入而门阖；明日开门，曰"抛盏"礼毕，问其礼，皆秘不肯言。

《三朝北盟会编》卷百六十五引《金虏节要》称"抛盏烧饭"祀

吴乞买。《金史》卷三十五《礼志》卷八拜天仪有"排食抛盏"之
礼。后只称烧饭。参拙作《"烧饭"之俗小议》(《中央民族学院学
报》1982 年 1 期 92—93 页)。

峤所目见囚述律、葬德光等事,与中国所记差异。
已而翰得罪被锁,

事在天禄三年正月,见《辽史·世宗纪》及翰本传,参前注。

峤与部曲东之福州。福州,翰所治也。

此言福州翰所治,盖即翰之头下(或投下)州也;而"部曲"云
者,翰之头下(或投下)民也。但《地理志》谓福州乃国舅萧宁所
建,或翰被锁后改赐于宁者。《宋朝事实》辽刺史下州三十四,福
州其一也。宋淳祐七年石刻《地理图》安州以西有甫州。"甫州",
"福州"异书,辽安州遗迹当于今辽宁昌图县南马仲河车站之北四
十里求之,其西方之福州,或为康平县西北之小城子。

峤等东行,

实为西南行。

过一山,名十三山,云此西南去幽州二千里。

《宣和奉使行程录》:自锦州经由十三山下,欧阳文忠叙胡峤
所说十三山,即此。颜按:《中州集》卷一页十九下蔡珪《十三山下
村落诗》:"闾山尽处十三山,溪曲人家画幅间。何日秋风半篙水,
小舟容我一蓑闲。"闾山,医巫闾山之略,十三山在医巫闾山之东,
故云。《契丹国志》谓之乾州十三箇山。山不高峻而颇著名,故
《武经总要》卷十六下卷北蕃地理门、淳祐《地理图》等,无不载录
之。今锦县(大凌河)东北石山站之地(旧称十三站)。

又东行数日,

实为东北行。

过卫州,有居人三十余家。盖契丹所虏中国卫州人筑城
而居之。

　　卫州,《国志》属之头下州。《地理志》失载,反见诸《天祚纪》
第二卷天庆七年九月下,但此纪又抄自《国志》也。纪云:置怨军
八营,屯卫州蒺藜山。十二月丙寅,都元帅秦晋国王淳遇女直军,
战于蒺藜山,败绩,女直复拔显州旁近州郡。《金史》卷二《太祖
纪》天辅元年十二月甲子:斡鲁古等败耶律捏里兵于蒺藜山,拔显
州,乾、懿、豪、徽、成、川、惠等州皆降。《完颜娄室神道碑》(载杨
宾《柳边纪略》卷四)云:及斡鲁、阿思等平乾、显路,攻克显州,遂
与辽大帅耶律淳战于蒺藜山,大破之,遂下川、成、徽三州,徙其人
民于咸州、黄龙之地。于是太祖命王(按:谓娄安,娄室封壮义王)
为黄龙路统牧。与辽、金二史所记先战蒺藜山,后克显州,并顺势
连拔乾、懿、豪、徽、成、川、惠诸州,次序略异。卫州虽不属显州旁
近州郡,然必居显州以北或东北(三上次男《金代女真之研究》第
百十七页,定卫州于今新立屯附近,稍嫌过近)。

峤至福州而契丹多怜峤,教其逃归,

　　是峤又自今之新立屯一带,东北行,返归今之康平小城子。

峤因得其诸国种类远近云。

"距契丹国东至于海,

　　《辽史》卷一《太祖纪》上卷太祖五年正月丙申下称:"尽有奚、
霫之地。东际海,南暨白檀,西逾松漠,北抵潢水。"此海,路振《乘
轺录》名曰东海,而今称日本海。

有铁甸,

　　铁甸即铁利,又曰铁离、铁骊;而《神麓记》作铁黎(《北盟会
编》卷二百三十三引),余靖《契丹官仪》作挞领(《武溪集》卷十

八)。铁骊之名,源于铁勒。《金史》卷六十七《奚王回离保传》:"铁勒者,古部族之号,奚有其地,号称铁勒州,又书作铁骊州。"《三国史记·甄萱传》之铁利,等诸《高丽史·太祖世家》之铁勒;《金史·太祖纪》铁勒部长夺离剌,又称作铁骊突离剌;奚王回离保,又称铁骊王回离保或奚铁骊王回离保。所谓具"古部族之号"之铁勒,又必即《魏书》、《北史》以下立有专传之铁勒(又写作狄历、敕勒、高车、丁零),且必系辽、金二史习见之敌烈(又写作敌列、敌列得、敌烈德、迭列底、迪烈得、迭烈得、敌剌、迪列、迪烈、迭烈、迪离等。"得"、"底"皆复数词)。盖古之铁勒分散后,其东徙至女真境内者,乃又别作铁骊、铁黎、铁利、挞领,并此铁甸也。池内宏考证唐、五代间之铁利,东到今黑龙江依兰县,西至拉林、阿什河间(见《满鲜史研究》中世第一册所收《铁利考》一文)。以峤言检验之,甚不足矣。

其族野居皮帐而人刚勇。

　　《金史·世纪》有所谓野居女直。《女真译语》人物门,译野人为兀的厄·捏儿麻。"捏儿麻",人也。"兀的厄",即辽(包括五代)、金之所谓兀惹、乌惹、兀儿、乌舍、嗢热、屋惹,而元、明人写作吾者、兀者、斡者、斡拙,或并加"野人"二字于词尾;其所有格形式,即此兀的厄或曰兀的改(《金史·地理志》)、乌底改(同书卷八《世宗纪》下卷、卷九十五《马惠迪传》)。而明人又诋丑之曰野人女直也。究其实际,铁骊、兀惹接比为邻(《辽史·圣宗纪》第四卷,记兀惹、渤海侵铁骊,记铁骊送兀惹俘户;《营卫志》下卷、《奚和朔奴传》(卷八十五)、《耶律斡腊传》(卷九十四),记统和十三年秋和朔奴伐兀惹而驻兵铁骊,进军兀惹城。均可证二者壤地毗连),故风俗既同,且相混杂也。"野居"、"皮帐",言其渔猎无定处,随所至而卓帐焉。两《唐书·室韦传》皆言所居或皮蒙室,相聚而居,至数十百家。

其地少草木,水咸浊,色如血,澄之,久而后可饮。

《魏书·勿吉传》《隋书·靺鞨传》所言:水气咸凝,生盐于树皮,云云。盖缘此而生之误解。

又东,女真,善射,多牛、鹿、野狗。

《三朝北盟会编》卷三政宣上帙三卷:女真兽多牛、羊、麋鹿、野狗、白彘、青鼠、貂鼠。

其人无定居,行以牛负物,遇雨则张革为屋。

《会编》三:"以牛负物,或鞍而乘之,遇雨多张牛革以为御。"按:牛怎可被鞍?是《会编》敷演峤书,真画蛇添足矣。

常作鹿鸣,呼鹿而射之,食其生肉。

无名氏《北风扬沙录》:"无常居。善为鹿鸣,呼鹿而射之,生啖其肉。"《会编》:"精射猎,每见鸟兽之踪,能蹑而摧之。得潜伏之所,以桦皮为角,吹作呦呦之声,呼麋鹿而射之,但存其皮骨。"颜按:桦皮作角为鹿鸣,云云,此清人所称之哨鹿也。《辽史》卷十三《圣宗纪》卷四统和九年八月戊寅:女直进唤鹿人(卷七十《属国表》同)。"唤鹿人",此狩猎场中专供哨鹿之虞人也。

能酿糜为酒,醉则缚之而睡,醒而后解,不然则杀人。

《扬沙录》:"嗜酒而好杀,醉则缚之而俟其醒。不尔,杀人,虽父母不辨也。"《会编》所著与之同。盖《会编》取材《扬沙录》,而录又本之峤书。

又东南,

今本《通考》及一本《国志》所载无"南"字,当脱。

渤海,

此渤海,实谓渤海灭国后之东丹也。定都辽阳。

又东辽国,皆与契丹略同。

渤海以东无所谓辽国。峤所言辽国,或是《辽史》之濒海女直或曰滨海女直(见《圣宗纪》第三卷统和六年八月丁丑及《百官志》卷二北面属官项下),亦即《会编》所称:极边远而近东海者,则谓之东海女真。

其南,海曲,有鱼盐之利。

此海曲,盖言今之辽东湾与渤海湾也。

又南,奚,与契丹略同而人好杀戮。

《魏书·契丹传》:契丹国与库莫奚异种同类。《唐书·奚传》:其地东北接契丹,西突厥,南白狼河,北霫。(中略)其国西抵大洛泊,距回纥牙三千里。多依土护真水。按:白狼河,今大凌河;大洛泊,今达里诺尔;土护真河,即土河,今老哈河。老哈河乃彼人之集会地。《新五代史·四夷附录》第三卷:奚当唐之末,居阴凉川。在营州之西数百里,后徙居琵琶川,在幽州东北数百里。按:阴凉川,今锡伯河,为老哈河一支流;琵琶川,今地不详,此又南移后之政治中心也。辽太祖先征伐西部奚,次乃讨平东部奚。

又南,至于榆关矣。

隋、唐、五代间之榆关(又称渝关或临渝关),故基在今河北抚宁县之榆关村。

西南,至儒州,皆故汉地。

儒州,唐置,辽改奉圣州,今北京市延庆县。

西则突厥、

《四夷附录》第三卷:突厥至唐之末,为诸夷所侵,部族微散。五代之际,使臣来后唐、晋者,凡四至而已。

回纥。

　　同上书：唐末，回鹘为黠戛斯所侵，南徙天德、振武之间，又为石雄、张仲武所破，其余众西徙。役属吐蕃。当五代之际，有居甘州、西州者，尝见中国，而甘州回鹘数至，云云。

西北至妪厥律、

　　他书或作乌古、乌古里、乌骨里、乌虎里、干厥、干厥里、干骨里、羽厥、羽厥里，等等，盖即古之乌洛侯也。《太平寰宇记》卷百九十九："乌落侯国，亦曰乌罗浑国、乌罗护国，亦谓之乌护，乃讹言也。完水在其国西北，东北流合于难河。"乌护，即乌古。完水，又称乌丸水，指今石勒喀河至北流黑龙江鸥浦上下一段流程。难河，又称那河，即今之嫩江。《契丹国志》言，干厥国在蒙古里（即蒙古）之北（卷二十二四至邻国地理远近条）。《辽史》言，静边城北邻羽厥（《地理志》上京道下）。又言乌古境内有于谐里河（或主张即今喀尔喀河）、海勒河（今海拉尔河）、胪朐河（今克鲁伦河，可能兼有今额尔古纳河之上游）诸水。又东南迁至乌纳水（亦指今嫩江）流域（说详津田左右吉：《辽代乌古敌烈考》）。金时，乌古继续向南向东，移至大兴安岭以东，蒲与路（治所在今黑龙江克东县之大古城）以西，泰州（此指新泰州而言，即今吉林洮安县之城四家子古城）以北（说详王国维：《观堂集林》卷十五《金界壕考》），故《元史》卷百六十三《乌古孙泽传》说："其先女真乌古部，因以为氏。"乌古即乌护，而乌古孙之"孙"，乃语尾词，犹今言之"的"也。乌古大量内迁，而女真混入，故曰"女真乌古部"；厥初，盖此部落非突厥语族之民，即蒙古语族之民也。

其人长大，

　　《通考》无"大"字，脱。

髡头，

　　髡头即髡发，沈括称契丹人"剪发，妥其两髦"。盖剃其顶心，而疏其颅后与两鬓之发,此可由辽之陵墓壁画及传世李赞华、胡瓌等人画卷,得其形制。自乌丸、鲜卑人以下,发饰无不髡头焉。

酋长全其发,盛以紫囊。

紫囊所盛,必颅后之辫也。

地苦寒,

"苦",《通考》作"严"。

水出大鱼,契丹仰食。

大鱼,谓牛鱼,即鲟鱼。契丹俗重头鱼宴,所钩之鱼,即牛鱼也(参傅乐焕:《辽四时捺钵考》)。

又多黑、白、黄貂鼠皮,北方诸国皆仰足。

《通考》引作"仰之"。

其人最勇,邻国不敢侵。

详验辽金二史(主要在《辽史》)关系此部落征讨、设置之诸项文字,即可见其勇猛不避死之情状。

又其西,辖戛,

"戛"下必夺"斯"字。《新唐书·回鹘传》下卷:黠戛斯,古坚昆国也。或曰居勿、曰结骨。后世得其地者,讹为结骨,稍号纥骨,亦曰纥扢斯。狄语讹为黠戛斯。

又其北,单于突厥,皆与妪厥律略同。

《黑鞑事略》:黑鞑之国,原注:"即北单于。"1219年盩厔县《重阳万寿宫圣旨碑》载成吉思皇帝赐丘处机手诏有曰:"念我单于国",云云。余谓此单于突厥,或与宋人及蒙古比附之北单于、单于国为同义语。以地理考之,当谓塔塔儿或蒙古中之弘吉剌部也。据剌失都丁《史集》及《元朝秘史》诸书,塔塔儿、弘吉剌在今贝尔湖与乌尔逊河之南,其北适与黑车子室韦接界。

又北,黑车子,善作车帐。其人知孝义,地贫无所产,云契丹之先,常役回纥,后背之,走黑车子,始学作车帐。

黑车子,即黑车子室韦,而《旧唐书》回纥、室韦两传称和解室韦。地居俱轮泊(今呼伦池)东南及今之大兴安岭左右,始则为回鹘左厢部落之一,云去汉界一千余里(王国维有《黑车子室韦考》,载《观堂集林》第十四卷,可观也)。

又北,牛蹄突厥,人身牛足。

人身牛足,自是附会。然此种传说,由来已久。伯希和一二八三号敦煌唐写本藏文卷子《北方若干国君之王统叙记》称驳马北砂碛大山对面有 ud－ha－dag－leg 之人,足如牛蹄,身长茸毛,食人肉。由此往前,有突厥野人在焉。杜环《经行记》:“苫国北接可萨突厥。可萨北,又有突厥,足似牛蹄,好啖人肉。”苫国,俗说为今之叙利亚,而可萨突厥,一说则哈萨克也。《新唐书·回鹘传》:“黠戛斯东至木马突厥三部落。”三部落之一曰都播,亦曰都波,今之图瓦。传文又云:“俗乘木马驰冰上,以板籍足,屈木支腋,蹴辄百步,势迅激。”此木马突厥得名之由来也。牛蹄、木马云者,皆以狩猎部落追逐野兽,足下系著之雪橇而讹传焉(参见《亚洲学报》一九八七年本)。

其地尤寒,水曰瓠瓟河,

田村氏说“瓠瓟”乃“瓟瓠”之倒误,并谓即古胪朐河之异译而今称克鲁伦河者。然气候、地望皆不相类。

夏秋冰厚二尺,春冬冰彻底,常烧器销冰,乃得饮。

此亦传闻过甚之辞耳。

东北,至鞑劫子,

王国维说:鞑劫子即蒙古,犹蒙古之又被书作萌古子、盲骨子、蒙古斯、蒙国斯，或简为蒙子、萌子也（见《萌古考》，载《观堂集林》第十五卷。而伯希和说：蒙古、萌古下有"子"、"斯"等音，必为女真语表示复数词之形式，见《库蛮考》。冯承钧有译文，载《西域南海史记考证译丛续编》，第二十一页）。余说，此殆 Bkrin，别称 Mkrin 一名之女真语化者。剌失都丁著《史集》，其《部族志》谓：Bkrin 又被称为 Mkrin（《史集》俄文新译本第一卷一册百五十五页）。而女真人呼 Mkrīn，或读作"鞨劫子"也。按：刘祁《北使记》，兴定四年十二月吾古孙仲端、安庭珍奉使成吉思汗，在蒙古西北部所见之人，有磨里奚、磨可里、纥里迄斯、乃蛮、航里、瑰古、途马、合鲁诸番族居焉。纥里迄斯即胡峤书之辖戛，而《唐书》等之黠戛斯。乃蛮，无须另解。王国维说磨里奚即蔑里乞，航里即康里，瑰古即畏兀儿，途马即秃马惕，合鲁即葛逻禄，皆是也；唯谓磨可里即《秘史》之客列亦惕，则非矣。磨可里，实是此 Mkrin 之汉字写音也。《元史·明安传》（卷百三十五）至元二十六年冬十二月，别乞怜叛，劫取官站脱脱火孙塔剌海等，明安率众追击之，五战五捷，悉还之。至杭海……云云。可知别乞怜在杭海山东。别乞怜即此 Bkrīn 与磨可里也。明人记蒙古事，有所谓乜克力一部，又曰野乜克力。"野"为一修饰词。乜克力，仍此 Mkrin 是矣。

其人髡首，披布为衣，

《通考》引作"被皮为衣"，当是也。"被"、"披"同字。《魏书·地豆于传》：皮为衣服。

不鞍而骑，大弓长箭，尤善射，

剌失都丁称：Mkrīn（Bkrīn）营地在畏兀儿斯坦之险峻山岭中，近海都领地。其人既非畏兀儿，亦非蒙古，惯于行山，善攀岩壁，首领有"只难赤"（亦难赤）之尊称。

遇人辄杀而生食其肉，契丹等国皆畏之。契丹五骑遇一

鞑劫子,则皆散走。其国三面皆室韦,

室韦又译失韦、失围,实则古之鲜卑也(其读法,似为 ＊S(ä) rbi,＊Sirbi,＊Sirvi 等对音,用－n 译－r 之例,唯于汉及汉以前有之,后则改为用具有齿音尾声之字,说见伯希和:《吐火罗语与库车语》,载冯承钧:《吐火罗语考》七十九页注十二;又《辅仁学志》四卷二期方壮猷:《室韦考》引陈寅恪之说:凡梵文 vi 音译汉,例以"毗"字代之亦可证明室韦即鲜卑)。隋之室韦有大部凡五。唐分十二余部,散处极广漫。

一曰室韦,

疑"室韦"上有脱文,否则犯复矣。

二曰黄头室韦,

黄头室韦,初见《唐书·室韦传》,《辽史》卷七十一《淳钦皇后传》亦著录之。然《辽史》别见黄室韦及大小黄室韦之名甚多,盖皆黄头室韦之简称耳。又《百官志》二卷有黄皮室韦部,"黄皮室"下当重"室"字。沈括《使虏图抄》:"澄州大山之西,为室韦,今谓之皮室。"皮室,余靖《契丹官仪》作比室。《金史》卷七十六《杲传》:"杲以兵一万攻泰州,下金山县,女固脾室四部及渤海人皆来降。"女固,言"黄"(《契丹国志》:女古没里,华言所谓潢河是也。《四夷附录》一卷:契丹"其居曰枭罗箇没里。没里者,河也。是谓黄水之南,……""潢"、"黄"同字。"女古"、"枭罗箇,"即"女固");"脾室",乃"皮室"、"比室"异译,是女固脾室即黄皮室,亦即此黄头室韦,而他书或曰黄室韦者也。《唐书》言:黄头室韦在岭西室韦东南。此岭,谓今之大兴安岭而古之金山。金山县以金山得名,本属泰州,后升静州(参王著《金界壕考》)。金色黄,黄头室韦散居今大兴安岭,而大兴安岭古名金山,其以此部人居住之故欤?

三曰兽室韦。

当以猎兽为业而著称。《隋书》即言北室韦饶麋鹿，射猎为务，食肉衣皮。一二八三号卷子，称 Gud（鞠？）部落驱麋鹿，供其役使。其衣着冬夏如一，着兽皮，食兽肉。

其地多铜、铁、金、银，其人工巧，铜、铁诸器皆精好，善织毛锦。地尤寒，马溺至地，成冰堆。

《辽史》卷六十《食货志》下卷：坑冶，则自太祖始并室韦，其地产铜、铁、金、银，其人善作铜、铁器。阎万章说，此数语，殆变换峤书而来。

又北，狗国。人身狗首。长毛不衣，手搏猛兽，语为犬嗥，其妻皆人，能汉语，生男为狗，女为人，自相婚嫁，穴居食生，而妻女人食。云尝有中国人至其国，其妻怜之，使逃归，与其箸十余只，教其每走十余里遗一箸，狗夫追之，见其家物，必衔而归，则不能追矣。"其说如此。

远则《梁书·诸夷传》记有女则人，男则人身狗头之某岛居民。云："天监六年，有晋安人渡海，为风所飘至一岛，登岸，有人居止。女则如中国，而言语不可晓；男则人身而狗头，其声如吠。其食有小豆，其衣如布。筑土为墙，其形圆，其户如窦。"一二八三号卷子 Go‑Kog 部落之西隅有十部落，其北有火焰砂碛大山。山对面，即 Gnam‑gyi‑rgyal‑po（天王）两大部。当默啜可汗与阿史那可汗国势强盛之际，曾引兵到此，中因道阻，迄未成功。有二人迷失道路，茫茫踽踽，正行进间，见有骆驼蹄迹，遂尾随而行。于一大队骆驼近处，见一妇人，乃以突厥语与之接谈。妇人竟将此二人携往，匿于隐蔽处，骆驼后有一獒犬，狩猎归来。此犬嗅出生人气息，妇人急令二人向犬叩拜。此犬遂将十匹骆驼全部必需衣物及度越砂碛大山时之用水等,逐一驮来,乃发遣此二人返归突厥。又言:该犬降自上天,一赤一黑,下至山岭,与一母狼配合,生子皆不育,两犬乃盗一妙龄突厥女子而与之交配,生男均为犬类,生女则属人形,云云。近则李攸《宋朝事实》记契丹东屯诸国中有狗国(与狗国并列者为女真野人国、灰国、黑水国。女真无须疏解。野人国即兀的改,详前文。"灰"下或阙"扒"字,即辉发河流域居人,而旧记载中名之曰回跋女直,或曰辉发部。黑水国必指东流松花江为主包括部分南流黑龙江之居人,即历史中习见之五国部)。《元史·世祖纪》十卷至元二十一年四月戊申:"命开元等路宣慰司造船百艘,付狗国戍军。"同书同纪十四卷至元二十九年闰六月戊申:"荧惑犯狗国。"《事实》、《元史》之狗国,均即《黑鞑事略》之所谓那海益律干。而原注:"即狗国也。"那海,蒙古语"狗"也,益律干,"干"字原误"于",据改,人也,民也,国也。实即奴儿干之地方,其种族则《金史·地理志》叙录之吉里迷,而元、明人文献曰吉烈迷或乞列迷者;其分布,则远自黑龙江下流、江口上下,北达堪察加,南到库页岛。狗国之名,盖缘此种人冬月冰坚,乘坐雪橇,以犬挽驾,故元人立狗站于其地,而清人名之曰使犬部。《新唐书·东夷传》:流鬼"土多狗,以皮为裘"。俗说,流鬼即今库页岛,亦"狗国"也。日人间宫林藏著《东鞑纪行》(上卷),记库页岛母权制遗风极为盛行,女尊男卑,男子恰同奴仆一般,"是个女子专权的地方,在那里,如被女人嫌恶,便没有立足余地"。《事略》所称那海益律干:"男子面目拳块而乳有毛,走可及奔马,女子姝丽,鞑人攻之而不能胜。"此专就形貌以贬低男子耳,殊不足。而自《梁书》以迄胡峤所记:生女为人,生男为狗,人身狗首,语为犬嗥,其妻皆人。凡此荒诞不经之说,并缘母权社会之风习而发生者(恩格斯名著《家庭、私有制和国家的起源》,其附录:《新发现的群婚实例》一

文,即引证库页岛之吉拉克,即吉里迷人之事例)。括而大之,《三
国志·魏书·东沃沮传》引证耆老之言,沃沮东大海中有一国,
"纯女无男"。《梁书》引证沙门慧深之言:扶桑东千余里有女国。
而扶桑"国人养鹿,如中国畜牛"。其人驯鹿,一似今之鄂温克、鄂
伦春,而清人概称之曰使鹿部。小说《梁四公记》:北海之东有女
国。诸如此类。在西方,则海敦与普兰·迦宾、卢布鲁克亦无不有
狗国或牛蹄狗面国等种种传闻与记载,考证家结论一致,所指乃东
西伯利亚、黑龙江下游极边之地与鞑靼海峡及鄂霍次克海东西濒
海区域,犹有母权遗风,且以狗为驾挽之土著部落、部族也(详伯
希和:《马可波罗札记》六七五—八八页,Femeles is land of woman
一条,对中国西北、东北两项女人国之解说。)

又曰:"契丹尝选百里马二十四,遣十人赏干钞北行,穷其
所见。其人自黑车子历牛蹄国以北,行一年,经四十三
城,居人多以木皮为屋。

　　《新唐书·回鹘传》下卷,言鞠"聚木作屋";言驳马"覆桦为
室";言黠戛斯"冬处室,木皮为覆";言木马突厥"桦皮覆室"。一
二八三号卷子称 Do – lo – man,称 Khe – rged(契骨?),称 Ye – dre
(也坦?),称 Gud(鞠?)等,无不曰"以桦树皮覆盖帐篷",曰"以白
桦树皮为帐篷",曰"以桦树皮作帐篷并以白桦树捋出之乳酪液脂
酿造酒浆","以草棚为家",等等。

其语言无译者,不知其国地山川、部族名号。其地气,遇
平地则温和,山林则寒冽。至三十三城,得一人,能铁甸
语,其言颇可解,云地名颉利乌于邪堰。

　　《国志》一本"于"作"干"。

云:'自此以北,龙蛇猛兽,魑魅群行,不可往矣。'其人乃

还。此北荒之极也。"

《国志》"也"作"矣"。

契丹谓峤曰："夷狄之人岂能胜中国？然晋所以败者，主暗而臣不忠。"因具道诸国事。曰："子归，悉以语汉人，使汉人努力事其主，无为夷狄所虏，吾国非人境也。"峤归。录以为《陷虏记》云。

按：《宋史·艺文志》史部传记类，有胡峤《陷辽记》三卷，而地理类重出胡峤《陷虏记》一卷。"辽"字后改，"三"为"一"之讹。峤书久佚，今所见者，只《五代史》卷七十三《四夷附录》第二契丹下卷撷取之片断耳（《通考》并《国志》皆重录欧史之文）。王恽《秋涧先生大全集》卷十二《题常仁甫运使西觐纪行》五言律诗二首，其前诗末二句："胡生摇健笔，且莫诧东辽。"自注："《五代史》有胡峤《陷虏记》。"元初人亦不得见峤全书，此其明证。常仁甫即常德，《西觐纪行》即刘郁《西使记》。

路振《乘轺录》疏证稿

晁公武《郡斋读书志》（卷七）伪史类："《乘轺录》，一卷，路振子发撰。振，大中祥符初使契丹，撰此书以献。"陈振孙《直斋书录解题》（卷七）传记类，所载书名分卷，与晁志并同。《宋史》本传（卷四百四十一）称振大中祥符初使契丹，撰《乘轺录》以献。似本之晁氏言。而《艺文志》卷二史部传记类著录路政《乘轺录》一卷。"政"乃"振"之讹。今所传《乘轺录》计二种：一、《续谈助》本（《十万卷楼丛书》三编、《指海》第九集、《粤雅堂丛书》三编第二十三集、《丛书集成》初编，皆收之）；二、《皇朝事实类苑》卷七十七所收本。罗继祖曾合两者为一，且略事校雠（入所著《愿学斋丛刊》中），今重为辑录，并分别疏理其事、其物、其人、其地。

十二月四日，过白沟河，即巨马河也。

巨马，又作拒马、距马（《辽史·地理志》四作巨马，与路书同。以下或简曰《辽志》）。白沟本巨马支津。自宋以来，始总名巨马河为白沟河。宋雍熙三年曹彬北伐，兵败，涉拒马河，营于易水之南，即此也，乃宋、辽分界，故别名界河。

五日，自白沟河北行，至新城县四十里。

王曾《上契丹事》（以下简称王曾书或王曾言）："自雄州白沟驿度河，四十里至新城县。"

新城属涿州。

《辽志》四：涿州统县四，新城其一也。

地平、无丘陵。

　　欧阳《马嵒雪诗》(《居士集》卷六):"白沟南望如掌平,十里五里长短亭。"过白沟,亦地平无丘陵也。

六日,自新城县北行,至涿州六十里。

　　沈括《熙宁使虏图抄》(以下简称《沈括书》或但著沈括之名):"涿州南距新城六十里。"《辽志》四:新城县在涿州南六十里。

　　《资治通鉴》卷二百七十三《后唐纪》二庄宗同光二年(924年)三月庚戌下胡注引《匈奴须知》亦言新城县北至涿州六十里。

地平。十五里过横沟河。

　　《辽志》四:涿州下有横沟河。

三十五里过桑河。

　　《辽志》四:涿州下有楼桑河。"桑"上当脱"楼"字。

涿州城南有亭,曰修睦。是夕,宿于永宁馆。

　　王珪有《正月一日与馆伴耶律防夜宴永寿诗》(《华阳集》卷二)。"永寿",似"永宁"之讹。

城北有亭,曰望云。七日,自涿州北行,至良乡县六十里。

　　王曾书:"涿州六十里至良乡县。"沈括书,里程同。

道微险,有丘陵。出涿州北门,过涿河。河源出太行山,与巨马河合流。

　　涿河实不由太行出。涿河与挟河合,方入巨马,非涿河自与巨马汇流也。

五里过胡梁河。

　　胡梁河,今曰胡良河,古之洃水。源出房山县大安山,入涿州北长沟汛,东南经胡良村,又东,合巨马河。《金史·地理志》上,涿州范阳县下有湖梁河。

十里过㳌河。

㳌河,即挟河,又作侠河,一名韩村河,世谓之挟活河或挟活水。源出房山县,上流有二:一自禅窝水出,经娄子水、瓦井等村;一自青龙潭,经龙门口村,至南章村,汇为韩村河。东南入涿州,乃为挟河。

四十里过琉璃河,又云刘李河。

范成大诗亦作琉璃河。而《金史·地理志》上,涿州范阳县下有刘李河。辽乾统五年(1105 年)沙门了洙撰《白继琳幢记》:良乡县尚太乡刘李村,有驿亭。颜案:村名当源于河名。

西见太行山,隐隐然。太行东至蓟门,北至虎口,

虎口,即古北口,“虎”下脱“北”字。

接奚界,

本书下文:下古北口山,即入奚界。王曾言:古北口本范阳防扼奚、契丹之所。

凡八百里。山之秀拔者有六屏山,属涿州。

《辽志》四,涿州有六聘山。“六屏”,“六聘”之讹耳。在房山县西南三十里,近谓之绿屏山。王隐《晋书》:霍原以贤良累征,下州郡以礼发遣,皆不行。六聘之名,盖昉自原也(参见《畿辅通志》卷五十七《舆地类》十二《山川志》一)。辽应历十五年(965 年)王正撰《重修范阳白带山云居寺碑记》云:太行之山,兹寺为中,若以东、西五台为眉目,孤亭、六聘为手足,弘业、盘山为股肱。案:白带,六聘之别名耳。大安五年(1089 年)王鼎撰《六聘山天开寺忏悔上人坟塔记》云:天开寺,六聘之下院也。天庆五年(1115 年)沙门了洙撰有《六聘上方逐月朔望常供记》一碑。案:上方,地势最高处。

山多兰若,国业寺石经院,唐旧寺也。

　　国业寺石经院,即今房山县西峪之云居寺。北齐南岳慧思大师虑藏教有毁灭时,发愿刻石藏,闷封岩壑中,以度人劫。而弟子静琬承受师嘱,自隋大业始而迄于唐贞观,《大涅槃经》成焉。玄宗八妹金仙公主重修之,自唐、五代历辽、金、元数有增续,遂著名于世。首著其事者,《范阳图经》及《临冥报记》诸书也。以此,而六聘山又称石经山,云居寺又曰石经寺。

五天梵文,咸刻石于东峰之上。

　　原注:"太行山已下事,顺州刺史梁炳言。"辽清宁四年(1058年)赵遵仁撰《涿州白带山云居寺东峰续镌成四大部经记》:"涿郡之有七寺,境最胜者,云居占焉。寺自隋朝所建,号自唐代所赐。山在郡之西北五十里,寺在山之阳掌。寺之东望,有峰最高,故曰东峰。峰顶上有石室七焉。经贮是室。"《高丽史》有穆宗十一年(辽统和二十六年)来使之给事中梁炳(见罗继祖《辽汉臣世系表》,收入《愿学斋丛刊》,与所辑《乘轺录》合订为一册)。

八日,自良乡县北行,至幽州六十里。

　　《辽志》:良乡县在燕京南六十里。振此书与王曾及宋人使金之许亢宗、赵彦卫各家记录里距,无不曰六十里。

地平,无丘陵。十里过百和河。三十里过鹿孤河。

　　鹿孤河,即卢沟河。路振记述同于沈括,名桑干河此河一段流程为卢沟,过此,仍曰桑干也。辽乾统三年(1103年)王企中撰《崇圣院故花严法师刺血办义经碑》云:□泸沟河,水桥洛泽。其艰于涉济,可以想见矣。

五十里过石子桥。

　　《辽志》四:燕京下称有石子河。"桥"疑"河"字之误。

六十里过桑根河。河绕幽州城。桑干河讹而曰"根"也。

桑干只过燕京城南。《王曾书》：燕京城南即桑干河，可证。非包其四面。以上但见于《续谈助》卷之三。

至幽州城南亭。是日大风。里民言：朝廷使来，率多大风。时燕京留守、兵马大元帅、秦王隆庆。

"大元"原讹"太原"，据罗校改。据《辽史·圣宗纪》五，隆庆出为南京留守，在统和十六年（998 年）十二月丙戌，至其拜元帅及爵秦王，则又开泰以前事。新出土辽重熙十五年（1047 年）杨佶撰《秦晋大长公主墓志铭》，女二人：长适秦晋国王、追谥孝贞皇太弟隆庆，册为秦国妃；次适故齐国王隆裕，册为齐国妃。又咸雍五年（1069 年）《秦晋国王妃墓志》：故资忠弘孝神谋霸略兴国功臣、兵马大元帅、燕京留守、尚书令兼政事令、秦晋国王、赠孝贞皇太弟讳隆庆，即妃先出适之所天也。所记职官、爵封均与振书同。

遣副留守秘书大监张肃迎国信。

《续资治通鉴长编》卷六十一有景德二年（统和二十三年，1005 年）十一月癸酉贺承天节之副使卫尉卿张肃（参前引罗氏《辽汉臣世系表》）。国信，国信使也，又称南朝国信使。宋有国信所，专掌"契丹使介交聘"之事。又《长编》卷五十九此年二月癸卯，孙仅为契丹国母生辰使。仅入契丹境，其刺史皆迎谒。

置宴于亭中，供帐甚备。

供帐，即供设帷帐。

大阉具馔、盏斝皆颇璃。

颇璃，即玻璃。

黄金扣器。

以金饰口为扣器。《后汉书·和熹邓皇后纪》："其蜀、汉扣器九带佩刀。"章怀注:"扣,音口,以金银缘器也。"

隆庆者,隆绪之弟,契丹国母萧氏之爱子也。

　　隆庆,景宗次子,圣宗弟,小字菩萨奴。国母萧氏,谓景宗睿智皇后而初称承天皇后者。

故王以全燕之地而开府焉。其调度之物,悉侈于隆绪。尝岁籍民女,躬自拣择,其尤者为王妃,次者为妾媵。炭山北有凉殿,

　　上引《长编》五十九孙仅使契丹,"国主每岁避暑于含凉淀,闻使至即来幽州"。《辽志》五,西京道奉圣州所辖归化州下有"炭山,又谓之陉头,有凉殿,承天皇后纳凉于此,山东北三十里有新凉殿,景宗纳凉于此,唯松棚数陉而已"。归化州,今河北宣化市。《太祖纪》上、《食货志》下并言置羊城于炭山之北,通市易。此羊城,即《金史·地理志》上西京路抚州柔远县下之北羊城。约为今沽源县(平定堡)西南小河子一带。本书区别炭山与刑头为两地,云炭山"西北至刑头五百里",与《辽志》大异。路氏之所谓刑头,必为庆州(今巴林右旗白塔子镇)避暑处。"刑头",实"陉头"之误文,又作"硎头"。唐人于契丹、奚之地,设官置州,而每每冠以"松漠"之名,亦以多"松棚"之故。曾公亮《武经总要前集》卷十六下北蕃地理言:炭山近更名双山。并记其地理:自幽州西北路清河馆,即居庸关,雕窠馆,赤城口始有居人,望云县,受赐川,凡十日程,至炭山(《三朝北盟会编》卷百九十七引张汇《金虏节要》,称之为"儒州望云凉甸"。儒州,今河北延庆县。望云,今赤城县西北三十里之云州堡。同书同卷引苗耀《神麓记》只曰"凉径"而已。雕窠馆,今雕鹗镇〔参本著《王曾上契丹事疏证稿》〕。赤城口,今赤城县)。宋白《续通鉴》、欧阳《五代史》明著汉城在滦河上源、龙门山南,山北有炭山。而王恽引《地志》称为滦野。《元史·董文蔚传》(卷百四十八):"卒于上都之炭山。"可证。盖即辽、金帝王游幸地之旺国崖、金莲川,而元建上都之恒州凉陉也。《金志》上桓州下有"曷里浒东川,更名金莲川"。有"景明宫,避暑宫也,在凉陉"。抚州下"有旺国崖"。柔远县下"有双山"。《金史·许安仁传》(卷九十六):"明昌四年(1193年)春,上将幸景明宫,安仁与同列谏曰:'金莲千里之外,邻沙漠,隔关岭。'"又《梁襄传》:"世宗将幸金莲川,有司具办,襄上疏极谏曰:'金莲川在重山之北,地积阴冷。'"凡此,足以知凉陉所指之地甚大,甚广。考炭山为滦河所出之黑龙山并其连脉。黑龙山以东之东猴岭山(标高二千二百九十三公尺),与以西之大马群山(标高二千二百三十公尺)亦无不在陉头包括之中也。

夏常随其母往居之。妓妾皆从,穹庐帟幕,道路相属。虏相韩德让尤忌之。

> 韩德让即耶律隆运。

故与德让不相叶也。萧后幼时,常许嫁韩氏,即韩德让也;行有日矣,而耶律氏求妇于萧氏,萧氏夺韩氏妇以纳之,生隆绪,即今虏主也。耶律死,隆绪尚幼,袭虏位,萧后少寡,韩氏世典军政,权在其手,恐不利于孺子,乃私谓德让曰:"吾常许嫁子,愿谐旧好,则幼主当国,亦汝子也。"自是德让出入帏幕无间然矣。既而酖杀德让之妻李氏,每出弋猎,必与德让同穹庐而处。

> 辽重熙六年(1038年)李万撰《韩橁墓志铭》称:德让与圣宗联名。盖兄弟行也,焉得以子侄而上蒸母氏?宋人所以喜道此无稽之谈者,盖诋丑之也。

未几而生楚王,为韩氏子也。萧氏与德让尤所钟爱,乃赐姓耶律氏。

> 楚王,谓隆祐也。隆祐,景宗第三子,韩亨初封郑王,统和十六年(998年)徙王吴,十九年(1001年)更王楚(见《皇子表》、《圣宗纪》五、《契丹国志》本传)。彼虽年少,乾亨初已有封号,韩氏子说,不待辨解而可知其诬罔。赐姓耶律氏,乃谓韩德让也。

是夕,宿于永和馆,馆在城南。

> 即《辽志》四及王曾书之永平馆。

九日,虏遣使置宴于副留守之第。第在城南门内,以驸马都尉兰陵郡王萧宁侑宴。

> 《圣宗纪》六开泰元年(即宋大中祥符五年,1012年,前于振上是书时四年)三月乙酉,称北宰相、驸马、兰陵郡王萧宁(统和二十八年八月丁卯纪事,尚称萧排押为北府宰相,罗继祖曰:宁,实即排押也)。前引王正撰《云居寺碑》有"前燕侍中兰陵公及公主"之称,亦谓宁并其妻卫国公主长寿女也(景宗第二女)。

文木器盛虏食,

> 文木器,谓错画盛食物之木器。上引《长编》孙仅使契丹,"具蕃汉食味,汉食贮以金器,蕃食贮以木器"。

先荐骆糜,用杓而啖焉。

> "骆"即"酪"之异书。骆糜,乳粥也。

熊肪、羊、豚、雉、兔之肉为濡肉,

> 《礼记·曲礼》上卷:"濡肉齿决。"疏:"濡,湿也。"

牛、鹿、雁、鹜、熊、貉之肉为腊肉,割之令方正,杂置大盘中。二胡雏衣鲜洁衣,持帨巾,执刀匕,遍割诸肉,以啖汉使。

帨巾,佩巾也,即今之手帕。以上但见于《皇朝事实类苑》本。

幽州幅员二十五里,

《续谈助》本作"幽州城周二十五里"。《辽志》四:燕京城方三十六里。"三",疑"二"之误。许亢宗《行程录》:燕山府周围二十七里。二十五、二十七计数,乃相仿佛。

东南曰水窗门,

罗继祖校(以下简称罗校,或罗说,罗曰):"南"属衍文。《辽志》四:燕京八门,东二门之一为迎春门(迎春门之名,尚见《金史·郭药师传》及《三朝北盟会编》卷十一宣和四年十月二十四日己酉之下)。"水窗",疑"迎春"之误。(《辽志》一:上京东门之一亦曰迎春,或涉此而舛也)。

南曰开阳门,

《辽志》四:燕京南二门之一为开阳门。《元一统志》(辑本)卷一中书省大都路古迹门大觉寺项下称:大定十年(1170 年)蔡珪撰《寺记》,大略曰:"河桥折而西,有精舍焉,旧在开阳门郊关之外,荒寒寂寞。有井在侧,往来者便于汲,因名义井院。天德三年(1151 年)作新大邑,燕城之南,广斥三里,寺遂入开阳东坊。大定中赐额曰大觉。"(参看《宸垣识略》卷六大觉寺项下)。

西曰清音门,

罗说:"清音"当是"清晋"之讹。《辽志》:燕京西二门之一为清晋门。

北曰北安门。

《辽志》四:燕京北二门,曰通天、拱辰。北安或是通天之俗称(详下文)。《续谈助》本脱"北安门"三字,遂误与"内城三门不开"句相连接。

内城幅员五里,东曰宣和门,

《辽志》四:燕京大内,在西南隅,东曰宣和。王曾亦谓:子城东门曰宣和。上引《北盟会编》:萧后登宣和门,亲施箭镞,以拒宋师。

南曰丹凤门。

《辽志》四:燕京外城南二门之一曰丹凤,此可正其误失。

西曰显西门,

《辽志》四:既谓皇城西门曰显西,又误以显西为外城西二门之一。修史者粗疏不检,一至于斯!

北曰衙北门。

罗校:"衙"字误。案:衙北门,当即《辽史》四误以为外郭北二门之一拱辰门也。《辽史·太宗纪》:会同三年(939年)四月庚子,"至燕,备法驾,入自拱辰门,御元和殿。"考元和殿在元和门后,而元和门为皇城内门,是拱辰门应即此衙北门也(又:上京皇城北门,亦曰拱辰,疑亦涉此南京北门拱辰而误)。

内城三门不开,止从宣和门出入。

谓平日不启三门。

城中凡二十六坊。坊有门楼,大署其额,有阛宾、肃慎、

《元一统志》旧城西南、西北二隅四十二坊,有蓟宾之名。"蓟"为"阛"之讹。辽乾统四年(1104年)沙门了洙撰《范阳丰山章庆禅院实录碑》:又东北走驿路,抵良乡,如京师,入南肃慎里东之高氏所营讲宇,则下院也。

卢龙等坊,

保宁十年(978年)《李内贞墓志》:薨于卢龙坊私第。

并唐时旧坊名也。

开泰九年(1020 年)沙门慧鉴撰《赞上人塔记》尚有辽西坊之名。近世北京出土唐、辽碑志更见永平、花肃、北罗、隗台诸坊之名。

居民棋布,巷端直,列肆者百室。俗皆汉服,中有胡服者,盖杂契丹、渤海妇女耳。

苏颂《和晨发柳河馆憩长源邮舍》(《苏魏公集》卷十三前使辽诗之一)自注:"虏中多掠燕、蓟之人,杂居番界,皆削顶垂发,以从其俗,惟巾衫稍异,以别番、汉耳。"

府曰幽都府。

《辽志》四:南京,府曰幽都。

光禄少卿郎利用为少尹,

少尹居府尹之下,多用留守臣兼任。秦王隆庆既为燕京留守,则少尹即摄府尹之政矣。

有判官、掾曹之属。

判官,谓南京留守判官及幽都府判官。前者,五京诸使职务之一。而掾曹,又居判官下者。

民有小罪,皆得关决;

《辽史·刑法志》下:道宗清宁二年(1056 年),命诸郡长吏如诸部例,与僚属同决罪囚,无致枉死狱中。下诏曰:"先时诸路死刑,皆待决于朝,故狱讼留滞;自今凡强盗得实者,听即决之。"四年(1058 年),复诏左夷离毕曰:"比诏外路死刑,听所在官司即决。然恐未能悉其情,或有枉者。自今虽已款伏,仍令附近官司覆问。无冤,然后决之;有冤者,即具以闻。"

至杀人非理者,则决之于隆庆,喜释而怒诛,无绳准矣。

城中汉兵凡八营:

八营,即下述之南北衙兵、两羽林兵、控鹤兵、神武兵、雄捷兵、骁武兵,计八种,但非尽汉兵也。

有南北两衙兵、

余靖《契丹官仪》(《武溪集》十八。以下凡称余靖曰者,均谓此《官仪》也):燕中,元帅府外,则有北王府、南王府,分掌契丹兵。两王府兵,即两衙兵。

两羽林兵、控鹤、神武兵、雄捷兵、骁武兵,皆黥面,给粮如汉制。

宋咸平六年(即辽统和二十一年,1003 年),李信使辽回,言其国中所管幽州汉兵,谓之神武、控鹤、羽林、骁武等,约万八千余骑(见《续资治通鉴长编》卷五十五、《宋会要稿》蕃夷卷一、《契丹国志》卷十三《景宗萧后传》)。余靖亦言:汉人亦有控鹤等六军。

渤海兵别有营,即辽东之卒也。

余靖曰:燕中又有统军,掌契丹、渤海之兵。案:辽东之卒云者,以渤海本居辽东故也。

屯幽州者数千人,并隶元帅府。

余靖曰:"胡人之掌兵者,燕中有元帅府,杂掌番、汉兵,大弟总判之。"案:大弟即太弟,谓隆庆也。靖又曰:大抵胡人以元帅府守山前,故有府官。"再曰:"胡人于燕京置元帅府。"《辽史·百官志》二:天下兵马大元帅府,太子、亲王总军政。同书《太宗靖安皇后传》:"帝为大元帅,纳为妃,生穆宗。"又《突吕不传》:"天赞三年(924 年),皇子尧骨为大元帅,突吕不为副。"按:尧骨,太宗名。尧骨、隆庆为大元帅者,以其乃皇储也。

隆庆骄侈,不亲戎事,兵柄咸在兰陵郡王驸马都尉萧宁之手。国家且议封禅,有谍者至涿州,言皇帝将亲征,往幽、

蓟以复故地,然后东封泰岳。虏大骇,遽以宁为统军,列栅于幽州城南,以虞我师之至。既而闻车驾临岱,遂止。

案:宋真宗封禅泰山,十月辛卯(初四日)往,十一月丁丑(初十日)还,往返四十七日,浪费八百五十万缗,归汴京而改元,称大中祥符者,盖以是焉。

虏旧有韩统军者,德让从弟也。

旧说韩统军,即韩瑜也,时代不合。德让曾封齐王,以兄为弟,亦误传焉。

取萧后姊,封齐妃。

《续通鉴长编》卷五十五真宗咸平六年(1003年)七月,契丹供奉官李信来归。言戎主母后萧氏,有姊二人,长适齐王,王死,自称齐妃。领兵三万,屯西鄙驴驹儿河,尝阅马,见蕃奴达览阿钵姿貌甚美,因召侍帐中。萧氏闻之,縶达览阿钵,抶以沙囊四百而离之。踰年,齐妃请于萧氏,愿以为夫,萧氏许之,使西捍达靼,尽降之(又见《宋会要稿》蕃夷第一卷、曾公亮《武经总要前集》卷十六下北蕃地理、《契丹国志·景宗萧皇后传》)。齐妃抚定西边捍御达靼之事,即《辽史·圣宗纪》四统和十二年(994年)八月庚辰日及十五年(997年)五月、九月戊子及《萧挞凛传》、《萧韩家奴传》所记征讨阻卜之事,乃称皇太妃。皇太妃,即胡辇也(王国维《鞑靼考》于此有所发明,见《观堂集林》卷十五)。

韩勇悍,多变诈。虏之寇我澶渊也,韩为先锋,指麾于城外,我师以巨弩射之,中脑而毙。虏丧之如失手足。

澶渊之役中床子弩死者,乃萧挞凛。而宋人称统军顺国王挞览者,亦即上文李信所言齐妃再嫁之达览阿钵。挞凛,萧后父思温之再从侄。振以萧为韩,且指为德让从弟而振振有辞,其实,张冠李戴矣。

自是虏无将帅,遂以宁统之,年五十,勇略不及韩,虏咸忧焉。虏政苛刻,幽、蓟苦之。围桑税亩,数倍于中国,水旱虫蝗之灾,无蠲减焉。以是服田之家,十夫并耨,而老者之食,不得精凿;

《左传·桓公二年》:"粢食不凿。"注:凿,精米也。

力蚕之妇,十手并织,而老者之衣,不得缯絮。征敛调发,急于剽掠。

《续通鉴长编》卷二十七雍熙三年(986年)五月癸酉,潘美遣使部送应州、朔州将吏、耆老等赴阙。上召见慰抚之,老人皆云:"久陷边陲,有粟不得食,有子不得存养,不意余年,重睹日月。"并赐以衣服冠带。

加以耶律、萧、韩三姓恣横,岁求良家子以为妻妾。幽、蓟之女有姿质者,父母不令施粉白,弊衣而藏之;比嫁,不与亲族相往来。太宗皇帝平晋阳,

谓平北汉主刘继元。

知燕民之徯后也,

"徯"同"奚",为何也。《孟子·梁惠王》下"奚为后我"、"徯我后"(《书·仲虺之诰》:"奚独后予"、"徯予后")。

亲御六军,傅于城下。燕民惊喜,谋欲劫守将出城而降。太宗皇帝以燕城大而不坚,易克难守,炎暑方炽,士卒暴露且久,遂班师焉。城中父老闻车驾之还也,抚其子叹息曰:"尔不得为汉民,命也。"

原注:"自'虏政苛刻'已下事,并幽州客司刘斌言。斌大父名迎,年七十五,尝为幽州军政校,备见其事,每与子孙言之。其萧

后、隆庆事,亦迎所说。"

近有边民旧为虏所掠者,逃归至燕,民为敛资给导,以入汉界,

　　"民"上当重"燕"字。

因谓曰:"汝归矣,他年南朝官家来收幽州,

　　南朝官家,犹言南朝皇帝。

慎无杀吾汉儿也。"其燕、蓟民心向化如此。

　　幽、蓟之民自称"汉儿",见此书。自"居民棋布"至此,具见《类苑》本。

十日,自幽州北行,至孙侯馆五十里。地平,无丘陵。

　　末二句,《类苑》本夺"平"、"丘"二字,作一句读。

出北安门,道西有华严寺,

　　辽乾统八年(1108年)僧善坚撰《僧奉航塔记》:"寿昌二年(1096年)秋九月,京北花岩寺请为提点。"蔡松年《明秀集》卷二《西江月词序》:"己酉(即金太宗天会七年,1129年)四月暇日,冒暑游太平寺,古松阴间闻破茶声,意颇欣惬,晚归,对月小酌,赋《西江月》记之。"魏道明注:"太平万寿寺,在中都北城,本华严寺,天眷中,青州辩老施得之,易教为禅,敕赐今名。"

即太宗皇帝驻跸之地也。民言僧堂东壁有御札十五字,虏不令人见,覆以漆板。虏主每至,必开观之。

　　自"道西华严寺"至此,具见《类苑》本。

十里过高梁河。

　　《水经注》引《魏氏土地记》,已见高梁之水。三国魏刘靖有《修高梁河碑文》。宋太宗伐辽,与辽将耶律休哥战于高梁河,是也。金人亦谓之皂河。上有高梁桥,蒙古兵入居庸、至皂河。欲度

高梁桥,为金将胡沙虎所败。但高良河之名,仍见诸《元史·泰定帝纪》。乃玉泉诸水所潴,为御河上流,此时则东南以入桑干也(详《读史方舆纪要》卷十一直隶二顺天府大兴县下及昌平州下、《嘉庆重修清一统志》卷七顺天府二、《畿辅通志》卷五十八舆地十三《山川》二)。

三十里过孤沟河。

疑即清河也。发源昌平一亩泉,经燕丹村,东南合榆河,下流为沙河,经顺义,会白河。

三十五里过长城。

此北齐之长城,沈括、张舜民称古长城。《辽志》四:顺州南有齐长城。城东北有华林、天柱二庄,辽建凉殿,春赏花,夏纳凉(华林庄无考。天柱庄,即今北京市顺义县天柱公社所在地)。

十一日,自孙侯馆北行,至顺州三十里,地平。

孙侯馆,今曰孙河村,又名孙河屯或孙河店。"三十里"疑误,王曾言五十里,沈括则言六十里。

二里,过温渝河。

即西潞水。沈可培曰:"西潞水亦曰富河,即古湿余水也;一名温余河,亦曰榆河。"《读史方舆纪要》云:湿余河源出军都山,至旧县西而伏,又南复出,谓之榆河。其发处为月儿湾,或名湿榆河。今上流已涸,下流为沙河。入顺义境,至通州城东北,会白河入海。是富河即《水经》所谓沽河,皆西潞水也。

顺州古城周约七里。

辽顺州治怀柔县,今北京市顺义县。

十二日,自顺州东北行,至檀州八十里。

王曾、沈括皆言七十里。

路险，有丘陵。二十五里过白絮河，河源出太行山。

二十五里，谓自顺州距白絮河之距离。白絮河即东潞水。沈可培曰："东潞水曰白河，即古沽河，亦曰潞河。"《方舆纪要》云：白河源出宣府龙门东滴水崖，一名鲍邱水。《水经》云：鲍邱水从塞外来。郦注：鲍邱出御夷北塞中是也。东经密云之石塘岭，入通州城东北，与富河合，东南径武清而入直沽，合卫河入海，即《元史》所谓通州运粮河也（注引《蓟门考》滴水崖之水悬崖而下者，即白河上源。又东有白河堡、镇河墩，皆白河所经也。白河者，以两岸皆白沙弥望，故名）（同书同条）。颜案：白河之名，唐诗文已见，而白絮之名，乃形容河岸之白沙如絮。振言源出太行山，乃谓太行北脉。

七十里，道东有寨栅门，崖壁斗绝，此天所以限戎虏也。

七十里，谓自檀州至此寨栅门。苏颂《和仲巽山行诗》（《魏公集》卷十三前使辽诗。以下凡不另行标目者，皆出于此集）言："天险限南北"，"客亭依斗绝。"仲巽，张姓；山，奚、霫界之山也。

虏置榷场于虎北口而收地征。

虎北口，即古北口。《辽史·圣宗纪》二统和四年（986 年）十一月壬申："以古北、松亭、榆关征税不法，致阻商旅，遣使鞫之。"此及振所记，并可补《食货志》之阙略。

十五日，自虎北馆东北行，至新馆六十里。

王曾言八十里，沈括言七十里。新馆约为今滦平县西南之平房一带。

下虎北口山，即入奚界。

王曾书：自过古北口即蕃境，番，谓奚也。宋绶《契丹风俗》：由古北口北至中京北，皆奚境。

五里,有关,虏率十余人守之。

下文:"虎北口东三十余里,又有奚关。奚兵多由此关而南,入山,路险隘,只通单骑。"关,正谓奚关也。

涧水西南流,至虎北口南,名朝里河。

沈括书:"古北之险虽可守,而南有潮里平碛百余□,可以方车连骑,然金钩之南至于古北,皆行峡中,而潮里之水出其间。"又曰:"自古北馆北行数里,度峻山之麓,乃循潮里东北行山间,数涉潮里。"潮里,即朝里,王曾书作潮鲤,他书曰潮河,或潮河川。按:潮河自古北口流入密云县界,西南流,至县东南,合白河。其故道旧自密云县流经怀柔县,东至顺义县北,与白河合,复自白河分流,经通州东、三河县西南,宝坻县东,合沟河入海(见《清一统志》卷七顺天府二)。又下文言:"自白沟至契丹国凡二十驿。"则檀州、虎北馆间,必遗金沟一馆,否则,不足数矣。

五十里过大山,名摘星岭,高五里,又谓之辞乡岭。

欧氏《唐书》及《五代史·契丹传》,并言刘仁恭踰摘星岭,攻契丹。苏颂《过摘星岭诗》有"岭近云霄可摘星"句。又《摘星岭诗》(并见《魏公集》卷十三后使辽诗之一)自注(熙宁十年十二月)二十八日过摘星岭,行人相庆云:‘过此则路渐平坦,更无登涉之劳矣’。诗云:昨日才离摸斗东,今朝又过摘星峰。"自注:"摸斗、摘星,二岭名。"摸斗岭,即下文之墨斗岭。盖前诗为去路,后诗则回程,摘星居胡汉分界地,奚、霫中第一山也。王曾书:"德胜岭,盘道数层,俗名曰思乡岭。"思乡","辞乡"之讹。彭汝砺《望云岭诗》自注:"自古北五十里至岭上。"是望云岭亦摘星岭之别名也。苏辙《古北口道中呈王副使诗》:"明朝对饮思乡岭,夷汉封疆自此分"(《栾城集》卷十六奉使契丹二十八首之一)。此言岭之得名也。刘敞《思乡岭诗》:"绝壁参差半倚天,据鞍环顾一凄然。"

（《公是集》卷二十八）此言岭之高峻也。所谓摘星，所谓望云，均以是焉。俗说，今大十八盘岭（彭汝砺有《愁思岭诗》。愁思、疑思乡之别名）。其路程，当经巴克什营、火斗山、拉海沟、三道沟、马圈子，过大十八盘岭。近年，拉海沟至大十八盘道侧发现辽大康八年残碑，证实大十八盘为驿道所经。十万卷楼本《续谈助》"又"作"人"，当误。

十六日，自新馆行，至卧如馆四十里。

卧如馆，卧如来馆之省。俗说，今喇嘛洞（或作喇马洞）南沟窑岭小梁。

七里过编厢岭。

七里，新馆距编厢之程耳。陈襄自中京南还，九日过编厢岭，宿新馆（《神宗皇帝即位使辽语录》）。王珪《新馆诗》："编箱岭恶莫摧轮"（《华阳集》卷十五）。编箱，编厢之异书。王曾书误偏枪岭。俗说，今偏岭。

十七日，自卧如馆东北行，至柳河馆六十里。

王曾书："河在馆旁。"柳河馆，为今红旗村。王及沈括并言七十里。

五里过石子岭，道险。

五里，卧如距石子之程耳。自窑岭小梁出沟有岔道二：其一过兴州河，四里左右过今东院二道梁子，复入韭菜沟，与驿道合。二道梁子为山路，极难行。《乘轺录》如非误置铁浆、富谷二馆间之石子岭亦即泽州所属之石子岭于此处，则彼所谓"道险"之石子岭，乃指此二道梁子而言也。二道梁子碎石密布，故有"石子岭"之名。

三十里过銮河。

即滦河,古濡水。

四十里至墨斗岭。

"墨"原误"缠",据王书及彭汝砺诗等改。《武经总要》:北安州有墨斗岭,有滦河。唐于奚境置墨斗军。他书又作"摸斗"。法人闵宣化以墨斗岭为今伊逊岭(见冯承钧《东蒙古辽代旧城探考记》重订本附录《乘轺录笺证》),是也。

又行十余里至平州路。

言自此而东南至平州之岔路。平州,今卢龙县。

六十里过柳河。

以上三十里、四十里、六十里,均谓自卧如馆至各该地之距离,唯十余里,乃墨斗岭至平州岔路之距离。闵说:柳河今伊逊河(上引书),亦是矣。

十八日,过柳河馆,东北行,至部落馆八十里。

部落馆,即打造部落馆,或曰打造馆。约在今韩麻营。王、沈皆谓七十里。

十里过小山,

自红旗村东三里至房山沟门,沿伊逊河上溯,东北行半砬子东沟,经长岭梁,北折,至今隆化县冷水头。路振所过小山,得为今长岭梁。

六十里过契丹岭。

此契丹岭乃相应王曾书之度云岭。如所拟不误,则唯今荞麦梁乃可当之。荞麦梁山狭路窄,山石陡峭,因有"度云"之名。

十九日,自部落馆东北行,至牛山馆五十里。

"东北行",王曾书作"东南行"似误。牛山馆当在今头沟大地。

山势平漫。二十日,自牛山馆东北行,至鹿儿馆六十里。

> 即鹿儿峡馆,或曰鹿峡馆,约为今东山嘴。王曾云八十里。

地势微险。二十一日,自鹿儿馆东北行,至铁浆馆八十里。

> 王云九十里。约为今洼子店。又一说在今罗杖子。

山势平远。二十二日,自铁浆馆东北行,至富谷馆八十里。

> "谷"下有注:"音'欲'。"闵误沙陀子天主堂一侧之遗址为富谷馆,此馆实为今平房(老哈河东)西北之高家沟(老哈河西)。王云七十里,沈云六十里。苏颂有《和富谷馆书事诗》(前使辽诗)。

山势平远。二十三日,自富谷馆东北行,至通天馆八十里。

> 沈称长兴馆,云七十里。通天馆,今八里罕甸子(黑城)。一说在今一肯中河北。苏颂有《和土河馆遇小雪诗》(前使辽诗),或系通天馆别名。

山远路平。二十四日,

> 以上唯见《续谈助》本。

自通天馆东北行,至契丹国三十里。

> 《续谈助》本夺"至"字。契丹国,谓中京大定府,以是时契丹国主在中京也。刘敞《临都馆诗》自注:"中京,契丹前王庭也。"盖上京为契丹右地,故称中京为前王庭,与振之称中京为契丹国者,同义,中京遗址,今曰城里(又名大明城或大名城,"大明"、"大名"乃"大宁"之讹耳)。王曾书等言二十里。

山远路平。奚、汉民杂居益众。里民言:汉使岁至,虏必尽驱山中奚民就道而居,欲其人烟相接也。又曰:虏所止之处,官属皆从。城中无馆舍,但于城外就车帐而居焉。

沈括书:单于庭有屋,单于之朝寝、萧后之朝寝凡三,其余皆毡庐,不过数十,悉东向。

契丹国外城高丈余步,

《续谈助》本无"步"字,是也。

东西有廊,幅员三十里,南门曰朱夏门,

《续谈助》本少"南"下"门"字,亦是也。

凡三门,门有楼阁。自朱夏门入,街道阔百余步,东西有廊舍约三百间,居民列廛肆庑下。街东西各三坊,坊门相对,虏以卒守坊门,持梃击民,不令出观。

王曾书:中京南门曰朱夏。门内夹道、步廊,多坊门。又有市楼四,曰:天方、天衢、通阛、望阙。

徐视坊门,坊中阒地,民之观者无多。

"阒"原误"閴",今改正。

又于坊聚车橐驼,盖欲夸汉使以浩穰。三里至第二重城门,

"至"字,从《续谈助》本补。《类苑》本无"门"字。(《十万卷楼丛书》本《续谈助》作"第二重门城")

城南门曰阳德门,凡三间,有楼阁,城高三丈,有睥睨,

睥睨,即埤堄,或僻倪,城上短墙也。开箭眼以望城下,故名。

幅员约七里。自阳德门入,一里而至内门,内闉阇门凡三门,

《续谈助》本作:"自阳德一里至内城门,曰闉阇门。"罗本作:"一里而至内城,闉阇门凡三门。"下"内"字,疑作"曰"。

街道东西并无居民,但有短墙,以障空地耳。闉阇门楼有

五凤,状如京师,大约制度卑陋。东西掖门去阊阖门各三百余步,东西角楼相去约二里。

> 王曾书:民但重屋,无筑堵之制。又曰:其北正门曰阳德、阊阖。

是夕宿于大同驿。

> "于"字从《续谈助》本补。

驿在阳德门外。驿东西各三厅,盖仿京师上元驿也。

> 王曾书:次至大同馆。《辽史·地理志》三:中京大同驿以待宋使,朝天馆待新罗使,来宾馆待夏使。

虏遣龙虎大将军耶律照里为馆伴使,起居郎邢祐副之。

> 龙虎大将军,即龙虎卫上将军。耶律照里,无考。邢祐"邢"下原衍"耶"字,从下文删。其人,疑与邢祥为同族。

二十六日,持国信自东掖门入,至第三门,名曰武功门,见虏主于武功殿。

> 《辽史·属国表》:统和二十六年(1008年)五月,高丽进文化、武功两殿龙须草地席。

设山棚,张乐,引汉使升。虏主年三十余,

> 圣宗,十二岁即位,则大中祥符元年(1008年),年三十八。

衣汉服,黄纱袍,玉带鞢,互靴。

> 即底靴。犹言著靴也。《辽史·仪卫志》二卷:会同中,太后、北面臣僚国服;皇帝、南面臣僚汉服。乾亨以后,大礼,虽北面三品以上,亦用汉服。又曰:公服。皇帝翼善冠,朔,视朝用之。柘黄袍,九环带,白练裙襦,六合靴。常服:皇帝柘黄袍衫,折上头巾,九环带,六合靴。振言:圣宗黄纱袍,玉带鞢,底靴,正谓柘黄袍,九环带及六合靴也。

方床累茵而坐。左右侍立凡数人，皆胡竖。黄金饰栲案，四面悬金纺绛丝，结网而为案帐。汉官凡八人，分东西偏而坐，坐皆绣墩。东偏汉服官三人，首大丞相晋王韩德让，年约六十。

耶律隆运卒于统和二十九年（1011年）三月，寿七十一，则此时六十八岁。宋传称：国相韩德让专权既久，老而多疾。

次曰前都统相公耶律氏，

原注："不得名。"罗曰：其人，耶律奴瓜也。

次曰参政仆射姓邢氏。

原注："不得名。"罗曰：其人，邢抱质也。参政，即参知政事。

胡服官一人，驸马相公姓萧氏。

原注："不得名。"罗曰：其人，萧继先也。

西偏汉服官二人：一曰秦王隆庆，

详前文。

次曰楚王。

原注："不得名。"按：楚王隆祐也，亦详前文。

胡服二人，一曰惕隐相公耶律英，

罗曰：其人，老君奴也。

次曰常温相公。

原注："不得名。"

惕隐、常温皆虏官。

《辽史·国语解》惕隐，典族属官，即宗正职也。又，常衮，官名，掌遥辇部族户籍等事；奚六部常衮，掌奚之族属。又敞稳，诸帐下官。亦作"常衮"，盖字音相近也。

呼汉使坐西南隅，将进虏主酒，坐者皆拜，惟汉丞相不起。

宋抟言：契丹大率颇慕华仪，然性无检束，每宴集有不拜、不拱手者。

俄而隆庆先进酒，酌以玉瓘、玉盏，双置玉台，广五寸，长尺余，有四足，瓘、盏皆有屈指。

辽帝后尤重视玉饮器。陆游《南唐书·契丹传》（卷十八）：南唐使臣公乘镕等出使，虏主"手斟一玉锺酒，先自啜，乃以劝镕"。《杨文公谈苑》北虏风俗条，言"戎主觞客，悉以玉杯，其精妙殆未尝见"。周辉《清波杂志》卷二，言蔡京使辽，"见有玉盘盏，皆石晋时物"。今传世尚有清宫旧藏契丹字九字款识之小玉卮一件（见黄濬《古玉图录初集》卷四页二十一、二十二）。屈指，犹今言"把手"也。

虏主座前，先置银盘，盘有三足如几状，中有金罍。进酒者升，以瓘、盏授二胡竖执之，以置罍侧，进酒者以虚台退，拜于阶下，讫，二胡竖复执瓘盏以退，倾余酒于罍中，拜者复自阶下执玉台以上，取瓘、盏而下，拜讫，复位。次则楚王进酒如前仪。次则耶律英进酒如前仪。其汉服官进酒，赞拜以汉人；胡服官，则以胡人。坐者皆饮，凡三爵而退。

《续谈助》本作"饮凡三爵而已"。《辽史·礼志》四，宋使见皇帝仪、贺生辰正旦宋使朝辞皇帝仪皆言：御床入，大臣进酒，皇帝饮酒，契丹舍人、汉人阁使者赞拜，应坐并侍立臣僚皆拜，称"万岁"。赞各祗候。卒饮，赞拜，应坐臣僚皆拜，称"万岁"。赞各就坐行酒，亲王、使相、使副共乐曲。案：振所言甚详，可补《志》之不足。

二十七日，自西掖门入，

"门"字,从《续谈助》本补。宋抟言:中京城中有武功殿,国主居之;文化殿,国母居之。又有东掖、西掖门。

至第三门,名曰文化门,见国母于文化殿。设山棚,张乐,引汉使升。蕃、汉官坐者如故。国母约五十余,

宋抟又言:国母愿固盟好而年齿渐衰。案:承天皇太后次年十二月辛卯(十一日)死。

冠翠花,玉充耳,

充耳,本谓冠冕两旁悬挂之玉,此则言妇女之耳坠。

衣黄锦小褧袍,

"褧"与"䌹"通,俗言罩袍。

束以白锦带。方床累茵而坐,以锦裙环覆其足。侍立者十余人,皆胡婢,黄金为耳珰,五色彩缠发,盘以为髻,纯练彩衣,

练,熟绢。

束以绣带,有童子一人,年十余岁,胡帽锦衣,嬉戏国母前,其状类韩丞相,盖国母所生韩氏子也。

上文已辩其诬。

隆庆已下,递相瓘、盏进酒,如进虏主仪。二胡竖执之至国母前,以授二胡婢,婢以进,伶官致辞于前,大约叙两朝通欢之意。

"大",原误"文",从罗校改。

虏主坐西偏,其旧用器皿皆降杀,以余官进酒,但用小玉卮,盖尊其国母故也。二十八日,复宴武功殿,即虏主生辰也。

《续谈助》本作"即虏主生之日也"。崇宁五年（1106年）伯宇氏节略振书，谓是岁振受诏充契丹国主生辰使。

设山棚，张乐，列汉服官于西庑，胡服于东庑，引汉使升，坐西南庑隅。国母当阳，

> 谓当阳而坐。

冠翠凤大冠，冠有绥缨，垂覆于领，凤皆浮。

> 浮，谓浮动、飞浮。

衣黄锦青凤袍，貂裘覆足。

> 太后衣冠，《辽史·仪卫志》所不备，亦可以是补充之。

俄而殿上施红罽毯，虏主先起，具玉台，酌瓘盏以进其国母。拜讫，复位。次以余官进虏主酒，降杀如前仪。次则诸王及蕃官皆进酒。中置其虏食，

> 此句疑有脱误。

如幽州宴仪。

> 即前文所谓"大阅具馔"云云者。

酒十数行，国母三劝汉使酒，酌以大玉斝，卒食，盘中余肉，悉以遗汉使。正月一日，复宴文化殿如前仪。胡服官一人，先以光小玉杯酌酒以献国母，名曰"上寿"。

> 此即《辽史·礼志》六皇后生辰仪，正旦朝贺仪、冬至朝贺仪等项下之进寿酒，即："自通全衔祝寿臣等谨进千万岁寿酒"一段文字。光，言器物表面滑润。

其次，则诸王递进酒如前仪。国母亦三劝汉使酒，仍遣赞酒者劳徕之。四日，又宴于文化殿，阶下列百戏，有舞女八佾。

> 此《辽史·礼志》四所称之"教坊"也。八佾，天子专用之舞

乐。《论语》有《八佾篇》。

六日，又宴于武功殿，

《续谈助》本作"五日"。

国母不坐，百戏、舞女如前仪。隆庆先进虏主酒，众官皆拜，韩丞相避席，虏主遣一童子是前日所见状貌类韩丞相者，就请之，丞相乃坐。七日，又宴射于南园，园在朱夏门外。

王曾书：中京城南园圃，宴射之所。

虏遣大内惕隐、知政事令耶律英侑宴，赠汉中的者马五疋、彩二十段、弓一、矢十。

"汉"下，疑夺"使"字。"中"，原误"巾"，从罗校改。

英又赠马二疋。园中有台，树皆新植。射毕，就坐。英举大觥以属汉使曰："两朝通欢千万年。今日也，愿饮此酒记英姓名耳。"八日，辞国母于文化殿，汉使升，酒三行而出。

升，即《辽史·礼志》四贺生辰正旦宋使朝辞太后仪之"南阶上殿，就位立"。酒三行，谓"行汤，行茶毕"也。

九日，辞虏主于武功殿。遗汉使及从人鞍马、衣物、彩段、弓矢有差。

此乃同卷书贺生辰正旦宋使朝辞皇帝仪之宣徽使赞辞："各赐卿对衣、金带、疋段、弓箭、鞍马等，想宜知悉"也。

虏名其国曰中京，府曰大定府，

《辽史·地理志》三：统和二十四年（1006 年），五帐院进故奚王牙帐地。二十五年城之，实以汉户，号曰中京，府曰大定。

无属县，

《辽志》中京统县九，尽开泰以后所置。

有留守、府尹之官。

《辽史·百官志》四中京有留守司、都总管府、都虞候司、警巡院、处置司、国子监等。

官府、寺丞皆草创未就，盖与朝廷通使以来，方议建立都邑。内城中止有文化、武功二殿，后有宫室，但穹庐毳幕，常欲迁幽、蓟八军

即谓山前幽、蓟八州之军也。

及沿灵河之民，以实中京。

《辽史·地理志》三：建州在灵河之南。又曰：兴中府有小灵河。即今大、小陵河。

民不堪命，虏知其不可，遽止。中京南至幽州九百里，

依振记各驿馆之间距离统计，不足此数。《续谈助》本作"九百二十五里"。

至雄州白沟河界一千一百四十五里，

实计，亦不足此数。

东至灵河五百里

殆兼今大、小陵河言之。

沿灵河有灵、锦、显、霸四州，

"沿"字，从《续谈助》本补。"灵州"非"利州"即"建州"之误。前者，今辽宁喀左县之东大土城；后者，同省朝阳县西八十里黄花滩喀喇城。锦州，今同省锦州市。显州，今同省北镇县西南五里之北镇庙。霸州，后升兴中府，今同省朝阳市。

地生桑、麻、贝、锦，

贝,吉贝,谓棉布也。《续谈助》本无"贝锦"二字。《辽志》二:中京道兴中府宜州治弘政县,世宗以定州俘户置。民工织纴,多技巧。案:宜州,今辽宁省义县。

州民无田租,但供蚕织,名曰"太后丝蚕户"。

是四州之民,初亦承天太后之头下军州人户也。

又东至黄龙府一千五百里。

"又"字,从《续谈助》本补。黄龙府,今吉林之农安县。

虏谓黄龙府为东府,有府尹、留守之属,

黄龙有知府、同知、兵马都部署、判官、侍卫马军步军都指挥使、副等。《续谈助》本"东府"作"东京",误。

又东至高丽、女真四千里。

原注:"自灵河已下事,皆接伴副使李询言。询尝使高丽,经女真,涉灵河,凡五十程。""四千里",原作"四十里",从涵海本《续谈助》改。四千里,泛言之耳。注中女真"真"字本作"贞",意改。

东北至辽海二千里,辽海,即东海,

《续谈助》作"即辽东也",殆是矣。

乐浪、玄菟之地皆隶焉。

此亦泛言之耳。乐浪,在今朝鲜之平壤南。玄菟,初在今朝鲜之咸兴,后乃北移至辽宁省新宾县西南苏子河南岸。

辽海民勇劲乐战,岁简阅以为渤海都。

原注:"辽海已下事,馆伴使刘经言。"唐末以来,藩镇亲军多以"都"为号。又为军队编制单位。

北至上国一千里,即林胡旧地,本名林荒,虏更其名曰临潢府。

临潢府遗址即今内蒙古昭乌达盟巴林左旗林东南波罗城。林荒更名之说音讹无稽。

国之南，有潢水故也。

潢水，今西拉木伦河，或曰西辽河。

皮室相公为留守。

皮室相公，即皮室详稳。皮室，余靖书作比室。《金史·杲传》作牌室，"金刚"也，取其坚利，辽以皮室为爪牙、为精兵，充任御帐亲军。

西至炭山七百里。炭山，即黑山也。地寒凉，虽盛夏必重裘。宿草之下，掘深尺余，有层冰，莹洁如玉，至秋分，则消释。山北有凉殿，虏每夏往居之。西北至刑头五百里，地苦寒，井泉经夏常冻。虏小暑则往凉殿，大热则往刑头，官属、部落咸辇妻子以从。

原注："自临潢已下事，亦刘经言。"《续谈助》"七百里"作"七里"，显误。两"则往"，均作"即往"。本书后文称刘经官知制诰。田村氏注解此书，谓其人即《圣宗纪》六开泰二年（1013 年）正月癸巳朔，加工部尚书之户部侍郎刘泾；同纪七太平三年（1023 年）六月戊申，称参知政事、南院宣徽使刘泾；《百官志》三南面官总述下称礼部尚书刘泾；同志四南面分司官项下开泰五年（1016 年）分路按察刑狱刘泾。案：此刘泾又作刘京，《圣宗纪》四统和九年（991 年）闰二月壬申及同纪六开泰六年（1017 年）七月辛亥，均记刘京决狱事，一称给事中，一称礼部尚书；而同纪八太平五年（1025 年）十二月，言以参知政事刘京为顺义军节度使。但《诗话总龟》卷十七引《杨文公谈苑》云："有刘经为虏政事舍人，来奉使。路中有野韭可食，味绝佳，作诗曰：'野韭长犹嫩，沙泉浅更清'云

云。"则终以作"经"为是。又案：罗氏《辽汉臣世系表》疑宋景德二年（辽统和二十三年，即 1005 年）十一月癸酉与张肃等一道来贺承天节之副使崇禄卿刘经与《辽史》之刘京、刘经为一人。近友人向南函告：辽有刘京、刘经、刘泾、刘景，而统和六年（988 年）以前之刘京、刘景为一人。"京"是正字，即刘六符之祖。六年以后之刘京、刘泾、刘经又为一人。"经"是正字，亦即振书所称之馆伴使刘经也。再案：炭山考见前文。振且言："炭山即黑山也。"《旧唐书·薛仁贵传》："俄又与辛文陵破契丹于黑山。擒契丹王阿卜固及诸首领赴东都。"（《新唐书》同传所记同。而《契丹传》称阿卜固为松漠都督，《旧唐书》同传失载。）《辽史·萧塔列葛传》："八世祖只鲁，遥辇氏时，尝为虞人。唐安禄山来攻，只鲁战于黑山之阳，败之。"此两处之黑山，亦必振书之炭山《宋会稿·蕃夷》一太平兴国九年（984 年）贺令图上言，隆绪及其母萧氏夏居炭山，即上陉处，有屋室官殿。此当与本书前文"炭山北有凉殿"，为一地一义。

东北百余里有鸭池，鹜之所聚也。虏春种稗以饲鹜，肥则往捕之。

原注："接伴副使邢祐言之。"

或以长泊当此鸭池（《续通鉴长编》卷八十一晁回言长泊多野鹅鸭）。长泊，俗说为今之孔春庙泡子。

西南至山后八军八百余里，

《辽史·地理志》五：奉圣州总山后八军。《兵卫志》叙：神册元年（916 年），尽有代北、河曲、阴山之众，遂取山北八军（《太祖纪》上：自代北至河曲，逾阴山，尽有其地。"尽有其地"，即尽有山后八军之地）。山北八军，即山后八军，谓新（后改奉圣）、妫、武、儒、云、应、朔、蔚八州之军。余靖言：山后又有云、应、蔚、朔、奉圣等五节度营兵。《圣宗纪》二统和四年（986 年）八月丁酉，以北大王蒲奴宁为山后五州都管（参《百官志》四南面边防官下）。五州，即靖所称之五州。山后五州都管司，亦设于奉圣州。

南大王、北大王统之，

余靖称：北王府、南王府，分掌契丹兵，在云州、归化州之北。

皆耶律氏也。控弦之士各万人。二王陆梁难制，虏每有征发，多不从命，虏亦姑息。

原注："此二王事，得之于檀州知州马寿。"

余靖谓：二王皆坐在枢密下，带平章事之上。旧例皆赐御服（中略）。辽人从行之兵，取宗室中最亲信者，为行宫都部署以主之。其兵，皆取于南北王府、十官院人充之（中略）。北王府兵刺左臂，南王府兵刺右臂。

上国西四百余里有大池，幅员三百里，盐生著岸如冰凌，朝聚暮合。年深者坚如巨石，虏凿之为枕，其碎者类颗盐，民得采鬻之。

《总要》：大盐泊，周三百里，东至上京一千五百里，契丹中更名广济湖，虏中呼为糜到斯衮。当如田村氏说，"糜到斯衮"系"到糜斯衮"之倒置，当今东乌珠穆沁旗之达布苏盐池，似可用蒙古语之 dabsu nour 解释之。振书"百余里"，或有脱文。

上国之地北有秫笪国，

此北魏之勿吉，隋、唐之靺鞨，而辽、金、元、明之乌底改、兀的改、兀者、乌舍也。

有铁骊国

此铁勒之东迁者，又作铁离、铁利、铁黎或作铁甸、挞领等。详本著胡峤书《疏证》。

二国产貂鼠，尤为温润，岁输皮数千枚。

原注："盐池、貂鼠事，皆邢祐言之。"

虏之兵有四：一曰汉兵，二曰奚兵，三曰契丹，四曰渤海兵，

余靖曰：奚王王府掌奚兵，在中京之南。又曰：又有统军，掌契丹、渤海之兵；马军步军一，掌汉兵，以乙室王府。李攸《宋朝事实》卷二十《经略幽燕》：其地方兵旅，大约计之，未必满三十万。且自诸京统军司及寨幕契丹兵，不过十五万；奚家、渤海兵，不过六万；汉儿诸指挥，不过一万五千；刺字父子军五指挥，不过数千；乡兵义军不过三万；刺手背拣不中老弱兵，不过七千。《辽史·百官志》二：辽阳路下有契丹、奚、汉、渤海四军都指挥使司。然不仅限于辽阳一路也。余从略。

驸马都尉兰陵郡王萧宁统之。契丹诸族曰横帐兵，

横帐，谓德祖宗室，号三父房，乃帝室中之近支，贵族中之最受尊敬者。其子弟从军，即号横帐兵（德祖、太祖父，而太祖从叔父岩木之二子胡兀只、末掇，其后即三父房之孟父；释鲁子滑哥，其后即三父房之仲父；而太祖弟剌葛之子赛保，即三父房之季父。又：辽俗东向而尚左，唯皇族三父帐北向，故曰"横帐"。凡三父房之后，帝皆与之序齿，论父兄行等）。

惕隐相公统之，即虏相耶律英也。奚兵，常温相公统之。岁籍其兵，辨其耗登，以授于虏，给衣粮者唯汉兵，余皆散处帐族，营种如居民。每欲南牧，皆集于幽州。有四路：

《续谈助》本作："虏之兵欲南牧，皆集于幽州，兵入幽州有四路。"

一曰榆关路，二曰崧亭路，三曰虎北口路，四曰石门关路。

榆关在蓟州北百余里,崧亭关在幽州东二百六十里,

> 《续谈助》本作"一百六十里"。

虎北口在幽州北三百里,

> "口在幽州北"五字原阙,用《续谈助》本补。

石门关在幽州西一百八十里。其险绝悉类虎北口,皆古
控扼奚、虏要害之地也。

> 《三朝北盟会编》卷二十二引张汇《金虏节要》曰:燕山之地,
> 易州西北乃紫金关,昌平县之西乃居庸关,顺州之北乃古北口,景
> 州东北乃松亭关,平州之东乃榆关,榆关之东,乃金人之来路。凡
> 此数关,乃天造地设,以分番、汉之限,诚一夫御之,可以当百。
> (《通鉴》卷二百六十九《后梁记》四均王贞明三年二月甲申日下胡
> 注引《节要》,"紫金关"作"金坡关","顺州之北"作"顺州之地",
> "景州"下有"之"字,两"榆关"均作"渝关","来路"下有"也"字,
> 无"凡此"二字,而"乃"字作"皆"字。又引《金虏行程》:自营州东
> 至渝关,并无保障,沃野千里,北限大山,重冈复岭,中有五关,惟渝
> 关、居庸可以通饷馈,松亭、金坡、古北口止通人马,不可行车。其
> 山之南,则五谷百果、良材美木,无所不有;出关未数里,则地皆瘴
> 卤,岂天设此以限华夷乎?)《总要》列举幽州入蕃之路凡十,大林
> 口、符家口、松亭关、古北口、居庸关、紫荆岭口在焉(《宋朝事实》
> 所记略同)。《辽史·兵卫志》上兵制门,辽兵南伐,及行,列举并
> 攻取之关口凡七,居庸关、古北口、松亭关、榆关四者在焉。榆关遗
> 址,在今河北抚宁县榆关村,又称临渝关。大林口、符家口在榆关
> 附近,故举二口,可省榆关焉。松亭关,高士奇主即今喜峰口之说,
> 可从也。前引《圣宗纪》二统和四年(986年)十一月壬申,鞫问古
> 北、松亭、榆关征税不法,致阻商旅之狱。同纪三及《食货志》下,

统和七年（988 年）三月丙申，诏开奇峰路通易州市。奇峰路即松亭路。石门关路，即居庸北口，而前引《事实》之八答岭，即今八达岭是也。故举居庸，可兼包石门。

虎北口东三十余里，又有奚关，奚兵多由此关而南入，

前文："下虎北口山，即入奚界。五里，有关，虏率十余人守之。"

入山路险隘，止通单骑。

原注："渝关事，涿州刺史李质言。崧亭关、石门关等路，幽州客司牛荣言之。"《续谈助》本"渝关事"作"渝关路"，"崧亭"下无"关"字。"石门关等路"作"石门奚关路"，"牛荣"作"牛营"，"言"下无"之"字。

虏有翰林学士一人，曰刘晟，

田村氏已考定此翰林学士刘晟，即《辽史·圣宗纪》六开泰二年（1013 年）十二月甲子监修国史之宰臣刘晟；四年（1015 年）五月辛巳为都统，伐高丽之北府宰相刘晟；同纪七，七年（1018 年）十一月壬戌称霸州节度使刘晟；九年（1020 年）五月癸酉称太子太傅、仍赐保节功臣刘晟。案：刘晟即刘慎行，景之子而六符之父。事迹略见《景传》及《六符传》、《武白传》，《圣宗纪》六统和二十九年（1011 年）三月己亥、五月乙未、《圣宗纪》七开泰七年（1018 年）十一月壬戌、太平四年（1024 年）六月戊辰，《圣宗纪》八太平五年（1025 年）三月庚辰各条。又案：僧智朴《盘山志》载《独乐寺观音阁碑》有翰林学士承旨刘成，亦其人焉。

知制诰五人，其一曰刘经。

即前文之馆伴使刘经。

岁开贡举，以登汉民之俊秀者，牓帖授官，一效中国之制。

《契丹国志》卷二十三试士科制："太祖龙兴,朔漠之区,倥偬干戈,未有科目。数世后,承平日久,始有开辟。制限以三岁,有乡、府、省三试之设:乡中曰'乡荐',府中曰'府解',省中曰'及第'。时有秀才未愿起者,州县必根刷遣之。程文分两科:曰'诗赋',曰'经义',魁各分焉。三岁一试进士,贡院以二寸纸书及第者姓名给之,号'喜帖'。明日,举案而出,乐作,及门,击鼓十二面,以法雷震。殿试,临期取旨。又将第一人特赠一官,授奉直大夫、翰林应奉文字;第二人,第三人,止授从事郎;余并授从事官。圣宗时,止以'词赋'、'法律'取士,'词赋'为正科,'法律'为杂科。若夫任子之令,不论文武,并奏荫,亦有员数。"

其在廷之官,则有俸禄;

原注:"李询为工部郎中,月得俸钱万,米、麦各七石。"

典州县,则有利润庄。

此投下制度之施于汉地州县者,亦犹元初州县将吏之赋敛百姓,各私其入也。

藩、汉官子孙有秀茂者,必令学中国书篆,习读经史。自与朝迁通好已来,岁选人材尤异、聪敏知文史者,以备南使。

谓出使南朝。

故中朝声教,皆略知梗概。至若营井邑以易部落,造馆舍以变穹庐,服冠带以却毡毳,享厨爨以屏毛血,皆慕中国之义也。夫惟义者可以渐化,则豺虎之性,庶几乎变矣。去年车驾东巡,虏受谍者之诉,遂征兵幽、蓟,以备王师之至,

即上文"国家且议封禅,有谍者至涿州言"云云。

朝廷推示大信，

　　"示"，原作"誓"，据罗校改。

边郡彻警，虏闻之大惄，自以为误于小民，失信于大国。
于是械送谍者，以归于我。洎臣等持国信以至境上，虏乃
下令曰："昨者，征兵燕、蓟以备南，敢有言于汉使者，诛及
其族。"

　　原注："虏下令事，殿侍鲁进闻之于契丹语。"

自是迎待国信，弥勤至矣。自白沟至契丹国，凡二十驿，

　　二十驿计为：白沟河——新城县——涿州（永宁馆）——良乡
县——幽州（永和馆）——孙侯馆——顺州——檀州——（金沟
馆）——虎北馆——新馆——卧如馆——柳河馆——部落馆——
牛山馆——鹿儿馆——铁浆馆——富谷馆——通天馆——契丹国
（大同驿）。

近岁已来，中路又添顿馆。供帐鲜洁，器用完备，烛台、炭
炉悉铸以铜铁。

　　沈括《熙宁使虏图抄》：自塞至其庭三十有六日。日有舍，中
舍有亭，亭有饔粮。又言：中道有顿。案：顿，谓顿馆。方以智《通
雅》云：刘世让谓突厥以马邑为之中顿。注：食也。（《旧唐书》卷
六十九《刘世让传》：突厥南寇，徒以马邑为其中路耳。此即方氏
所本。）《隋书》卷七十六《虞绰传》，帝舍临海顿，见大鸟。《旧唐
书·太宗纪》下，贞观二十年（646 年）八月庚午，次泾阳顿，铁勒、
回纥等十一姓各遣使朝贡。两"顿"字，亦谓顿馆。《宋朝事实》卷
二十开宝五年（972 年）十一月十日伐契丹诏中，有"应经过顿舍，
凡百费用，悉以官物充"之句。顿舍，亦顿馆也。

奚民守馆者，皆给土田，以营养焉。

《续谈助》本"以"作"俾"。王曾《上契丹事》:自过古北口即
蕃境,居人草庵板屋,亦务耕种,但无桑柘,所种皆从垅上,盖虞吹
沙所壅。案:蕃,正谓奚民也。

国信所至,则蕃官具刍秣,

《续谈助》本无"秣"字。

汉官排顿置,大阉执杯案,舍利劝酒食;

《辽史·国语解》:契丹豪民要裹头巾者,纳物给官,名曰"舍
利"。盖言契丹贵族之成丁男子,又名"舍利郎君"。

与汉使言,率以子孙为契。

契,谓契重。

观其畏威怀德,必能久守欢约矣。

附录:

(一)晁氏《续谈助》本后记

按录:是岁振受诏充契丹国主生辰使,故其录如此。契丹今改
其国号大辽,见宋使无常处,不皆在中京也。自虎北口以南,皆汉、
唐故地,因续钞之,以备他日辽人归我幽、蓟舆地之考。崇宁五年
(1106年)岁次丙戌八月三日壬戌,陈留县故墙法云寺伯宇记。

(二)罗氏校本后记

路氏《乘轺录》一卷,《宋史·艺文志》著录,今无传本,仅见江
氏《皇朝事实类苑》、晁氏《续谈助》所称引,兹合两书辑录,首尾粗
具。案:宋人使辽,还者必有纪录上诸朝,若王沂公、富郑公、薛映
诸《行程录》,张舜民《使辽录》,附见《契丹国志》;宋绶、李维《上

契丹事》,附见《续资治通鉴长编》。第皆寥寥短章,完具者,只一陈襄《使辽语录》而已。路氏此录,山川道里而外,兼详事实,证之史颇有异同,或足补其未备。约举之,得数事。如云景宗睿智皇后于韩德让有辟阳之幸,生二子,史所不载,而《长编》诸书,皆有此说;然谓后先许嫁德让,则属创闻。一也。云德让从弟统军,娶后姊,澶渊之役中弩死。考死澶渊者,为萧挞凛(挞凛官南京统军使),宋、辽两史无异辞,非德让从弟。《长编》载来归供奉官李信之言,谓后有姊二人,长适齐王,次适赵王,亦非适韩氏。德让从弟,不见史传,世有《客省使韩瑜墓志》,瑜为邺王匡美之子,于德让为从弟,统和间出征,中创死,而官非统军,匡美曾官南京统军,而未尝死绥,且皆不言娶皇后之姊,疑莫能明。二也。云去年封禅,虏信谍者言,征兵幽、蓟,以虞王师之至。朝廷推示大信,边郡撤警。虏闻之大惭,械送谍者,以归于我。则两史皆不之载,赖此知之。三也。云幽州内外城门,东曰水窗、宣和,南曰开阳、丹凤,西曰清音、显西,北曰北安、衙北,史则水窗、宣和作安东、迎春,清音作清晋,北安、衙北作通天、拱辰。"清音"当是"清晋"之讹,余或后来改称。而所载中京门名朱夏、阳德,则史所失载。四也。云见国母,伶官致辞于前,叙两朝通欢之意,亦不见《礼志》。五也。云虏尝欲迁幽、蓟八军及沿灵河之民,以实中京,民不堪命,遽止;而史云:统和二十五年(1007年),城中京,实以汉民,相抵牾。六也。所见契丹达官,多不得其名,今以史证之,所谓前都统相公耶律氏者,耶律奴瓜也(本传:统和二十一年,以南府宰相伐宋,擒王继忠);参政仆射姓邢氏者,邢抱质也(纪:统和二十九年,以南府宰相为南院枢密使);驸马相公姓萧氏者,萧继先也(本传:拜驸马都尉、北府宰相);惕隐相公耶律英者,老君奴也(纪:统和二十三年,以行军都监为惕隐);驸马都尉兰陵郡王萧宁者,萧排押也(本传:拜驸马都尉,萧挞凛卒,专任南面事)。惟常温相公,于史无征。余如饮食之制,酬献宴射之仪,亦资异闻,厉氏《辽史拾遗》、杨氏《补遗》皆未及见,顷将更为《续补》,求前人未见之书,此其一矣。原本有误字显然者正之,而注其原误于下;不可知者,仍之。校录既竟,爰考其略如此。丁丑(1937年)嘉平六日,上虞罗继祖。

王曾《上契丹事》疏证稿

大中祥符六年，知制诰王曾充使，

《续资治通鉴长编》卷七十九，大中祥符五年（1012年）冬十月己酉："以主客郎中知制诰王曾为契丹国主生辰使，宫苑使、荣州刺史高继勋副之；屯田郎中兼侍御史、知杂事李士龙为正旦使，内殿崇班阁门祗候李余懿副之。旧制：出使必假官，继勋本秩既崇，不复假官，自是为例。契丹使邢祥诧其国中亲贤赐铁卷，曾折之曰：'铁卷者，衰世以宠权臣，用安反侧，岂所以待亲贤耶？'祥愧不复语。"颜案：祥，统和二十年进士及第，二十九年五月及太平七年十一月两知贡举。开泰二年正月任给事中。《辽史》著录其人如此（见《圣宗纪》五、六、八各卷）。又，祥肆谈辨，自炫鬻，矜新赐铁卷。为曾所面折，又见司马光《涑水纪闻·逸文》。

还，上契丹事。

《宋史·艺文志》史部传记类有王□《奉使录》一卷，所阙者，曾名耳；地理类有王曾《契丹志》一卷，实一书也。原书已佚，今所见者上引《通鉴长编》卷七九外，复有《宋会要辑稿》（卷五二七五，蕃夷二之六）、《文献通考》（卷三四六，四夷三三，契丹中卷）、《武经总要》（卷一六下，北蕃地理门）、《辽史》（卷三九，卷四十）、《地理志》三、四两卷、李攸《宋朝事实》卷二十撷取之片断。《方舆胜览》引此书，称《王沂公使辽录》；《元史》卷六一四《河渠志》引此书，称王曾《北行录》；无名氏《北平考》卷二，顾炎武《昌平山水记》卷下引此书,俱称宋王曾《上契丹事》,实以《辽志》为本。今依之标目而稍事考校,其亦有裨于治史者乎?

曾上七事,

今所见者,但七事中之一事。

契丹改统和三十一年为开泰元年,以幽州为析津府

《辽史》卷十五《圣宗纪六》,统和二十九年十一月甲午朔,改元开泰。改幽都府为析津府。统和止二十九年,"三十一年"者,笔误也。

国主弟隆裕卒。

隆裕即隆祐,卒于是年八月,见上引《圣宗纪六》。

隆裕初封吴王,

《辽史》卷一四《圣宗纪五》,统和十六年十二月丙戌朔:进封皇弟郑王隆祐为吴国王。宋挢言:吴王隆裕慕道,见道士则喜。

后封楚国王。

同书同卷同十九年十月壬寅:徙封吴国王隆祐为楚国王,留守京师。

初奉使者止达幽州,

《宋会要辑稿·蕃夷卷一》三四页,景德二年二月二十五日,孙仅等使契丹回,言戎主岁避暑于含凉淀,闻使至,即来幽州。景德二年距此,止八年。

后至中京,

"至",《会要》引误作"置",《通考》引更误作"署"。中京遗址,今内蒙古昭乌达盟宁城县大明城,又作大名城。

又至上京,

《通考》仍误"至"作"置"。《会要》误"上京"作"中京"。上

京遗址,该自治区该盟巴林左旗林东镇波罗城。

或西凉淀、

即含凉淀,亦即本书下文"大夏波西即凉淀避暑之地",详后章。

北安州、

《热河志》卷九七《古迹志一》:安州故城在丰宁县波罗河屯,亦曰黄姑屯。颜案:黄姑屯,今建隆化县,属河北省。安州,北魏建,辽称北安州。遗址在县城之北,长六四六米,宽五七〇米。出土镌有"大魏太和"年款之残石佛及"兴州"铭文之片瓦(辽北安州金改兴州)。余于 1983 年 9 月亲履其地,得窥其旧基址。

炭山

《辽志》卷五:西京道归化州(今河北宣化市)下称:"炭山,又谓之陉头,有凉殿,承天皇后纳凉于此。山东北三十里有新凉殿(两'殿'字均当为'淀'字之误),景宗纳凉于此,唯松棚数陉而已。"《武经总要》(北蕃地理门):炭山,本匈奴避暑之处。地多丰草,掘丈余,即有坚冰。贾耽所说:妫州(今河北怀来县怀来镇)西北八百里(四库本《总要》误'八十里')至陉山,即奚、契丹避暑之处。《唐史》载契丹之地西至冷陉'是也。今胡中目为炭山,进更名双山。自幽州西北路清和馆,即居庸关、雕窠馆、赤城口,始有居人,望云县、受赐川,凡十日程,至炭山。《资治通鉴》卷二六六《后梁纪一》太祖开平元年五月丁丑朔日下,胡三省注引宋白《续通鉴》:"……阿保机居汉城,在檀州西北五百五十里,城北有龙门山,山北有炭山。炭山西是契丹、室韦二界相连之地。其地滦河上源,西有盐泊之利,则后魏滑盐县也。"《五代史》卷七二《四夷附录》之一契丹上卷:"汉城在炭山东南滦河上,有盐铁之利,乃后魏滑盐县也。"《辽史》卷六十《食货志下》:"太祖置羊城于炭山北。"

颜案:羊城,《金史》卷二四《地理志上》西京路抚州柔远县注文下之北羊城(曰:"北羊城,国言曰火俺榷场。")约在今河北沽源县西南小河子一带。清和馆即居庸关,《总要》自作解说矣。《通鉴》卷二六八胡注:"妫州怀戎县北一百三十里有广边军,有雕窠村。"雕窠馆当在其地,即今河北赤城县之雕鹗镇。怀戎乃妫洲倚郭县。赤城口,乃是赤城县。望云县,则赤城县西北之云州。龙门山,在望云东北。炭山既又名双山,而双山《金史》属之柔远县(今河北张北县),乃桓州下竟言:"曷里浒东川,更名金莲川,世宗曰:'莲者连也,取其金枝玉叶相连之义。'景明宫,避暑宫也。有□□殿、扬武殿,皆大定二十年命名。"是《总要》之说,必有小误。金之金莲川,即元之上都开平府所在之地。《元史》卷一四八《董文蔚传》:"卒于上都之炭山",可证矣(上都遗址在今内蒙古锡林郭勒盟正兰旗昭乃门苏木)。双山,又称双山子。《金史》卷八《世宗纪下》,大定二十七年四月丙申,上如金莲川。八月丙戌,次双山子。九月己亥朔,还都。日人箭内亘谓:炭山为滦河所出之黑龙山(并其以东以北之群山),所拟颇是。

长泊

俗说,即今奈曼旗西北之孔春庙泡子(又译工程泡子),详余《宋绶契丹风俗疏证稿》(见本著)。

自雄州白沟驿度河,

《长编》引"度"作"渡"。河,即北白沟河。白沟河有南北二流。《通鉴》卷二八四《后晋纪五》齐王开运二年三月庚申:"契丹大至,晋军与战,逐北十余里,契丹逾白沟而去。"胡注:"此南白沟也。《水经注》所谓淇水北出为白沟者也。北白沟在涿州新城县南六十里。宋人《北使行程记》曰:雄州之北,界河之南有白沟驿。又范成大《北使录》曰:自安肃军出北门,十五里至白沟河,又百五里至涿州。此言北白沟也。"界河，北白沟之别称，以宋、辽分界于此得名，亦即拒马河。

四十里至新城县。

新城故城，在今县治之北。

古督亢亭之地。

《唐书》卷三九《地理志三》，河北道涿州新城县下注：大和六年，以故督亢地置。《帝京景物略》卷八：督亢陂有故亭址，高丈，周七十步，土人称之曰督亢亭，时掘得瓦砾、金钱也。《畿辅通志》卷五八《舆地志》卷一三山川门二，谓陂地广衍，跨新城、固安二县境。

又七十里至涿州。

《长编》脱"七"字。涿州，今河北涿县。《通鉴》卷二七二《后唐纪二》庄宗同光二年三月庚戌下，胡注引《匈奴须知》："新城县北至涿州六十里。"计里有长短耳。

北度涿水、

《辽志四》涿州及范阳县下俱云有涿水。《太平寰宇记》卷七十涿州下称：涿水源出范阳县西土山下，东北流经县北五里，又东流注圣水（即今琉璃河，见下刘李河注文）。

范水、

《辽志》卷四：范阳县下有范水。《读史方舆纪要》卷一一直隶二：范水在涿州南，自涞水县流入，合于拒马河，范阳之名本此。

刘李河，

《畿辅通志》卷五六《舆地志》卷一三山川门二：琉璃河在良乡县南四十里。金人谓之刘李河，（《谦公法师灵塔铭》数见李河之名。叶昌炽谓李河即刘李河，亦即琉璃河（见《文物》1979 年第 1

期，徐自强《房山云居寺谦公法师灵塔铭》）。宋敏求谓之六里河，
源出房山县西南黑龙潭孔水洞，俗名芦村河，入良乡县，始名琉璃
河。自良乡县西南境东入涿州界，又东径安次县故城南，又东南注
拒马河。范成大诗："琉璃河上看鸳鸯"，即古圣水也。颜案：徐梦
莘《三朝北盟会编》卷一一宣和四年十月二十八日纪事引《封氏编
年》及《元史·仁宗纪三》均作琉璃河。

六十里至良乡县。

王恽《为起盖良乡县南留里河桥梁事状》（《秋涧先生大全集》
卷八七《乌台日事》）："良乡南十三里，有旧来经由留里河桥官道，
南至涿州六十里。"留里河，即刘李河或琉璃河。

度芦孤河，

《长编》、《通考》、《辽志》所引均作"卢沟河"。路振《乘轺录》
曰鹿孤河。范成大《卢沟诗》自注："此河，宋敏求谓之芦菰，即桑
干河也，今呼卢沟。"《辽志》卷四南京析津府有桑干河。《元史·
河渠志》：卢沟河，其源出于代地，名小黄河，以流浊故也。自奉圣
州界流入宛平县境，至都城四十里东麻谷，分为两派。又云：浑河，
本卢沟水，从大兴县流至东安州或武清县，入漷州界。

六十里至幽州，

《通考》"六"误"九"。六十里至幽州者，距良乡里至也。《通
鉴》卷二七十《后梁纪五》均王贞明三年七月庚戌下，胡注引范成
大《北使录》：自良乡六十五里至幽州城外，此又驿路也。较之王
书，多计五里。

伪号燕京。

《会要》"伪"讹"为"，《辽志》删。

子城就罗郭西南为之，

《辽志》卷四：燕京城大内在西南隅。

正南曰启夏门，内有元和殿、

《辽史》，太宗行入阁礼，犒将士，圣宗宴将校，赉将士，受百官贺，册立皇后，并在元和殿行礼，见《太宗》、《圣宗》、《兴宗》各纪、《地理志四》、《礼五》、《仪卫四》各卷。然《地理志》明言元和门，乃宣教门所改，是元和殿初亦当称宣教殿也（又见《圣宗纪五》统和二十四年八月丙戌日下）。

洪政殿，

《辽志》引无"殿"字。

东门曰宣和。

《辽志》卷四：皇城东曰宣和门。案：路振称幽州内城三门不开，止从宣和门出入。曾等一行，自南来入东门，故不及见西与北之二门。

城中坊门皆有楼。

《辽志》引"坊门"作"坊闬"。路振书：城中凡二十六坊，坊有门楼。

有悯忠寺，本唐太宗为征辽阵亡将士所造，

《会要》"将士"作"将校"。《虏廷事实》（此据明抄《说郛》本）：燕京城东壁有大寺一区，名曰悯忠。唐太宗征高丽回，念忠臣义士没于王事者，建此寺为之荐福。案：即今北京市菜市口西南烂熳胡同西之法源寺（唐时幽州城遗址在今北京外城之西及广安门外地）。

又有开泰寺，魏王耶律汉宁造，

《会要》"造"下有"建"字。耶律汉宁即耶律斜轸。不详年月，残碑捐资人名衔中有开泰寺僧某之名（见陈述《辽文汇》卷

九）。辑本《元一统志》大都城下称：大开泰寺，在昊天寺西北。寺之故基，辽统军邺王宅也，始于枢密使魏王所置，赐名圣寿，作十方大道场。圣宗开泰六年，改名开泰。殿宇楼观，冠于全燕。案：韩匡美为燕京统军使，封邺王（见罗继祖《辽汉臣世系表》页二）。匡美，即瑜之父。耶律斜轸为北院枢密使，在统和初（见本传），而十七年九月癸卯日薨（见《圣宗纪五》）。《方舆胜览》大都路佛寺门，亦见开泰寺之名。

皆邀朝士游观。

《长编》"朝士"作"朝使"，是也。《辽史·兴宗纪二》重熙十一年十二月己酉："以宣献皇后忌日，上与皇太后素服，饭僧于延寿、悯忠、三学三寺。"《北盟会编》卷一一宣和四年十月二十四日己酉纪事，郭药师入燕山，夺迎春门以入，大军继至，阵于悯忠寺。又言：骑兵且下马，且战且行，至悯忠寺前。《青宫译语》、《宋俘记》、《吟呻语》等书，谓宋之帝后、宫人北迁，曾居愍忠祠。愍忠祠即悯忠寺。南宋肃王枢（徽宗第五子）与沈元用同使金，馆于燕山悯忠寺。《金史》卷二三《五行志》大定十二年八月丁丑：策试进士于悯忠寺。又《选举志一》（卷五十）：就悯忠寺试徒单镒等。更云悯忠寺旧有双塔。《完颜纲传》卷九八，至宁元年，胡沙虎囚纲于悯忠寺。赵秉文《滏水集》卷六有《陪李舜咨登悯忠寺阁诗》。又《辽史》卷六六《游幸表》："开泰八年十二月，幸开泰寺宴饮。"《兴宗纪三》（卷三十）重熙二十三年十月癸丑："以开泰寺铸银佛像。曲赦在京囚。"两寺实名胜佳地，固不止于邀南朝使人之游览也。

城南门内，

《辽志》无"城"字。《会要》、《国志》、《辽志》"内"皆作"外"。

有于越王廨，为宴集之所。

此于越王，谓耶律休哥也（"于越"，突厥语之 uge，元人译"斡怯"、"斡可",元太宗名窝阔台,即此一称呼之所有格形式)。

门外永平馆,

《辽志》卷四:燕京皇城内右掖千秋门东为永平馆。《御寨行程》(见赵彦卫《云麓漫钞》卷八):良乡县六十里至燕京永平馆。《三朝北盟会编》卷二二二引《张邵行实》:"岁在癸丑二月初六日,金人忽召公诣尚书省,说谕还,遣使馆伴俾就馆,且使与洪公皓、朱公弁会于燕山,同途而归,时绍兴十三年也。四月十四日会于同途,而洪公先至焉,五月,朱公自云中至。六月庚戌,三人俱发轫于永平馆。"

旧名碣石馆,请和后易之。

1956年出土《张建章墓志铭》:"既馆驿碣石。"(张曾出使渤海国,并撰有《渤海记》一书)请和,谓宋真宗景德元年(辽圣宗统和二十二年)澶渊之盟。此前,唐以来名碣石,今改永平者,盖求符合于双方和好之义。

南即桑干河。

《会要》"南"误"也",《通考》删。桑干即卢孤,详前文(桑干,就河之全程言之,卢孤,但言其中流一段耳)。

出北门,

《辽志》于"出"下增"燕京"二字。

过古长城、

此北齐之长城。参余著《沈括使辽图抄疏证》(见本著)。

延芳淀,

《畿辅通志》卷五六《舆地志》一三山川二:今南海子侧有延芳村,其遗址也。《辽志四》:漷阴县有延芳淀,方数百里,辽主每季春弋猎于此。高士奇《扈从西巡日录》:"康熙二十二年三月丁未,

（颜案：此诗见原书卷八页八下，《知不足斋丛书》本）。观此，则鹰坊不始于元也。王恽《大都路漷州隆禧观碑铭》云："原隰平衍，浑流芳淀，映带左右。建元以来，春水习猎，岁尝驻跸。民庶观羽旄之光临，乐游豫之有赖。"（见《秋涧先生大全集》卷五七。铭词尚有'延芳春水纷霓旌'之句）。明永乐年增广其地，缭以周垣百六十里，育养禽兽。又设二十四园，以供花果。内有三水，故以海名。祭酒吴伟业有《海户曲》。蚂蚁坟在其东南，清明日，蚁数万聚此。时建新旧二宫，东西对峙，相去二十里。又有德寿寺、元灵宫，释道居之。仍设海户一千八百人守视，人给地二十亩，自食其力。春蒐冬狩，巡幸以时，讲武事也。（颜案：《帝京景物略》卷三、《天府广记》卷三七、沈氏《顺天府志》卷一、《宸垣识略》卷一一，叙述互有详略，均可参考。）

驻跸南海子南红门内。海子，元时为飞放泊。至大元年，筑呼鹰台于漷州泽中（原注：或作按鹰台，今日晾鹰台），初改鹰坊为仁虞院。刘祁《归潜志》：金章宗春水放海青，时赵黄山（即赵沨）在翰苑扈从，既得鹅，索诗，黄山立进之。其诗云："驾鹅得暖下陂塘，探骑星驰入建章，黄缴轻阴随凤辇，绿衣小队出鹰坊。搏风玉爪凌霄汉，瞥日凤毛堕雪霜。共喜圆陵得新荐，侍臣齐捧万年觞。"（颜案：此诗见原书卷八页八下，《知不足斋丛书》本）。观此，则鹰坊不始于元也。王恽《大都路漷州隆禧观碑铭》云："原隰平衍，浑流芳淀，映带左右。建元以来，春水习猎，岁尝驻跸。民庶观羽旄之光临，乐游豫之有赖。"（见《秋涧先生大全集》卷五七。铭词尚有'延芳春水纷霓旌'之句）。明永乐年增广其地，缭以周垣百六十里，育养禽兽。又设二十四园，以供花果。内有三水，故以海名。祭酒吴伟业有《海户曲》。蚂蚁坟在其东南，清明日，蚁数万聚此。时建新旧二宫，东西对峙，相去二十里。又有德寿寺、元灵宫，释道居之。仍设海户一千八百人守视，人给地二十亩，自食其力。春蒐冬狩，巡幸以时，讲武事也。（颜案：《帝京景物略》卷三、《天府广记》卷三七、沈氏《顺天府志》卷一、《宸垣识略》卷一一，叙述互有详略，均可参考。）

四十里至孙侯馆，后改为望京馆，稍移故处。

齐长城在燕京北，而延芳淀在燕京南，实属风马牛。《武经总要》引此作"出（燕京）北门，过古长城至望京四十里"。《辽志》引此作"出燕京北门，至望京馆"。皆可证延芳淀乃错简（或衍文）之误置者。《宸垣识略》卷一二：望京馆在城东北五十里孙侯村，辽建，为南使经宿饮饯之所。宋王曾《上契丹事》曰，云云，即此。考按：今其地名孙河屯，或孙侯村之转音也。（尚可参孙承泽著《天府广记》卷三七及《春明梦余录》卷六四。）

望楮谷山、

《会要》"楮"误"柏"。案："楮"亦"黍"之音讹。乾统七年王鉴撰《三河县重修文宣王庙记》："左附流渠，背连黍谷。"《辽志》卷四：黍谷山，邹衍吹律之地。"庞元英《文昌杂录》卷三："余奉使北辽，过顺州，有黍谷坊，馆伴副使王仲渊指以谓副使文供备云：'观此可知其寒也。'刘向《别传》曰：'燕地谷美而寒，不生五谷，邹子吹律，召温气至，五谷生，至今名黍谷。'北辽士子多燕人，故亦颇知学问也。"《昌平山水记》："在密云县西南十五里，亦名燕谷山，亦谓之寒谷，《吴越春秋》：'北过寒谷'是也。山有风洞。洞口风气凛烈，盛夏人不敢入，后人遂名之邹子祭风台，昔有庙，今毁。"

五龙池，

当是今密云县东北石盆峪之龙潭也。苏辙诗："白龙昼饮潭，修尾挂石壁。"正谓此也。（《畿辅通志》：怀柔县南三里，别有黄龙潭。沈应文《顺天府志》及《天府广记》：顺义县南二十里有龙山，亦曰龙泉山，均非此处。）

过温余河、

本《水经》之湿余河，以字形相近而讹（《方舆胜览》引作湿余河，不误）。《辽志》卷四称温渝河。《元史》又作温榆水，或榆河（《胜览》同）。自延庆县南口城东入县境，南流径龙虎台南而伏，又南至旧州村复出，曰月儿湾，下流为北沙河；又东南与南沙河会为三岔口，下流名沙河，入大兴县界。元致和元年，燕帖木儿御辽东之师，次于三河，闻上都兵入居庸，乃还。军次榆河（或榆水），既而战于水北，败之。追奔至红桥，据之，以拒上都之兵（参《山水记》下卷及《通志》卷五八《舆地志》一三山川二）。

大夏坡，

《会要》误"坡"为"城"，《总要》引作"大厦坡"，今地无考。

西北即凉淀避暑之地。

《长编》"西北"上重"坡"字。《会要》此句作"西北即西京，为避暑之地"，乃作两句读。《胜览》所引无此句，是也。亦一错简（或衍文）耳，当删。

五十里至顺州。

刘敞有《顺州闻角诗》及《顺州马上望古北诸山诗》（见《公是集》卷二七）。顺州，今北京市顺义县。

东北过白屿河，

路振书及陈襄《神宗皇帝即位使辽语录》作白絮河，而《辽志》卷四曰白遂河，今但称白河而已（明嘉靖三十四年，遏潮河，不使入顺义县境，于是牛栏山以北潮河故道，遂为白河所经，即潮河由密云而与白河合，密云以北二分水流，以南合为一泓矣。故今之白河，亦曰密云河）。

北望银冶山，

《通志》（卷五七舆地一二山川一岭）：银冶山在密云县南十五里，一名银冶岭，旧出银矿。

又有黄罗螺盘、

《胜览》：顺州下有银冶山、螺山、牛栏山、湿余河、白屿河、长城，唯无黄罗螺盘。是黄罗螺盘者，实即螺山也，亦即《辽志》卷四檀州下之螺山，而《金志上》系属于顺州之下。《章宗纪一》（卷九）大定二十九年冬十月己亥，次罗山。庚子，次玉田县。今曰红螺山（顾氏《山水记》、《畿辅通志》、沈氏《顺天府志》、孙氏《天府广记》以及汪启淑《水曹清暇录》卷四）。

牛栏山。

　　《长编》"栏"作"阑"。《金史》卷一二一《王晦传》：贞祐初，通州围急，晦攻牛栏山，以解通州之围。《元史》卷一五一《石抹孛迭儿传》：甲戌（金宣宗贞祐二年）"帝次牛栏山，欲尽戮汉军"。《通志》：牛栏山在顺义县北二十里，明改名顺义山，亦名金牛山。山之东麓，潮、白二河汇合处。俗讹牛郎山。

七十里至檀州。

　　《会要》"七十"误"数十"。《胜览》亦曰"七十里至檀州"。檀州，今北京市密云县。

自此渐入山，

　　《长编》"此"误"北"。

五十里至金沟馆。将至馆，

　　《通考》无此三字。

川原平广，

　　《辽志》"广"作"旷"，按：二字通假。

谓之金沟淀，

　　民国间修《密云县志》之《舆地志》：金勾庄，亦谓之金勾屯，在密云县东北四十五里，有大泽一区。案：此大泽，当即金沟淀也。高士奇《金沟屯诗》："金沟仍昔名，旧馆已汗漫。"名存地亡久矣。

国主尝于此过冬。自此入山，

　　《通考》夺"山"字。

诘曲登陟，

　　《通考》"诘"作"屈"。《总要》明刊本作"诘"，四库本作"屈"。诘曲即屈曲。

　无复里堠，

《通考》"埃"作"候"。二字亦通假。

但以马行记日景,而约其里数。

《会要》无"景"字。景,影之古体。

过朝鲤河,

《总要》、《胜览》俱误"鲤"为"鲜"。朝鲤河即潮里河,又作朝里河。

亦名七度河。

《通考》"度"作"渡"。《辽史》卷一《太祖纪上》六年十月癸巳,"次七渡河,诸弟各遣人谢罪"。《圣宗纪五》统和二十一年十月丁巳,"驻跸七渡河"。《金史》卷八七《仆散忠义传》:移剌窝斡走趋奚地,遣将追蹑,至七渡河,又败之。《明太祖实录》洪武二十一年十一月,千户寨、灰岭、庆州、神树、西马山、七度河皆设烟墩,使屯守知备。凡此,并谓其上游也。盖七度河乃古之黄颁水,而今曰黄花镇川。此川源出口外二道关,入口,东流径黄花镇,东入昌平,经怀柔县西南流,合九渡水、红螺山水,入顺义县境,名怀河。东南流,径县北牛栏山东麓,以入白河(此白河,实谓潮河故道)。王曾并潮河(朝鲤河)与黄花镇川而言之,故曰"朝鲤河亦名七度河"也。《胜览》既言黄花镇川河在昌平,又言朝鲤河至古北口九十里,一似两不相干者。

九十里至古北口。两旁峻崖,

《辽志》"旁"作"傍",《总要》明刊本作"旁",四库本作"傍"。李攸《宋朝事实》(卷二十"经略出燕古北口要言"句下注语)引此相同,下并有"皆"字,均是也(《总要》古北口下叙事作"两旁陡峻")。

中有路,仅容车轨,

《事实》"轨"作"辙"。

口北有铺，彀弓连绳，本范阳防扼奚、契丹之所，

《会要》误"范"为"洛"；《事实》作"探扼"，无"奚"之名；《通考》脱"丹"字。

最为隘束。

《事实》"隘"讹"益"。许亢宗《宣和乙巳奉使行程录》：古北口止通人马，不可行车。《总要》：古北口据幽州要害，可设兵，屯置保砦，唐范阳节度之地。

然幽州东趋营、平州，

《总要》无下"州"字，是也。

路基平坦，自顷犯边，多由斯出。

《总要》谓：此乃松亭关路。

又度德胜岭，

《总要》作"德胜口"，其下并有"北"字，均是矣。《辽史》卷一四《圣宗纪五》统和十六年九月丁巳朔："驻跸得胜口。"《耶律斜轸传》乾亨元年秋，"宋下河东，乘胜袭燕，北院大王耶律奚底与萧讨古逆战，败绩，退屯清河北。斜轸取奚底等青帜军于得胜口，以诱敌，敌果争赴"。按"得胜"即"德胜"。

盘道数层，俗名思乡岭。

《会要》"岭"下衍"盘"字。思乡岭又作辞乡岭，亦谓之望云岭及摘星岭。清人考证，以今大十八盘梁，当此思乡岭。近年在拉海沟（在巴克什营子、火斗山以北）至大十八盘（海拉沟以北为三道沟、马圈子而后至大十八盘梁）道侧发现一辽代石刻，文云："大康八年九月十日□十差到通行官行首直属□□今□新来二十人四□□□□十八□□□□万古永记。"此无疑始属之接伴使者之题识。

八十里至新馆。

　　苏颂有《早行新馆道中》及《过新馆罕见居人》二诗。新馆或在今河北滦平县（旧鞍匠屯）西南平房（又作平坊）一带。

过雕窠岭、

　　《总要》"雕"作"鹏"。前文炭山下引《总要》语，居庸关、赤城口间有鹏窠馆，显见非此。而鹏窠岭实居高平（今山西高平县）西北，由江猪岭路以入，见《资治通鉴》卷二九一《后周纪二》太祖显德元年三月壬辰、丁酉两日下，胡三省注文。此盖他书之羼入者。

偏枪岭。

　　《总要》引无偏枪岭之名。《元史·河渠志》引有偏枪而无雕窠，殆是矣。它书称编箱岭或编厢岭，今之偏岭。

四十里至卧如馆。盖山中有卧佛像故也。

　　四十里，谓新馆至卧如距离。《总要》、《长编》"如"下有"来"字。高士奇《塞北小钞》、《热河志》卷六五《山川志一》均言，喇嘛洞洞中有石雕佛像，或即卧如馆也。据实地勘查，喇嘛洞有二，其一高十八米，宽六点五米，深十五米，内壁尚存凿落卧佛后之残迹，其距离洞底不过三米，而长十八米；其二，较此略小耳。沈括说：卧如馆"馆宅川间，中有大水，曰雹水，乃故雹之区也。绝雹有佛寺，堕崖石以为偃佛，此其所以名馆也"。今两洞外有辽、金时代瓦片及瓦当，必此佛寺之遗址。馆与寺间中隔之雹水，即今之兴州河。故知卧如馆实居喇嘛洞南沟窑岭小梁上。

过乌滦河，东有滦州，因河为名。

　　《元史·别的因传》称滦河为黑水。滦州，古卢龙之地。沈括《梦溪笔谈》卷三四《杂志一》言：大抵北方水多黑色，故有卢龙郡。北人谓水为卢龙（末句"水"上当脱"黑"字）。周辉《北辕录》："芦沟河即卢龙也。燕人呼水为‘龙’，呼黑为‘卢’，亦谓之黑水河，色黑而浊，其急如箭。"可证也）。滦河，古之濡水（沈涛《瑟榭丛谈上》：《水经注》濡水有二，其一即今滦河，当时谓之难河。郦善长谓"濡"、"难"声相近，狄俗语讹。盖"濡"误"难"，"难"又讹为"滦"耳）。按：使人过河处，当在今滦河沿附近。

又过墨斗岭，

《总要》："北安州（今隆化县）有墨斜岭，有滦河。唐于奚人之境置墨斜军，取名于此。"《宋史》卷四八七《高丽传》：天禧五年，纥升与契丹交兵。高丽信州永宁人康戩从父允战木叶山下，连中二矢，神色不变。后陷契丹，遁居墨斗岭。又至黄龙府。间道得归高丽，时允犹在。案：纥升疑系奚人。王珪、刘敞并有《摸斗岭诗》。王诗云："戴斗疆陲笼曙华，更凭重阜切天涯"（见辑本《华阳集》卷四）。刘诗云："盘峰回栈几千层，径欲凌云揽玉绳"（辑本《公是集》卷二八）。"墨斗"、"墨斜"并为"摸斗"之误。摸斗，极言其高峻，似可摸及星斗。两家诗意，亦可旁证。彭汝砺亦有《过墨斗岭闻鸟声似子规而其形非是诗》（见《鄱阳集》卷一一）。旧说，谓即今之广仁岭（《热河志》卷六五《山志一》、《清一统志》承德府之二《山川志》），殊误。墨斗岭，实是今之伊逊岭。

亦名度云岭。

《辽志》无"亦名"二字，是也，当删。《总要》同谓墨斜岭亦名庆云岭。"庆"乃"度"之讹。《长编》"度"作"渡"。据沈括书，摸斗岭三十五里至柳河馆，循山行十里，再北二十余里至中顿，过顿乃逾度云岭也。度云岭，得为今之荞麦梁。

长二十里许。

此当谓墨斗岭，而非谓度云岭也。荞麦梁只是山狭路窄，峰陡石峭而已。清文祥《巴林纪程》：安匠屯（即鞍匠屯，今滦平县）五

十里至金沟屯(此别一金沟屯),早尖。屯西有小岭一道,名小梁
子。小梁子尖后五里,登伊素岭,曲折盘旋,约十余里。下岭,又二
十里渡大河,亦名伊素。是日宿于红旗营。曲折盘旋十余里之伊
素岭,应即长二十里许之墨斗岭。"伊素","伊逊"之别译。

又过芹菜岭,

或以今之芹菜沟后梁当此芹菜岭,然里到方向皆不符。

七十里至柳河馆。河在馆旁。

刘敞有《十二月二十七日宿柳河寄欧阳永叔诗》。又《山暖
诗》自注:柳河馆有柳河(《公是集》卷二八)。叶向高《朵颜三卫
考》(《四夷考》卷二):朱勇度柳河,经大小兴州,过神树,至全宁。
《总要》:北安州有柳河。又称:安州西北至柳河五十里。柳河得
为今伊逊河(古称索头水)。伊逊河发源于今河北围场县境,南流
至滦河镇而汇于滦河。参照文祥书,则红旗营(今红旗村)即柳河
馆矣(或更认定在红旗村东三里之房山沟门)。

西北有铁冶,多渤海人所居,

《辽志一》上京道饶州长乐县下称:"太祖伐渤海,迁其民,建
县居之。户四千,内一千户纳铁。"渤海人冶铁输贡,尚见本志及
它书,兹从略。

就河漉沙石,炼得铁。

《胜览》合此二句作"漉沙得铁"。"就河漉沙石",言以沼泽
矿为原料;"炼得铁",言生吹铁。其法:将木炭、矿石于炉内撒均
匀,还原为铁粒(直径约数毫米),浓缩成多少较纯净之铁块(熟铁
块),杂质又作炉渣(尚含铁百分之二十至二十五)。再将熟铁块
用锤锻炼,使之紧密,并具有一定形态。以此法取铁,半数以上之
铁变作炉渣,产量极低。下文言"锻铁为兵器",即此生吹法也。

渤海俗,每岁时聚会作乐,先命善歌舞者数辈前行,士女相随,更相唱和,回旋宛转,号曰"踏锤"。

《会要》作"沓锤",《通考》作"踏追",皆误。王恽《西苑怀古和刘怀州景融韵》有句云:"行殿基存焦作土,踏锥舞歇草留茵。"原注:"踏锥,舞名,见景元所录《金人遗事》。"锥、锤同字。

所居屋,

《会要》"屋"下有"室"字。

皆就山墙开门。过松亭岭,甚险峻。

《通考》"险峻"误为"崄崄"。高士奇《松亭行纪下》引此书倒作"峻险",并谓喜峰口即松亭山。曰今喜峰口东北有山城,曰徐大傅城,为明中山王徐达所筑。岁久弥坚,远望如碧玉,悬崖斗绝,人迹希邈。颜案:松亭非此驿路所经,或为它文所阑入,仍当删除。

七十里至打造部落馆。

它书简称打造馆,约在今头沟以西某地,或指为今之韩麻营,殊嫌偏向东北。调查者并谓:今其附近尚有铁匠营村。又谓:今房山沟门西北半砬子东沟,确有铁矿,与承德大庙铁矿系同一矿脉。调查者曾在东沟后梁顶发现大量炼烧之块状烧结物。1980年,当地群众于距地表约零点五米深处,发现一古代铁炉,立筒形式,直径二米有余,炉壁厚约二十一—三十厘米,炉口及内壁坚硬光滑。炉内最上层有炼铁渣,二、三、四层皆为木炭,四层以下仍为铁炼渣。经鉴定:矿石属钒钛磁铁矿,含铁品位在百分之四十以上。块状烧结物即是铁炼渣。

有蕃户百余,编荆篱,

《长编》"编"下有"为"字。而《通考》及《胜览》"为"在"荆"字下,当据补。

锻铁为兵器。

　　打造部落馆或曰打造馆之名,取义于渤海人之造车而非锻铁,此文字错落所致,详下文。

东南行,五十里至牛山馆。

　　牛山馆以牛山得名,详沈括书《疏证》。牛山馆在牛山东北,得为六沟西北、三沟以南,今苍子东南北沟一带。而牛山,则兼有六沟以西之帽盔石、红山咀、后石碴子诸山也。或指牛山馆在今之头沟大地,而牛山则今头沟之老牛山,亦颇偏向东北矣。

八十里至鹿儿峡馆。

　　《胜览》引"鹿"误"兔",且无"馆"字。王珪《戏呈唐卿诗》(《华阳集》卷三):"行到鹿儿山更恶,八千归路可胜劳。"刘敞《朱桥诗》自注:"鹿儿馆"前句称:朱桥柳映潭,忽见似江南。今六沟以东景象,恰便似江南山水一样,并无二致。又同人《神山诗》自注:"在鹿儿峡北。"(俱见《公是集》卷二)。《热河志》卷六六《山志》卷一:拜察山,汉名神山。辽泽州有神山。《元一统志》:神山在惠州西南十三里,东西长十里,南北广八里。元惠州,即泽州。"《总要》曰北安州之牛山鹿儿峡。则鹿儿属牛山之一峡,可知矣。案:拜察山即今大黑山。而大黑山西南约二十里为甲山梁,甲山梁西南又数里乃甲山,余谓甲山梁当是鹿儿峡馆之所在处。

过虾蟆岭,

　　《胜览》引作"蝦蟆岭"。闵宣化说:蝦蟆岭为今祥云岭。

九十里至铁浆馆。

　　铁浆馆,今平泉县洼子店东南之沙坨子,尚见其遗址(闵宣化误此遗址为富谷馆)。

过石子岭,

《辽志三》中京道泽州有石子岭。《元一统志》：石子岭在惠州北八十里。元惠州即辽泽州。此石子岭，沈括书称"痹岭"而不名，约在今瓦房店一带。

自此渐出山，

《长编》、《通考》并讹"此"为"北"。《长编》且讹"出"为"入"。刘敞《出山诗》自注：自檀州东北入山，到铁浆馆出山，凡八程。诗云："险极鬼神为，逼仄单车度。"盖概括八程山路，重峦叠嶂，处处险厄，直至铁浆馆，过石子岭，方出山焉。

七十里至富谷馆。

王珪《富谷馆诗》（《华阳集》卷一）："万雀噪山馆。"曾肇亦有"富谷山头一骑归"之句。范镇《行富峪道中诗》："路回山徒转，沙漫水平流。"苏颂《富谷馆书事诗》："沙底暗冰频踠马，岭头危径罕逢人。"《元一统志》大宁路古迹门：富谷有站，是辽富谷馆旧舍。此馆约在今平房（老哈河东）西北之高家沟一带。各家诗中所见之"山"、之"岭"，乃谓马云山也。

居民多造车者，云渤海人。

此二句当在打造部落馆下，而错入于此。沈括书："车工所聚曰打造馆"，可证也。

东望马云山，

《会要》"云"仍作"望"，显误。

山多鸟兽材木，国主多于此打围。

《长编》、《国志》、《通考》"材"并作"林"，是也。马云山即马盂山。《辽史》卷一九《兴宗纪二》重熙十年九月癸亥："上猎马盂山，草木蒙密，恐猎者误射伤人，命耶律迪姑各书姓名于矢以志之。"欧阳修《重赠刘原父诗》："马盂山西看落霞。"（《居士集》卷六)《辽志三》中京大定府下有马盂山。《元一统志》：马盂山在大宁县西六十里，中有一峰，形类马盂，故云。元大宁县，即辽中京而金北京。《热河志》（卷六六）《山志二》：马盂山，又名永安山，在喀喇沁右翼旗南百九十里，老哈河发源此山。近出土《耶律琮墓志》（墓在马鞍山东南三十里鸽子洞附近）、《秦晋大长公主墓志》（墓在平泉县和乌素）并言葬马盂山。马盂山或永安山，即今马鞍山。又《元史》卷一四七《史天祥传》：乙亥（案：即金宣宗贞祐三年，而元太祖十年）进攻北京傍近诸寨，磨云山王都统首诣军门降。颇疑磨云山，即马盂山或马云山之讹。但《元一统志》马盂山、磨云山两著录。谓磨云山在大宁县西南三十里，相传常有云气覆其巅，故名。

八十里至通天馆。

沈括书称长兴馆。遗址在今八里罕甸子（黑城）。

二十里至中京大定府。

遗址在今宁城县大明城，或作大名城。

城坦庳小，

《长编》卷六六大中祥符元年三月丁卯，宋抟等使契丹还，言契丹所居曰中京，在幽州东北，城垒庳小，鲜居人，夹道以墙垣。

方圆才四里许。

它书言：中京十余里，或曰外城幅员三十里。此疑有脱漏，否则必谓幅员约七里之第二重城。

门但重屋，无筑阇之制。

《长编》作"堵"。"堵"、"阇"通用。

南门曰朱夏，

路振书：契丹国（即中京）外城南门曰朱夏，凡三门，门有楼阁。

门内夹道步廊,

《会要》夺“夹”字,且讹“道”为“通”。

多坊门。又有市楼四:

此从《长编》本,余本“四”作“门”。

曰天方、

《会要》“方”作“市”,《通考》无“天方”之名。

天衢、

《长编》“天”作“大”。

通阛、望阙。次至大同馆。

路振书:大同驿在阳德门外,驿东西各三厅,盖仿汴京上元驿也。《辽志》:大同驿以待宋使。

其北正门曰阳德、

《长编》无“正”字。路振书:第二重城南门曰阳德门。

阊阖。

路振书:内门曰阊阖门。又:阊阖门楼有五凤。

城内

《会要》“城”下有“西”字。

西南隅岗上有寺。

《通考》“上”作“山”。寺,谓镇国寺也。苏颂有《和游中京镇国寺诗》。诗云:“塔庙奚山麓,乘轺偶共登。青松如拱揖,栋宇欲骞腾。”犹可想见其建筑之庄严与宏伟。而镇国寺塔,至今屹立,乃我国家重点保护文物之一。

城南有园圃,宴射之所。

路振书:七日又宴射于南园,园在朱夏门外。园中有台。

自过古北口即蕃境，居人草庵板屋，

　　《通考》"屋"作"壁"，误。苏辙诗："奚人自作草屋住。"沈括《图抄》："其民皆屋居，无瓦者墁以土，或苫以桦木之皮。"

亦务耕种，

　　《会要》脱"务"字。刘敞《古北口诗叙》："自古北口，即奚疆也。皆山居谷汲，耕牧其中，而无城郭。"路振书："奚民守馆者，皆给土田，以营养焉。"

但无桑柘，

　　《通考》"无"误"有"。

所种皆从垄上，盖虞吹沙所壅。山中长松郁然，深谷中多烧炭为业。时见畜牧，牛马橐驼，尤多青羊黄豕。

　　《通考》"羊"讹"盐"。

亦有挈车帐逐水草，射猎。食止糜粥秒糒。

　　各本"糜"皆误"麋"，今改正。

薛映《辽中境界》疏证稿

大中祥符九年九月己酉,命枢密直学士、工部侍郎薛映为契丹国主生辰使,东染院使刘承宗副之;寿春郡王友、户部郎中、直昭文馆张士逊为正旦使,供备库使王承德副之。

《会要》简作:九年(1016年)枢密直学士薛映,直昭文馆张士逊充使。"通考阙。薛映,《宋史》卷二百五有传。长编原注:"刘承宗,知信子。""王承德,审琦子。"《辽史》(卷十五)圣宗纪六卷开泰五年十二月丁酉:"宋遣张逊、王承德来贺千龄节。""逊"上遗"士"字。张士逊,《宋史》卷三百三十一,亦有传。

至上京。及还,上虏中境界。

《长编》自"上京者"至"及还"十字阙。《辽史》(卷三十七)《地理志》一卷称此书曰《薛映记》,《契丹国志》(卷二十四)称此书曰《富郑公行程录》。案《宋史·艺文志》史部故事类有富弼《契丹识盟别录》五卷,传记类有富弼《奉使语录》二卷,又《奉使别录》一卷;《遂初堂书目》本朝故事类,有富弼《奉使录》,《奉使别录》,不著卷数。据《宋史·富弼传》(卷三百一十三)及《辽史·兴宗纪》二卷(卷十九),弼虽数使契丹,但皆在仁宗朝,与映等之行,绝无关系,《国志》误书。

自中京正北八十里至临都馆

《辽志》无"自"字。《通考》"正"亦误"至"字。依沈括所记中京东北，北向，又折西北，过三肧河（即今坤头河）至临都馆七十里。则今之西桥，适当其处。

又四十里至官窑馆。

《通考》脱"官"字。陈襄语录称锅窑馆。沈书：崇信馆南距临都馆四十里小东，而锅窑馆为牛山帐北之一驿，与薛、陈两家大异，今并存其说。约在今平庄以西之阎家店附近。

又七十里至松山馆。

《辽志》："中京正北八十里至松山馆。"脱落十六字。里道、驿馆，遂皆纰缪而无一是处。松山馆约在今赤峰市西北西龙王庙一带，地当骆马河（今英金河）南岸而阴凉河（今锡伯河）以北过河不远之处（辽志：中京松山州有松山县）。

又七十里至崇信馆

《辽志》无"又"字。陈襄书称崇信毡馆。沈书：松山馆东南距崇信馆六十里。约为今之四道沟梁（崇信馆在马疲岭以北二十里，马疲岭今楼子店山）。

又九十里至广宁馆。

《辽志》无"又"字，沈书：广宁馆南距鹰驳帐九十里。又沈书及陈襄书并言：广宁馆在丰州城西南五里。丰州，后改澄州，遗址在今乌丹城西北。则广宁馆是其西南之河南营子。

又五十里至姚家寨馆。

《辽志》无"又"字。《通考》夺"寨"字。《通鉴》卷二百八十七《后汉纪》二卷高祖天福十二年六月壬申日下胡三省注："南则姚家州，北则宣化馆，至西楼。"姚家州即姚家寨。馆约在今宫围西南之地。

又五十里至咸宁馆。

《辽志》无"又"字。沈括称咸熙帐,陈襄称咸熙毡馆。沈以为七十里。今五分地东南(辽志:祖州有咸宁县,馆名当由此而来)。

又三十里度潢水石桥,

《辽志》无"又"字。国志"度"作"渡"。潢水,今西拉木伦。石桥,在饶州遗址西南方三百米处。

旁有饶州。盖唐朝尝于契丹置饶乐州也,

《辽志》无"盖"及"州也"三字,"尝"在"契丹"下。又言:饶州,匡义军,中,节度。本唐饶乐府地。贞观中置松漠府。太祖完葺故垒,有潢河(下略)。饶州,总要谓在潢水之北,石桥旁。其遗址已在林西县城西南六十公里西拉木伦河北岸台地上发见。属于小城子公社西樱桃沟大队,南距西拉木伦仅二百五十四公尺,北靠群山,东距巴林桥约三十五公里。由古城西行三十公里,即达今克什克腾旗境内之西拉木伦石桥。(见《考古》1980 年第 6 期《辽饶州故城调查记》一文)

今渤海入居之。

《通考》无"今"字。《辽志》、《会要》无"之"字。《辽志》:饶州统县三:长乐、临河、安民。而长乐县下称:太祖伐渤海,迁其民,建县居之。临河县下称:本丰永(当为"永丰")县人,太宗分兵伐渤海,迁于潢水之西。安民县下称:太宗以渤海诸邑所俘杂〔户〕置。

又五十里至保和馆

《辽志》无"又"字。沈括则谓之保和帐,而陈襄乃曰黑崖馆。此咸熙馆至石桥,至保和馆,合计八十里,而沈谓保和馆西南距咸

熙馆九十里。约为今少冷附近(辽志:上京临潢府有保和县)。

度黑水河,七十里至宣化馆

《国志》"度"作"渡"。《长编》、《通考》作黑河,与史相符。《辽志》无"至"字。黑水河,今查干木伦河。宣化馆,约在巴郎诺尔附近(《辽志》:上京临潢府有宣化县)。

又五十里至长泰馆。

《辽志》无"又"、"至"二字。《通考》夺"泰"字。长泰馆,约在今乌套海附近(《辽志》:上京临潢府有长泰县)。

馆西二十里许有佛寺民舍。

《长编》无"馆"字、"二"字。《辽志》无"许"字,"佛寺民舍"作"佛舍民居"。《国志》"舍"误"社"。

云即祖州,亦有祖山。山中有阿保机庙,所服靴尚在,长四五尺许。

《辽志》无"云"字及"亦有"以下四句。《国志》无"所服靴"以下两句。《通鉴》同卷同年同月同日下引匈奴须知:祖州东至上京五十里。上京,西楼也。祖州遗址在今上石房子,而祖山则为祖陵所在之龙门山。阿保机庙者,祖陵(并其享殿)是也。

又四十里至上京临潢府。

《会要》、《辽志》无"上京"二字。临潢府遗址,今林东镇稍南之波罗城。

自过崇信馆,即契丹旧境。盖其南皆奚地也。

《通考》夺"即"字。辽志"即"作"乃",又无"盖"、"皆"二字。

入西门,门曰金德。

《辽志》:上京西门曰金凤。金德,必金凤之误书。

内有临潢馆。

《辽志》：上京西南同文驿，驿西南临潢驿，以待夏国使。

子城东门曰顺阳。

《辽志》：上京南门曰则阳，与晔所记异。

入门北行至景福门。

《辽志》无"入门"二字。长编"门"作"馆"，是矣。

又至承天门，

《辽志》：上京大内南门曰承天，有楼阁。又曰：太宗诏蕃部并依汉制，御开皇殿，辟承天门受礼。

内有昭德、宣政二殿。

《辽志》：上京有安德殿，无昭德殿。宣政殿之名，见于《北盟会编》卷四引《燕云奉使录》。云赵良嗣随阿骨打攻上京，并相约入上京看契丹大内居室，上马并辔，由西偏门入，并马乘之，过五鸾、宣政等殿，遂置酒于延和楼，良嗣赋诗，有"骑马随军上五鸾"之句（《辽史》太宗、景宗、道宗三纪"鸾"作"鸾"，此同于《地理志》）。

皆东向，其毡庐亦皆东向。

《辽志》：昭德、宣政二殿下接"与毡庐，皆东向"为句。契丹宫殿、毡帐皆东面向日，详见《沈括图抄疏证》。

临潢西北二百余里，号凉淀，在漫头山南，避暑之处多丰草，掘丈余，即有坚冰云。

《辽志》"漫"作"馒"，"掘"下有"地"字。《会要》、《辽志》并无"云"字。《辽志》：庆州有馒头山。《会要》：今北土亦有曼头山，南距潢水，本契丹之地，辽主避暑之处，今更名大安山。案：庆州遗址，在今白塔子镇。"大安"为"永安"之伪。永安别名缅山（卷十六页八），或名庆云山，又名拽剌山、夜来山，名永兴，名庆州北山,等等,亦详沈括图抄疏证。或以为属怀州(卷三十七页十一)。史亦言永安山有凉径(卷六十六页十二)。映所言临潢西北二百余里馒头山南之凉淀,正谓此焉(乃《总要》竟将"地多丰草。掘丈余,即有坚冰"十一字错在炭山之下,大谬不然)。

宋绶《契丹风俗》疏证稿

天禧四年,工部员外郎、知制诰宋绶充使,

　　"工部员外郎"五字唯见《通考》,但《通考》误"绶"为"缓"耳。绶字公垂,赵州平棘人。子敏求。父子《宋史》卷二百九十一并有传,《辽史》(卷十六)《圣宗纪》七,开泰九年九月:"宋遣宋绶、骆继伦贺千龄节。"辽圣宗开泰九年即宋真宗天禧四年(公元1020年)。

始至木叶山。

　　《辽史》(卷三十二)《营卫志》中卷、《地理志》一卷(卷三十七)均言,永州有木叶山,而永州在潢河之西、土河之北(详下文)。但本书后文,乃言木叶山本阿保机葬处。《五代史》(卷七十二)《四夷附录》第一《契丹传》上卷,亦言德光葬阿保机木叶山。而同书下卷,言德光复葬于木叶山。又称:"祖州,阿保机墓所也。"《辽史》言太祖葬祖陵,在祖州;太宗葬凤山怀陵,在怀州。祖州遗址在今上石房子。怀州遗址在今岗岗庙。然《资治通鉴》卷二百七十五《后唐纪》四卷明宗天成二年春正月己卯日下胡三省注引《匈奴须知》:"木叶山西南至上京三百里。"上京,今林东镇以南之波罗城。自此东北向逆推三百里,则札鲁特旗(鲁北)以西之罕山(标高九百七十八公尺)以至上石房子、岗岗庙之大兴安岭南脉西南连山,并得谓之木叶山也。

及还,上《虏中风俗》。

《通考》无此七字。《长编》乃作:"先是宋绶等使还,上《契丹风俗》,云绶等始至木叶山"三句。(《长编》名此书曰《宋绶上契丹事》)今以"契丹"改"虏中",余如旧而稍事考校焉。

富谷馆八十里至通天馆,距中京二十里。

此《元一统志》所载宋绶《出使录》之文,今补钞于此。里距与路振《乘轺录》一致。富谷馆,约今高家沟;通天馆,今八里罕甸子;中京,今宁城县大明城(或大名城)。

山在中京东微北。

此句虽接在木叶山后,但木叶山不在中京东微北,甚明。此处之山,谓唱叫山也。有错简,故如是。(当移在唱叫山下。)

自中京过小河,

《长编》"过"上有"东"字。此小河当为今八家子、郝家店以南之小河。

唱叫山,

《元一统志》:唱叫山在大宁县东北三十里。(《明一统志》乌梁海下亦载此河。)苏颂《过土河诗》自注:"中京北一山最高,土人谓之长叫山。此河过山之东,才可渐车。又北流百余里,则奔注弥漫,至冬,冰厚数尺,可过车马,而冰底细流,涓涓不绝。"诗有句云:"长叫山旁一水源,北流迢递势倾奔。秋来注雨弥郊野,冬后层冰度辐辕。"(《苏魏公集》卷十三后使辽诗)长叫山即唱叫山。土河,土护真河简称,今老哈河。唱叫山在大明城以北、老哈河以西,则为八家子、郝家店以南,小河以北之山(标高七百零五公尺)。

道北奚王避暑庄,有亭台。

按:奚王牙帐,即辽之中京。(见《热河志》卷九十七《古迹志》

一）吐护真河，奚王牙帐也。（见《唐书》卷三十九《地理志》三卷河北道檀州密云郡燕乐县下）此奚王避暑庄约在今和硕金营子一带。

由古北口北至中京北，

《通考》无"口北"二字，《长编》但无"北"字。

皆奚境。

《五代史》四夷附录第三《奚传》：奚当唐之末，居阴凉川，后徙居琵琶川。阴凉川，今锡伯河；琵琶川，今兴州河。刘敞《古北口诗叙》：自古北口，即奚人也（下略）。薛映《行录》：自过崇信馆，即契丹旧境，盖其南皆奚地也。

奚本与契丹等。

《魏书》、《北史》、《隋书》各《契丹传》并言与奚"异种同类"。

后为契丹所并。

《四夷附录》：契丹阿保机强盛，室韦、奚、霫皆服属之。盖契丹先并西奚而后并东奚。《辽志》三卷：咸通以后，契丹始大，奚族不敢复抗，太祖建国，举族内属。

所在分奚、契丹、汉人、渤海杂处之。

沈括《使虏图抄》：中京，其民皆燕、奚、渤海之人。

奚有六节度、都省、统领。

《辽史》（卷四）《太宗纪》下卷：会同三年二月己亥，奚王劳骨宁率六节度使朝贡。都省，都客省之略。盖奚分五部，后析为六部，即：遥里、伯德、奥里、梅只、楚里、堕瑰，见《营卫志》下卷奚王府六部五帐分项下。

言语、风俗与契丹不同。

"不"字疑衍。

善耕种，

《唐书》、《五代史》两《奚传》皆谓：颇知耕种，稼多穄；断木为臼，以平底瓦鼎煮粥为食；窖藏在山下。苏颂《和仲巽奚山部落诗》有句："居人处处营耕牧。"《和过打造部落诗》有句："田塍开垦随高下"（《文集》卷十三）。

步射，入山采猎，其行如飞。

《魏书》、《北史》、《隋书》、两《唐书》无不言其"善射猎"，而《五代史》特著其"登山逐兽，下上如飞"。（奚，又名步奚，殆以是焉。）

凡六十里至殺瀤河馆。

《长编》"凡"作"北"。《通考》无"至"字。殺瀤河当今海棠河。殺瀤河馆或为海棠河北之张家营子（或其西之北菜园子）。

过惠州，城二重，至低小，

《长编》"重"作"里"。《总要》亦作"里"，"城"下且有"方"字是也。

外城无人居，内城有瓦屋、仓廪，

《通考》、《总要》"屋"并作"舍"。

人多汉服。

彭汝砺有《过惠州诗》三首（《鄱阳先生文集》卷八），其一云："城垒四五尺，间封千百家。"其三云："白草单于垒，青灯渤海家。"苏辙《惠州诗》自注："传闻南朝逃叛者，多在其间。"诗有句云："孤城千室闭重闉，苍莽平川绝四邻。"《热河志》（卷九十八）《古迹志》二卷言：建昌县北三百四十里敖汉旗西境之博罗科废城，即惠州。依《元一统志》所记惠州四至里到，则在今建平镇（老建平）以北某地。（《辽文萃》卷四有《惠州李祐墓幢记》，记称："葬归化县寿山之阴。"归化县属大定府。幢存旧平泉州治北舍利辉棚栏营子喇嘛庙中。）

七十里至榆林馆，馆前有小河，屈曲北流。

《长编》不重"馆"字。《总要》：道出中京之北，四日程，经榆林馆云云。榆林馆，当是今敖汉旗（新惠）西北之土城子，而"屈曲北流"之小河，则今孟克河。苏颂《使回蹉榆林侵夜至宿馆诗》有句云："使还兼道趣南辕，朝出沙陁暮水村。边落萧疏人自少，朔天凄惨日长昏。"水村云云，正谓榆林馆傍此北流之小河也。

自此入山，少人居，七十里至讷都乌馆。

《通考》"讷"误"内"。

蕃语谓山为"讷都"，水为"乌"。

《通考》又夺"都"字，且无"谓"字。蕃语，自是契丹语，此可暂以蒙古语之 hada（山、岭、崖、壁）及 usu（水）解释之。《总要》榆林馆之下、香山子馆之上，为饥乌馆。"饥乌"者，"讷都乌"之舛也。讷都乌馆约为今之新民村附近，其地有山有水。

七十里至香山子馆。

《会要》、《通考》"山子"作"子山"。

前倚土山，临小河。

香山子馆约为今奈曼旗（大钦他拉）西南康家营子西南某地。小河或是孟克河之某一支流。

其东北三十里，即长泊也。

《会要》谓：大中祥符六年，翰林学士晁迥、龙图阁待制查道充使，至长泊。及还，上《虏中风俗》。迥言：长泊多野鹅，云云。《总要》：长泊，周围二百里。泊多野鹅鸭，辽主射猎之所。又言：香山子馆南北即长泊。北至上京八百里，西至宜坤州十五里。南北

"南"字当衍。西十五里至宜坤州之说，恐亦有误。俗说：长泊为今奈曼旗西北之孔春庙泡子（工程泡子）。

涉沙迹，过白马淀。

《辽史》《营卫志》中卷：冬捺钵曰广平淀。在永州东南三十里，本名白马淀。广平淀者，潢、土二河间之平野，非谓固定之某一处所也。但此处既言涉沙迹乃过白马淀，是此白马淀必在今孔春庙泡子西北哈力盖图一带。《景宗纪》下卷：乾亨三年三月乙卯，皇子韩八卒。辛酉，葬潢、土二河之间，置永州。《语解》：永州，其地居潢河、土河二水之间，故名永州，盖以字从"二"、从"水"也。《总要》言在木叶山之阳，潢水之北，与《辽史》异。内蒙古自治区文物工作队编：《一九五七年以来内蒙古自治区古代文化遗址及墓葬的发现情况简报》，称永州城址在翁牛特旗（乌丹城）老哈河西南，而不言其确址。或以为在今莲花图庙一带。

九十里至水泊馆。

王珪有一《题白马馆诗》，此白马馆谓白马淀之驿馆，亦即指此水泊馆，约当今新庙附近，自此而渡土河。苏颂有《初至广平纪事言怀呈同事阁使》、《广平宴会》、《离广平》诸诗。（俱见文集卷十三）

度土河，亦云撞水。

《通考》重"撞"字。

聚沙成墩，少人烟，多林木。其河边平处，国主曾于此过冬。

辽主驻跸土河之事，史不绝书。《营卫志》中卷：广平淀："地甚坦夷，四望皆沙碛，木多榆柳。其地饶沙，冬月稍暖，皇帝牙帐多于此坐冬，与北、南大臣会议国事，时出校猎讲武，兼受南宋及诸国礼贡。"＂此＂字,《长编》、《会要》误＂北＂。

凡八十里至张司空馆。

约在今敖宝勒,或南北濠木图一带。

七十里至木叶馆。

木叶馆,必以木叶山得名。木叶山既为兴安岭西南脉之连山,此木叶馆又连山之西南端某处。

离中京,皆无馆舍,但宿穹帐,

《会要》＂穹＂误＂空＂。

欲至木叶三十里许,始有居人、瓦屋及僧舍。

《会要》＂屋＂作＂舍＂。

又历荆榛荒草,

《通考》＂又＂作＂及＂。

复渡土河。

《长编》:土河下有＂至＂字。

木叶山本阿保机葬处,又云祭天之地。

《通考》作＂祭天之所＂。《礼志》一卷吉仪类祭山仪:设天神、地祇位于木叶山云云。

东向设毡屋,题曰省方殿。

《长编》、《通考》＂题＂作＂署＂。《营卫志》中卷:广平淀皇帝牙帐南有省方殿。但此为祖陵之省方殿祭所。

无阶,以毡藉地,后有二大帐。次北又设毡屋,题曰庆寿殿。

《长编》无＂题＂字。《通考》仍作＂署＂。同上书:＂南有省方殿,殿北约二里曰寿宁殿,皆木柱竹榱,以毡为盖,彩绘韬柱,锦为壁衣,加绯绣额。又以黄布绣龙为地障。窗、榻皆以毡为之,傅以黄油绢。基高尺余,两厢廊庑亦以毡盖。无门户。省方殿北有鹿皮帐,帐次北有八方公用殿。寿宁殿北有长春帐,卫以硬寨。"(硬寨,即以枪为之。)案:绶所记省方殿后二大帐,即此志之鹿皮帐与八方公用殿;而绶所记之庆寿殿,实此志之寿宁殿也。(八方公用殿即八方殿。八方,疑"八房"之异书。)

去山尚远。

山,谓本叶山。

国主帐在毡屋西北,望之不见。尝出三豹,甚驯,马上附胡人而坐,猎则以捕兽。

《长编》无"胡"字。耶律楚材《扈从冬狩诗》"更驱虎豹逐贪狼"句下自注:"御闲有驯豹,纵之以搏野兽。"(《湛然居士集》卷十)周伯琦《九月一日还自上京途中纪事》二首之一,有句云:锢豹仍分署,鞲鹰亦有房。"《元史》《赛典赤赡思丁传》(卷百二十五)太祖西征,赡思丁率千骑以文豹、白鹘迎降。王恽《飞豹行》:"飞鹰走犬汉人事,以豹取兽何其雄"、"豹虽逸才不自惜,雨血风毛摧大敌。"

蕃俗喜罩鱼,

《会要》、《通考》无"蕃"字。《通考》无"喜"字。

设毡庐于河冰之上,

《会要》无"庐"字。《通考》脱"冰"字。

密掩其门,凿冰为窍,举火照之,鱼尽来凑,即垂钓竿,罕有失者。

此辽人钓鱼之制也。《营卫志》中卷行营门春捺钵下所言:皇帝正月上旬起牙帐,约六十日方至鸭子河泺。天鹅未至,卓帐冰上,凿冰取鱼。《语解》:"头鱼宴。上岁时钓鱼,得头鱼,辄置酒张宴，与头鹅宴同。”

回至张司空馆，闻国主在土河上罩鱼。以鱼来馈。

检《辽史》，太祖、太宗、景宗、圣宗等并有钩鱼、观鱼及渔于土河之记载。

是岁隆庆卒。

《通考》无末三字。《圣宗纪》六（卷十五）开泰五年九月癸卯，皇弟南京留守秦晋国王隆庆来朝，上亲出迎劳，至实德山，因同猎于松山。十二月乙酉，秦晋国王隆庆还。至北安，薨。讣闻，上为哀恸，辍朝七日。所记隆庆卒年，与宋绶异。

隆庆初封常王，

宋人避“恒”字，故改书常王。（真宗名恒）

及请盟，改梁王，后封秦国，

《通考》“国”下有“王”字。

又加秦晋国王。

《皇子表》（卷六十四）：隆庆字燕隐，小字普贤奴。景宗第二子。八岁，封恒王。统和十六年，徙王梁国。开泰初，更王晋国，进王秦晋。追赠皇太弟。按：《景宗纪》下卷（卷九）系其封恒王在乾亨二年正月丙子。《圣宗纪》五卷（卷十四）系其改梁王在统和十六年十二月丙戌朔日。而“晋国”应系秦国之讹。《地理志》一卷（卷三十七）头下军州之渭州项下及《百官志》四卷（卷四十六）南京处置使司项下，皆号隆庆为秦国王或秦王。进王秦晋，不详年月，但《圣宗纪》六卷开泰元年十二月庚辰纪事已称秦晋国王隆庆，或即是年也。

隆裕有子宗业，封广平王，为中京留守。

《圣宗纪》七卷（卷十六）开泰八年十二月乙巳，以广平郡王宗业为中京留守、大定尹。

改幽州幽都县为宛平县。

《地理志》四卷（卷四十）：宛平县，本晋幽都县，开泰元年改今名。（《圣宗纪》六卷系于该年十一月甲午朔日。）

其衣服之制，国母与蕃臣皆胡服，

《通考》、《国志》"臣"作"官"。《国志》"胡服"作"番服"。

国主与汉官则汉服。

"则"字从《国志》，余本作"即"。

蕃官戴毡冠。

"官"字依《通考》、《国志》及《辽史》（详下引）。余本亦作"冠"，误。

上以金华为饰，或加珠玉翠毛，盖汉、魏时辽人步摇冠之遗象也。

《长编》、《会要》脱"步"字。案：步摇冠，为妇人之首饰。步摇冠即冠步摇，或作箇步摇。"箇"或作"帼"。见《魏志》及范书两《乌丸（乌桓）传》。

额后垂金花织成，夹带中贮发一总。服紫窄袍，加义栏，系鞊鞢带，

《国志》"系"作"紫"。《长编》、《会要》脱"鞢"字。

以黄红色绦裹革为之，用金、玉、水晶、碧石缀饰。又有纱冠，制如乌纱帽，无檐。

《通考》少"无"字，与下句连续。

不撷双耳。额前缀金花，上结紫带，带末缀珠。

《通考》、《辽史》不重"带"字。（见下文）

或紫皂幅巾。

《长编》、《会要》"皂"误"帛"。

紫窄袍,束带。大夫或绿巾,

《国志》"大夫"作"丈夫"。

绿花窄袍,中单多红绿色。贵者被貂裘,貂以紫黑色为贵,

《会要》"色"上衍"水"字。

青色为次。又有银鼠,尤洁白。贱者被貂毛、羊、鼠、沙狐裘。

《仪卫志》二卷(卷五十六)国服制朝服项下:"臣僚戴毡冠,金花为饰,或加珠玉翠毛,额后垂金花织成夹带,中贮发一总。或纱冠,制如乌纱帽,无檐,不撅双耳。额前缀金花,上结紫带,末缀珠。服紫窄袍,系鞊鞢,以黄红色絛裹革为之,用金、玉、水晶、靛石缀饰,谓之'盘紫'。太宗更以锦袍、金带。(中略)公服谓之'展裹',着紫。(中略)皇帝紫皂幅巾,紫窄袍,玉束带,或衣红袄;臣僚亦幅巾,紫衣。常服:宰相中谢仪,帝常服。高丽使入见仪,臣僚便衣,谓之'盘裹'。绿花窄袍,中单多红绿色。贵者披貂裘,以紫黑色为贵,青次之。又有银鼠,尤洁白。贱者貂毛、羊、鼠、沙狐裘。"盖增改缓书而成者。

弓以皮为弦,箭削桦为杆。辔勒轻驶,

《长编》"驶"作"简",《通考》误"缺",《国志》作"快",是也。

便于驰走。以貂鼠或鹅项鸭头为扦腰。

"鹅项",《会要》作"鹅顶",是也。

蕃官有夷离毕,参闻国政;

史或作夷离毕。《语解》(卷百十六):"夷离毕,即参知政事,后置夷离毕院,以掌刑政。宋刁约使辽,有诗云'押宴夷离毕',知

其为执政官也。"《百官志》一卷（卷四十五）："夷离毕视刑部。"
（尚可参二十一卷《道宗纪》一卷清宁四年二月丙午纪事及《刑法志》下卷同年同纪事。）

左右林牙，掌命令；

《语解》："林牙，掌文翰官，时称为学士。其群牧所设，止管簿书。"《百官志》一卷"林牙修文告"。（尚可参卷三十《天祚纪》四卷：辽以翰林为林牙。卷七十六《耶律鲁不古传》：初，太祖制契丹字，鲁不古以赞成功，授林牙，监修国史。）

惕隐，若司宗之类。

《语解》："惕隐，典族属官，即宗正职也。"《百官志》一卷："惕隐治宗族。"又曰："大惕隐司，太祖置，掌皇族之政教。""惕隐，亦曰悌里已。"《百官志》二卷："某部司徒，本名惕隐。""某国惕隐，亦曰司徒。"

又有九行宫，每宫置使及总管。

《长编》"置"作"署"，"总管"作"部署"。

掌领部族，有永兴、积庆、洪义、昭敏等名。

据《营卫志》上卷（卷三十一）：辽一代总有十二行宫。（如连同耶律隆运之文忠王府计算，则为十三行宫。）永兴宫、积庆宫，名相同。昭敏应即彰愍之异文。其洪义宫又弘义宫之舛讹。弘义宫，太祖置；永兴宫，太宗置；积庆宫，世宗置；彰愍宫，景宗置。此之外，应天皇太后之长宁宫，穆宗之延昌宫，承天太后之崇德宫，圣宗之兴圣宫，耶律隆运之文忠王府合而为此九行宫。

沈括《熙宁使契丹图抄》疏证稿

熙宁使契丹图抄。

　　此《图抄》自《永乐大典》卷一万八百七十七虏字下（中华书局影印本十一函，百七册）录出，原称宋沈存中《西溪集·熙宁使虏图抄》。案：括集名《长兴》，《西溪集》乃括之侄遘所著，遘弟辽别著《云巢集》，括苍刊本合为《沈氏三先生文集》而以《西溪》居首，《大典》撰人不详查阅，且以括名在遘、辽上，遂误以《西溪》为括所著耳。今传世三沈集，乃从事郎处州司理参军高布重校监雕者，高本即源于括苍，然《长兴集》前阙一至十二卷，中阙三十一卷，后阙三十三至四十一卷，三集共阙二十二卷，盖佚落于明人覆刻之日也。《长兴集》既阙，《大典》所收《图抄》遂无可以检核矣。又案：《宋史·沈括传》辽萧禧来理河东黄嵬地，留馆不肯辞，曰："必得请而后反。"帝遣括往聘。……括乃还，在道图其山川险易迂直，风俗之纯庞，人情之向背，为《使契丹图抄》上之。云云。《使契丹图抄》，即此《使虏图抄》也。今据《括传》，改虏为契丹。

臣某臣评准三月癸丑诏书，

　　《续资治通鉴长编》卷二百六十二注云："沈括充回谢，在三月二十一日癸丑。"某，括自谓，评即李评。

充大辽国信使、副使。

　　上引《长编》卷二百六十一熙宁八年三月癸丑，右正言、知制诰沈括假翰林院侍读学士，为回谢辽国使，西上阁门使荣州刺史李评假四方馆使副之。萧禧久留不肯还,故遣括诣敌廷面议(《宋史·神宗纪》二熙宁八年三月癸丑,《契丹国志·道宗纪》咸雍十一年春三月及《宋会要稿·蕃夷》一卷页六十二下及六十四上,均记括报聘事)。熙宁八年,岁次乙卯。

是时,契丹以永安山为庭,

《长编》卷二百六十五引括著《乙卯入国别录》有云:至如近日北朝文字称,今年在永安山受礼。又括著《梦溪笔谈》(卷二十一异事门第一则)称,熙宁中,余使契丹,至其极北黑水境永安山下卓帐。永安山,考见下。

自塞至其庭,三十有六日。

原作"三十有三日",以下文"闰四月己酉出塞,五月癸未至单于庭,凡三十有六日"按之,则日上三字乃六字之讹,今改正。

日有舍,中舍有亭,亭有饔秌。

中舍有亭,即下文之中道有顿。路振《乘轺录》:近岁以来,中路又添顿馆。国信所至,则蕃官具饔秌,汉官排顿置,大阍执杯案,舍利劝酒食。考振使辽在大中祥符元年,此前,两驿馆之间似无途中休息处。饔,熟食。秌,粘粟。

以闰四月己酉出塞,五月癸未至单于庭。凡三十有六日。以六月乙未还。己未复至于塞下。凡二十有五日。

《长编》卷二百六十五引括著《入国别录》(即《乙卯入国别录》)云:闰四月十九日离新城县,五月二十三日至永安山,二十五日入见。又《长编》同卷六月壬子日下注:"括以五月二十五日至北庭,六月五日起离,住十一日。"案:闰四月己酉即十八日,五月癸未即二十三日,六月乙未即初五日,己未即二十九日。

山川之夷崄远近卑高横从之殊,道途之涉降纡屈南北之

变,风俗车服名秩政刑兵民货食都邑音译觇察变故之详,
集上之外,

> "货食"疑为"食货"之倒。《长编》卷二百六十一、二百六十
> 二及二百六十五,均言括自有《乙卯入国奏请》并《别录》,载使事
> 颇详。

别为《图抄》二卷。

> 《秘书省续四库书目》史类地理门,有沈括《使虏图抄》一卷。
> 盖括书有图有记,总为二卷,此但著录其文字而不及其图画,故云
> 一卷,与《大典》本合(本集当亦若是)。

转相补发,

> 谓与《奏请》及《别录》相互补充发明也。

以备行人以五物反命,以周知天下之故。谨条如右,臣某
昧死上。

> 《周礼·秋官·小行人》:"若国札丧,则令赙补之;若国凶荒,
> 则令赒委之;若国师役,则令稿禬之;若国有福事,则令庆贺之;若
> 国有祸灾,则令哀吊之。凡此五物者,治其事故……以反命于王,
> 以周知天下之故。"
>
> 张舜民《画墁集》卷六《投进使辽录长城赋札子》:"臣近伏蒙
> 圣慈差奉使大辽,……昨于元祐九年,差充回谢大辽吊祭宣仁圣烈
> 皇后礼信使。出疆往来,经涉彼土。尝取其耳目所得,排日记录,
> 因著为《甲戌使辽录》(案:《宋史·艺文志》有张舜民《使边录》一
> 卷。边必辽之外。曾慥《类说》卷十二收《使辽录》六则,明抄本
> 《说郛》卷三重录曾书,并此《甲戌使辽录》之仅存篇章。甲戌即元
> 祐九年。《契丹国志》引张氏《使辽图抄》,亦此书也)。其始,以备
> 私居宾友燕言之助,今偶尘圣选,辞不免行,因检括旧牍,此书尚

在。其间所载山川、井邑、道路、风俗,至于主客之语言,龙庭之礼数,亦以备清闲之览观。"《宋史·范坦传》:"赐进士第,权起居舍人。使于辽,复命,具语录以献。徽宗览而善之,付鸿胪,令后奉使者视为式。"《秘书省续四库书目》史部仪注类,有阙名氏《接送伴虏使须知》三卷。凡此,皆行人反命之用意。

大安山,契丹之北部,东南距京师驿道三千二百十有五里。

《辽史》驻跸、巡狩永安山频见,《圣宗纪七》且言永安乃缅山之赐名,《游幸表》又称永安山有凉径。《武经总要》(卷十六)北蕃地理:曼头山南距潢水,本契丹之地,虏主避暑之处,今更名大安山。考此曼头山,即《辽史·地理志一》上京道庆州下之馒头山(《辽志》似本之《契丹国志》)。大安山大字实永字之舛。史别有大安山,在南京析津府,为刘仁恭藏钱处,与此异。然史谓永安山别名庆云山,以圣宗、兴宗、道宗三陵寝所在也(三陵位于今巴林右旗白塔子废城西北瓦尔漫汗山,久被盗掘。白塔子废城,即庆州遗址)。《兴宗纪》言,太平十一年亦即景福元年六月乙未,"奉大行皇帝梓宫殡于永安山太平殿。"沈氏《梦溪笔谈》卷二十四《杂志》言黑水(即今查干木伦河)之西有连山,谓之夜来山,极高峻,契丹坟墓在大山之东南麓。夜来山,史又作拽剌山(《穆宗纪上》应历八年七月及《游幸表》神册五年五月,会同十三年秋,应历七年十二月各纪事),或曰耶里山(《游幸表》兴宗重熙六年七月)。是夜来山即永安山也。永安,取其为山陵之所在;庆云,仅当其一峰而已;馒头,取其形状所似;本名则称夜来山,亦书拽剌山与耶里山焉。《金史·地理志上》北京路庆州下称:"北山有辽圣宗、兴宗、道宗庆陵。"辑本王寂《拙轩集》卷三有诗,其诗序称:"庆州北山之麓,辽山陵在焉,俗谓之三殿,二十年前常为盗发,所得不赀,

是所谓厚葬以致寇者,叹而成诗。"北山者,以在庆州之北也。刘
敞《顺州闻角》诗:"北山三千里,归来已近边。"敞使北时,契丹王
庭适在永安山(《宋史·艺文志》史部传记类,有刘敞《使北语录》
一卷)。刘诗之北山,亦即《金志》及王记之庆州北山,皆言永安山
也。

自庆州,上京皆有便道。

至庆州、上京之便道,详下文。

由驿道之西,自铁浆馆径度,马驰不三日至幽州。

此捷径,乃由路口村(在铁浆馆西南十里)西南出幽州者。自
幽州由歧路出松亭关以至中京,才五百里耳。详下文。《武经总
要》:"中京南至幽州九百里。"原注:"一路由松亭关,一路古北
口。"九百里程者,古北口路也。古北口距幽州已四百里。

永安地宜畜牧,畜宜马、牛、羊,草宜荔挺、枲耳,

挺,原作梃,今改正。荔挺,马薤也。枲耳,古称卷耳,又名苍
耳。

谷宜粱荞而人不善艺。

粱,原作梁,今改正。

四月始稼,七月毕敛;地寒多雨,盛夏重裘,七月陨霜,三
月释冻。其人剪发,妥其两髦,

《续通鉴长编》卷二十九载雍熙三年宋琪上疏语:又有渤海首
领大舍利高模翰兵,步骑万余人,并髡发左衽,窃为契丹之饰。
(《金史·高桢传》:辽阳渤海人。五世祖牟翰仕辽,官至太师。牟
翰即模翰。)髡发者,剃其顶心而疏其胪后发与双鬓耳。可由庆陵
壁画、小库伦旗一号辽墓壁画(《文物》1973 年 8 期)及传世胡瓌
《卓歇图》、五代人所绘《契丹人骑马出猎图》等画卷而知之。沈言

剪发者,剪其自顶以下;妥其两髦者,两鬓下堕也。《北史·匈奴宇文莫槐传》:"人皆剪发而留其顶上,以为首饰,长过数寸,则截短之。"此其渊源也(参顾炎武《菰中随笔》,但辽人剪发而金人辫发,亭林未加区别耳)。苏颂《和晨发柳河馆憩长源邮舍》诗自注:"敌中多掠燕、蓟之人,杂居番界,皆削顶垂发,以从其俗,惟巾衫稍异,以别番、汉耳。"(《苏魏公文集》卷十三)案:削顶垂发,即此剪发妥髦。

行则乘马,食牛羊之肉酪而衣其皮。

欧阳修《奉使道中五言长韵》:"儿童能走马,妇女亦腰弓。"(《居士集》卷十二)《辽史·营卫志中》行营门叙:"大漠之间多寒多风,畜牧畋渔以食,皮毛以衣,转徙随时,车马为家。"苏颂《契丹帐》诗,言"酪浆膻肉",言"貂锦羊裘"。

间啖糜粥。

王曾《上契丹事》:"食止糜粥炒糒。"

单于庭依犊儿山之麓,

道宗两驻犊山(一在太康元年,一在三年)。犊山,辽言曰拖古烈(据《道宗纪》,巡幸此处计十次)。拖古烈,牛犊也。(《元朝秘史》百九十四节及洪武本《华夷译语》:牛犊曰"土忽勒"〔tuqul〕即此。)《营卫志中》言:"夏捺钵多在吐儿山。山距黑山东北三百里,近馒头山。"而黑山位于庆州北十三里,见《地理志》。《地理志》又言上京辖境有兔儿山。《圣宗纪》亦记开泰六年六月戊辰朔,葬德妃萧氏兔儿山西。吐儿山、兔儿山,并为此犊儿山或曰犊山者之讹文,而拖古烈,则其契丹之语言焉。

广荐之中,毡庐数十,无垣墙沟表,至暮,则使人坐草,褎庐击柝。

苏辙《奉使契丹二十八首·虏帐》诗:"虏帐冬住沙陀中,索羊织苇称行宫。从官星散依冢阜,毡庐窟室欺霜风。……礼成即日卷庐帐,钩鱼射鹅沧海东。秋山既罢复来此,往返岁岁如旋蓬。"(《栾城集》卷十六)子由诗,写冬捺钵白马淀景象,而括五月至犊儿山,则夏捺钵也,故曰"广荐"、曰"坐草"。又《营卫志中》冬捺钵下言:"皇帝牙帐以枪为硬寨,用毛绳连系。每枪下黑毡伞一,以庇卫士风雪。枪外小毡帐一层,每帐五人,各执兵仗为禁围。"可与此互相印证。襄原作裳,意改。

大率其俗简易,乐深山茂草,与马牛杂居,居无常处。

《笔谈》卷一故事门第一中国衣冠用胡服条:"胡人乐茂草,常寝处其间。予使此时皆见之,虽王庭亦在深荐中。"《营卫志中》行营门叙:"秋冬违寒,春夏避暑,随水草,就畋渔,岁以为常。"《金史》卷九十六《梁襄传》,襄上疏直言极谏世宗之幸金莲川,道及辽国之君春山秋水、冬夏捺钵之制,亦曰:"契丹之人以逐水草牧畜为业,穹庐为居,迁徙无常。"

自澄州大山之西

澄州,今乌丹城。详下文。澄州大山,则今帕凌哈达坂之山也,乃兴安岭西支之余脉。

为室韦,今谓之皮室。

辽以皮室充御帐亲军,又视皮室军为爪牙,为精兵(见《兵志》及《语解》)。余靖言:契丹谓金刚为"比室",取其坚利之名也。(《武溪集》卷十八《契丹官仪》原注:"比音牌,亦音栉比之比。")比室即皮室,《金史》作脾室。《杲传》:"天辅元年,杲以兵一万,攻泰州,下金山县,女固脾室四部及渤海人皆来降。"女固脾室即黄皮室,或曰黄头皮室,亦即黄室韦,或曰黄头室韦。女固谓黄,《辽史·语解》:女古,金也。女固即女古,又曰枲罗个。《契丹国志·

初兴本末》:"袅罗个没里,复名女古没里,所谓潢河是也。"潢河,
又书作黄河,详下文。金色黄,故云然。没里,河也。

其俗类契丹。

《北史·室韦传》:"室或为失。盖契丹之类,在南者为契丹,
在北者号为失韦。"《旧唐书·室韦传》:"室韦,契丹之别类也。"

恩州以东为渤海,

此约言也。辽灭渤海,迁其人于上京、中京之地,若中京道招
延州,即以招延渤海而得名。(《三朝北盟会编》卷十三宣和五年
正月二十五日下引《燕云奉使录》:兀室又出燕京地图,云招延州
是渤海住坐。《武经总要》称招贤州,在安得府东南、严州东北,见
南宋淳祐年刻石之《地理图》。)《圣宗纪七》开泰八年五月乙亥:迁
宁州渤海户于辽、土二河之间。此辽河,谓西辽河,即潢河也。见
于记载者,饶、广、春、黔、显、镇、防、维、东、尚、宁、归、铁利诸州,易
俗、迁辽、显理、长宁、永安、长乐、临河(丰永)、安民、肃慎、海滨诸
县,无不有渤海移民。其恩州并附郭之恩化县,《地理志》明言以
渤海人户建置。恩州故址,即今宁城县乃林镇西南二十里小城子。
详下文。

中京以南为东奚。其王衙西京数十里。

此句必有舛讹。余靖《契丹官仪》:"又有奚王府,掌奚兵,在
中京之南。"苏辙《奚君》诗自注:"宅在中京南。"诗云:"故垒开都
邑,遗民杂汉编。"都邑,谓中京。《五代史·四夷附录三》:"自去
诸徙妫州,自别为西奚,而东奚在琵琶川者,亦为契丹所并,不复能
自见云。"唐末,奚居阴凉川,后乃徙居琵琶川。阴凉川即本书后
文之阴凉河,今舍利嘎河。琵琶川,约在今辽宁建昌县境内。

其西南山间奚西奚,

此句亦必有舛讹。《唐书·奚传》:"是后契丹方强,奚不敢
亢,而举部役属。虏政苛。奚怨之,其酋去诸引别部内附,保妫州
北山,遂为东、西奚。"妫州,今怀来县怀来镇。

有故霫之区。

《贾师训墓志》(寿昌三年):"有诏迁奚中,其部所居汉民四百
户,公对曰:'自松亭已北,距黄河,其间泽、利、潭、榆、松山、北安
数州,千里之地,皆霫壤也。汉民杂居者半。'"案:霫即白霫,本铁
勒十五种之一种。《唐书·白霫传》谓其部有三:曰居延、曰无若
没、曰潢水。又曰:"白霫居鲜卑故地,避薛延陀,保奥支水、冷陉
山,南契丹,北乌罗浑,东靺鞨,西拔野古。"南契丹云云者,即潢水
之部也。冷陉山,今滦河所出之黑龙山并其连脉。

其西治牛山谷。

牛山谷必以牛山得名焉。牛山,详下文。牛山谷,今河北承德
市东北之地。案:《武经总要》称北安州境内有牛山。牛山谷乃在
此牛山。此安州,今河北隆化县博洛河屯(土城子村)。

奚、渤海之俗类燕,而渤海为夷语。

《契丹国志》卷二十二《四京本末》:"奚本与契丹等,后为契丹
所并,所在分奚、契丹、汉人、渤海杂处之。"苏颂《奚山道中》诗有
句云:"马前终日听夷言。"

其民皆屋居,无瓦者墁上,或苫以桦木之皮。

上或为土字之误,否则连下句读。

王曾《上契丹事》:"自过古北口即蕃境,居人草庵板屋。"苏辙
《出山》诗:"奚人自作草屋住,契丹骈车依水泉。"

奚人业伐山,陆种耧车。契丹之车,皆资于奚。

《旧唐书·奚传》:"兼用车为营。"《唐书·奚传》:"环车为

营。"李商隐《为荥阳公贺幽州破奚寇表》言幽州节度使张仲武奏破奚北部落及诸山奚，俘获物中，有奚车五百乘（见《文苑英华》卷五百六十八《表》十六卷）。《五代史·四夷附录二》记契丹与杜重威战于阳城、卫村，耶律德光坐奚车中，晋军奋死击之。契丹大败，德光丧车。骑一白橐驼而走。又，德光入晋都，毡裘左衽，胡马奚车，罗列阶陛。（《辽史·太宗纪下》会同八年三月癸亥，与符彦卿战，上乘奚车退十余里，晋追兵急，获一彦驼，乘之乃归。《通鉴》卷二百八十四《后晋纪五》齐王开运二年三月癸亥，白团卫村之战，"契丹主坐大奚车中"。战败，"契丹主乘奚车走十余里，追兵急，获一橐驼，乘之而走"。又，辛亥，杜重威获奚车一辆，内有谐里相公妻及奴婢。是契丹军人出征，妻奴随行，与匈奴"累重"之制及蒙古"奥鲁"之制皆同也。）《五代史·晋家人传》言安太妃卒，"乃毁奚车而焚之"。《三朝北盟会编》卷二十引杨汝翼《顺昌战胜破贼录》绍兴十年六月十一日纪事：初七日，四太子至，亦与诸酋首连接下寨，人马蔽野，骆驼、牛车，纷杂其间，毡车、奚车亦以百数。刘敞《铁浆馆》诗："敌马寒随草，奚车夕戴星。"自注："奚人以车帐为生，昼夜移徙。"（《通鉴》卷二百七十一《后梁纪六》均王龙德二年正月甲午，"契丹主车帐在定州城下"句下，胡注："契丹主乘奚车，卓毡帐覆之，寝处其中，谓之车帐。"）朱有燉《元宫词》："笑语懒行随凤辂，内官催上骆驼车。"骆驼车，奚车也。延及蒙古，犹行奚车之制。

车工所聚，曰打造馆。

　　王曾言造车者为渤海人，与沈书异。

其辀车之制如中国，后广前杀而无毂，材俭易败，不能任重而利于行山。长毂广轮，轮之牙其厚不能四寸，而轸之

材不能五寸。

　　《通鉴》卷二百八十四《后晋纪》齐王开运二年三月癸亥下胡注引沈书，辎车前有其字，又重轮字，今一并补入。

　　曹利用与契丹盟，国母亲与饮食，设横板于轭，上布食器（见《宋会要辑稿·蕃夷》第一册页三十一之下，又见《皇朝事实类苑》卷三引《三朝训鉴》及《长兴集》卷五《张中允墓志铭》）。虽戎主母后所乘车，犹如是简陋也。

其乘车，驾之以驼，上施幰，

　　幰，原作荒，从胡注所引改正。

惟富者加毡幰文绣之饰。

　　惟，原作帷，从胡注所引改正。苏颂《奚山路中》诗有句云："青毡通幰贵人车。"自注："贵族之家车屋通以青毡覆之。"幰，车幔也，用以御热。青毡车，以太祖后述律氏青牛姬故事为旧典；青牛姬，即后于潢、土二河交会处遇女子乘青牛车避路之事。青牛车，青毡之牛车也。苏辙《赵君偶以微恙乘驼车而行戏赠二绝句》诗云："邻国知公未可风，双驼借与双轮红。"又有"高屋宽箱"之句。皆言此奚车也。小库伦辽墓壁画，宋人《胡笳十八拍图》，日本鸟居氏著录辽墓刻石，并有奚车图象。读者可与沈书相参验。

中京始有果蓏而所植不蕃。契丹之粟果瓠，皆资于燕。粟车转，果瓠以马，送之虏庭。

　　《栾城集·后集·历代论燕蓟》一文曰"契丹据有全燕，控桑麻枣栗之饶，兼玉帛子女之富"云云。

山之南乃燕、蓟八州，

　　燕、蓟八州，山前八州也。

衣冠语言皆其故俗，惟男子靴足幅巾而垂其带；女子连

裳,异于中国。

　　周辉《北辕录》:入境,男子衣皆小窄,妇女衣皆极宽大,有位者便服立止用皂纻丝,或番罗,系版绦,与皂隶无区别。绦反插,垂头于腰,谓之有礼。无贵贱,皆着尖头靴。所顶巾,谓之"蹋鸱"。

北白沟馆南距雄州三十八里。

　　楼钥《北行日录》言望都车行四十五里至安肃军,又二十五里过白沟河。宋安肃军,金安肃州,治安肃县,今河北徐水县。白沟本属雄州(见重熙十一年八月二十九日辽回答宋之誓书)。许亢宗《宣和乙巳奉使行程录》言离雄州三十里至白沟。《辽史·地理志叙》言辽幅员南至白沟。卢洵《白沟》诗:"白沙清浅不容舟,辽宋封疆限此沟。"(洵字仁甫,高平人。)范成大《白沟》诗自注:"在安肃北十五里,阔才丈余,古亦名拒马河,本朝与辽人分界处。"

面拒马河,负北塘,广三、四里,陂泽绎属,

　　负原作员,意改。拒马河即涞水。自涞水县流入,南径定兴县,西至县南为白沟河(白沟实拒马河支津,下流在涿县界。但宋以来,乃总称拒马为白沟)。塘,谓塘泺。宋以拒马为塞,积有年矣,陂泽络绎,以限戎马之足(晋刘琨已守此河而拒石勒)。

略如三关。

　　谓瓦桥、益津、高阳三关也。

近岁狄人稍为缭堤畜水,以仿塞南。

　　《挥麈录·后录》卷一引王嗣昌语曰:"太祖尝令于瓦桥一带南北分界之所,专植榆柳,中通一径,仅能容一骑。后至真宗朝,以为使人每岁往来之路。岁月浸久,日益繁茂,合抱之木,交络翳塞。"宋使臣多歌咏此数处景色,如王珪《新城寄瓦桥郭太傅》诗:"十里清烟望界桥。"《涿州》诗:"涿州亭下柳依依。"(见辑本《华

阳集》卷三及卷二）陈襄《登雄州南门偶书呈知府张城皇》诗："池面绿阴通易水,楼头有雾见狼山。渔舟掩映江南浦,使驿差驰古北关。"自注:"雄州,人谓塞北江南。"塞北江南,实不局限雄州一地区也。

新城,涿之属邑,

《辽史·地理志四》言涿州统县四,新城其一也。案:故城在今县治之北。

南距白沟六十里。

许元宗亦云六十里。

中道有顿,

路振《乘轺录》:"近岁以来,中路又添顿馆。"前文已加引证矣。又周辉《清波杂志》卷十:"辉出疆,过白沟,日行六、七十里,若百余里,穷目力方到。或问今日之程远,答曰:'此中宿食顿,地理远近初不定。'盖亦取夫馆舍之便。"案:顿,次也,宿食所也,食一次也。《宋书》卷九十六《鲜卑吐谷浑传》:"于是拥马西行,日移一顿,顿八十里。"

皆北行,道西循废沟,北属涿州,隋炀帝伐高丽,治军涿郡,穿渠水运以饷军。疑此故渠也。

永济渠在今河北霸县东。《宋史·河渠志》言塘泺缘边诸水,"东起乾宁军,西至信安军永济渠,西合鹅巢淀、陈人淀、燕丹淀、大光淀、孟宗淀为一水。衡广一百二十里,纵三十里或五十里"。《金史·地理志中》沧州南皮县,景州东光、将陵、吴桥三县,恩州历亭、武城、清河三县,并注云有"永济渠"。盖永济渠南来经今天津以入潞水,潞水经今武清西北以入桑乾河,东北达于涿郡。涿郡,今北京市西南郊区。沈氏所见新城、涿州间之废沟,其非永济渠,明矣。近黄盛璋作《永济渠考》,以沈括所见废沟,或为五代赵德钧所开通幽州之粮道。

涿州南距新城六十里,

　　路振书亦云六十里。《辽志》同谓新城县在涿州南六十里。

州据涿水。

　　《辽志》涿州及范阳县下,均言有涿水。

州北二里余,渡涿;

　　路振书云出涿州北门,过涿河。

又二里,复渡涿。

　　《寰宇记》:"涿水东北流,经县北五里。"此沈括复渡之涿水也,乃河之正身。

涿之广渡三百步,其溢为城下之涿,广才百步而已。

　　此涿州所绕之涿水,亦即涿州北二里余涿水溢出之旁支。案:涿水,今北拒马河,上承涞水,下汇胡梁河以入琉璃河。

又北数里,渡淜水。

　　淜,原误作洛,今改。路振书云,出涿州五里,过胡梁河。十里,过淜河。案:淜河即挟河,又作侠河,上流名韩村河,为琉璃河支流。

通三十里至中顿。过顿又三十里,至良乡,

　　《五代史·四夷附录一》言赵德钧于盐沟置良乡县。《三朝北盟会编》卷八载赵良嗣《与李处温使为辽内应书》云:与奭相迎于良乡之驿舍。

皆东行少北。良乡,幽州之属邑,

　　范成大《良乡》诗自注:"良乡,燕之属邑。"《辽志》南京析津府统县十一,良乡其一也。

西南距涿州六十里。

　　王曾、路振、许亢宗三纪及赵彦卫所言御寨行程,里到与括书
一致。

自邑东北三十里至中顿,济桑乾水,

　　桑,原误栗,今改正。

水广数百步,燕人谓之卢驹河。

　　卢驹河,今卢沟河,又书作鹿孤、卢孤、芦菰、芦沟。周辉《北
辕录》:"芦沟河,即卢龙也。燕人呼水为龙,呼黑为卢,亦谓之黑
水。河色黑而浊,其急如箭。"括别著《笔谈》卷三十四《杂志一》黑
山黑水条言:"大抵北方水多黑色。故有卢龙郡。北人谓水为龙,
黑为卢,卢龙,即黑水也。"与辉说同。卢沟河实桑干河。《辽志》
云燕京有桑干河。刘敞《寄永叔》诗:"桑干北风度。"(辑本《公是
集》卷十三)苏辙有《渡桑干》诗。欧阳修《奉使契丹道中答刘原父
桑干河见寄之作》云:"出君桑干诗。"《方舆胜览》大都路下题咏门
引诸家诗,其张邵《自燕归》诗曰:"夜涉卢沟河首路,潺湲初喜似
江南。"古名湿水,又名清泉河,俗名浑河,今名永定河。详《清一
统志》顺天府二山川门永定河项下。

绝水而东,小北三十里至幽州。幽州西南距良乡六十里。
馆曰永平。

　　永平馆旧名碣石馆,见王曾书。在燕京皇城内右掖千秋门东,
见《辽志四》。而路振书作永和馆。

州西距山数十里。

　　山,谓西山也,为太行支脉。参下文"属于西山"句。

自顺州以南,

　　州字原夺,意增。

皆平陆广饶，桑谷沃茂，而幽为大府，襟带八州，

《宋朝事实》卷二十《经略幽燕》："幽州四面平川。"苏颂《初过白沟望燕山》诗："青山如壁地如盘，千里耕桑一望宽。"即形容此平陆广饶，桑谷沃茂之局势。前文："山之南乃燕、蓟八州。"八州：幽、蓟、瀛、莫、檀、涿、平、顺，所谓山前八州是也。

提控中会，将家所保也。

近年出土《王泽墓志》(泽之子纲所撰述)称燕京析津府"兵戎冠天下之雄，与赋当域中之半"。《金史·梁襄传》："燕都地处雄要，北倚山崄，南压区夏，若坐堂隍，付视庭宇，本地所生，人马勇劲，亡辽虽小，止以得燕，故能控制南北，坐致宋币。燕盖京都之选首也，……居庸、古北、松亭、榆林等关，东西千里，山峻相连，近在都畿，易于据守……"《契丹国志》卷二十二《四京志》：幽州膏腴，蔬、蓏、果、实、稻、粱之类，靡不毕出，而桑、拓、麻、麦、羊、豕、雉、兔，不问可知。……远望数十里间，宛然如带，回环缭绕，形势雄杰，真用武之国也。

自州东北行三十里至望京馆。望京馆西南距幽州三十里。

王曾书：孙侯馆后改望京馆。《天府广记》卷三十七、《宸垣识略》卷十二并言望京馆在北京城东北五十里孙侯村。

自馆东行少北十里余，出古长城。

十原作千。古长城，北齐所建。顾炎武《昌平山水记》卷下：顺义县西南三十里有苇沟村，村东临温榆河渡，渡南有长城遗迹。《辽史》：顺州南有齐长城。齐长城，天保中所筑，沈括曰云云。（案：顾引沈括《图抄》，似本之《读史方舆纪要》。）张舜民《长城赋并引》(《画墁集》卷五)："甲戌之岁（案：即景祐九年），予奉诏出

使,驰驱王路,行次怀柔之北,得古长城焉。因感而赋之……

又二十里至中顿。

此中顿约当今孙侯村东北之天竺村。

过顿,逾孙侯河。

孙侯河,今称孙河,在顺义县西南。沙河、清河合流后,自大兴县金盏村入县境,始名孙河,东南径寨里村,入通州。详《畿辅通志》卷五十八《舆地志十三》山川门之二。

又二十里至顺州。

顺州治怀柔县,今北京顺义县。

古长城,望之出东北山间,至顺州,乃折而南,至顺州负城西走,

下顺州句,疑有讹误。

出望京之北,

刘敞《潞河》诗自注:"在长城南。"潞河,温榆河南段。

西南至广信之北二十里。

广信军即遂城县。

属于西山。

谓太行山也。

顺州西距望京馆六十里少南,馆曰怀柔,城依古长城。

馆与县同名称。

其地平斥,土厚宜稼。

《乘轺录》:自孙馆北行至顺州三十里,地平。清人汪灏著《随銮纪恩》亦言:顺义县田禾绣错,平削如掌。太行山从河内来,横走数千里,遥拱京师,至是直行。《通鉴》卷二百六十八《后梁纪三》均王乾化三年正月丁巳下胡注引此书,其地作其北。

城北倚涧水为险，

　　此涧水，即朝里河，入顺义境，乃曰怀河。

水之袤数百步。

　　袤，原讹茉，今改正。

地广多粟，可以积卒，以扼北山之冲。北当涧道而幽州压其后，背势面奇，此谋将之地也。

　　民国《顺义县志》卷十四《艺文志》艺文类载元梁宜《顺州公廨碑记》：顺州在燕地幽州之域，汉为土垠县。览视州域环关府，地位高亢，形若磨盘然。下则为平田，又数里复隆起，如陟崇岸，谚称为"坎"。上则复平田，四去皆然，"顺"以是得名也。

自州东北数里出古长城，十里济白水。

　　金初，宗望破郭药师兵四万五千于白河，见《金史》二人传记。《元史·河渠志一》白河有专条。《辽史·地理志四》顺州有白遂河。王曾《行录》作白屿河，路振及陈襄二家书作白絮河。案：白河，古之沽水。白河与潮河汇合处，旧在牛栏山东麓龙王庙，状如燕尾。自明中叶，议者谓顺义县牛栏山而下，白河、潮河二水交会，水势深广，漕舟易达；牛栏山而上，水源既分，支流自弱。密云城西有白河故道，宜于杨家庄地方筑新口，疏通旧道，使白河自城西经流，直至潮河交会，则水势至大，牛栏山至密云，亦可通舟运矣。参《清一统志》顺天府之二山川门及承德府之二山川门、《畿辅通志》卷五十八《舆地志十三》山水门二、高士奇《塞北小钞》、顾氏《昌平山水记》卷下等等。

又十余里至中顿。

　　此中顿，当在今马坊以北、甲山以南某地。

过顿，东行三十余里至檀州，皆车骑之道，平无险阻。

檀州西南距顺州七十里,刘敞《檀州》诗自注:自古北口山至此都尽;但路振书乃谓自顺州东北行八十里,路险,有丘陵。

古密云之区,

顾氏《山水记》卷下:"密云县,汉白檀县也。后魏皇始二年,置密云郡,治提携城,领密云、要阳、白檀三县。北齐废密云郡及要阳、白檀二县,入密云县。隋开皇十八年,以密云、燕乐二县置檀州。唐天宝元年,改密云郡;乾元元年,复为檀州。辽为檀州武威军,领密云、行唐二县。"

馆曰密云。

馆与县同名。陈襄《语录》:"到檀州,宿密云馆。"

城据北山之东,

此北山必当今之惠安山。见民国新修《密云县志》卷首地图。

南北距皆数里,惟衢道北皆北之险,

此句当有舛误。

而顺州策其后。管钥所寄,鸷将之地也。

明万历六年刑部尚书刘应节《新建重城记》:"夫密云西拱金陵,与居庸、紫荆相为犄角,北临古北,东控渔阳,西南则为潞河。万艘并下,国计攸关,此要害之地也。"(《密云县志》卷七之一)

自州东北行隘中二十里余至中顿。

此中顿,约在今前八宝庄西南某地(已为密云水库所浸没)。

又二十里余至金沟馆。

今名金勾庄,一名金勾屯。民国新修《密云县志》卷二之三《舆地志》言在县东北四十五里。高士奇《塞北小钞》:"金沟屯,古名金沟馆,契丹主常于此过冬。犬户居此。"(案:此本王曾书为说。)士奇并有《金沟屯》诗:"金沟仍昔名,旧馆已汗漫。"(金沟屯

今亦浸没水库中）

金沟馆西南距檀州五十里。

里到与王曾书同，彭汝砺《宿金钩》诗："绝域三千里，穷村五七家。"同人又有《和国使子欲元韵五首》，其三有句："逢人若问今何许，已过金钩第一山。"（并见《鄱阳集》卷八）

自馆少东北行，乍原乍隰，三十余里至中顿。

高士奇《塞北小钞》：康熙二十二年六月十五日丙戌经金沟屯、石匣营。营西有石如匣。自此东北行，乍原乍隰，十里为腰亭铺，又十里为新开岭。辽时，道出石匣西。此中顿必在今新开岭附近某地。

过顿，屈折北行峡中，济栾水，通三十余里，钩折投山隙以度，所谓古北口也。

顾氏《山水记》卷下：栾水，即今之潮河也。古北口，自唐始名。《唐书》檀州燕乐县有东军、北口二守捉。北口，长城口也。《金史》：古北口，国言留斡岭。唐庄宗之取幽州也，遣刘光浚克古北口。辽太祖之取山南也，先下古北口。金之灭辽，希尹大破辽兵于古北口。其取燕京也，蒲苋败宋兵于古北口。案：《辽志》燕京有古北口。苏辙、刘敞、彭汝砺、王珪、苏颂并有古北口诗多首，王诗有句曰："天险分明限一津。"一津，指潮河言。

古北之险虽可守而南有潮里，平碛百余，

百余下或阙里字。潮里又作朝里或潮鲤，即潮河，或曰潮河川。

可以方车连骑，然金钩之南至于古北，皆行峡中，而潮里之水出其间。

汪灏《随銮纪恩》：自超渡庄东北行，平原深隰中，乍升乍降，

新溜漫流，随地饮马。自腰亭以往，山势益深，潮河川穿塞而来，左之右之，流不一派。

逾古北而南距中顿，皆奇地。可以匿奸藉势，而南有密云其会冲，此古北之所以为固也。

　　高氏《小钞》："古北口两崖壁立，中通一车，下有深涧，巨石磊砢，凡四十五里，为险绝之道，亦曰虎北口。《行程录》(案：指王曾书)云：'古北口两旁峻崖，中有路，仅容车轨，口北有铺，彀弓连绳，本范阳防阨奚、契丹之所，最为隘束。'"案：古北口关筑于两山合抱处，重门深邃，潮河急湍，横锁关前。出关后，层崖夹峙，一线中穿，河声汹汹，雷轰电激。十余里，山势全合，跨山过岭，如下峻坂。

古北馆南距金沟七十里小东。

　　里程与路振书合。

自馆北行数里，度峻山之麓，乃循潮里东北行山间，数涉潮里，通三十五里至中顿。

　　峻山之麓，或谓今马山(标高千零九十六米)之东坡。循行与数涉之潮里，应为潮河之一东北分流。而中顿必在今之三岔口。(清人文祥《巴林纪程》："出古北口关，即在山沟乱石内行，三十里至三岔口早尖。")。

过顿，入大山间，委回东北，又二十里登思乡岭。逾岭而降，少东折至新馆。自古北至新馆，山川之气险丽雄峭。路由峡间，诡屈降陟，而潮里之水贯泻清洌，虏境之胜，殆钟于此。

　　刘敞有《过思乡岭南茂林清溪啼鸟游鱼颇有佳趣》诗云："山下回溪溪上峰，清辉相映几千重。游鱼出没穿青荇，断蟓蜿转奔白

龙。尽日浮云横暗谷,有时喧鸟语高松。"可谓是沈书风景胜概之
工笔细写。自高士奇倡今大十八盘岭即思乡岭之说,诸家著作
(如《热河志》《承德府志》等)无异辞。此驿路当自今巴克什营、
火斗山、拉海沟、三道沟、马圈子,过大十八盘岭。近年,在拉海沟
至十八盘岭道侧发现辽大康八年九月"通引官"题名石刻一方,当
系行旅者所奠立。案:自三岔口以往,青山夹岸,树木参差,鸟雀和
鸣,路亦平坦,到十八盘岭而大山当前。十八盘高不过数十里,而
纡回曲折,凡十八次,故名。车马行由其上,忽左旋,隐木石中,倏
右盘,如出头上。渐高渐远,望之若可梯天,人皆以为险,此天然之
南北界限焉。十八盘之胜,在险不在高,凡车载人行者,不难于上
而难于下。岭外松杉云表,翠峰如屏。春来夹山桃李梨花,遍开无
数;秋深丹枫流火,黄叶满川。山麓又潋底清泉,澄碧可爱,流水淙
淙,叮咚悦耳。但汪氏《纪恩》一书,乃疑古北口至两间房之山路
为思乡岭,所拟不类。

新馆西南距古北七十里。

　　过思乡少东折即至。苏颂有《早行新馆道中》诗及《过新馆罕
见居人》诗,前诗有句:"日上东扶千嶂影,风来空谷万号声。"后诗
有句:"封域虽长编户少,隔山才见两三家。"适见其在丛山叠岭之
间,今以平房(又作平坊)当此新馆。

自馆北行,少西北屈行,复东北二十余里至中顿。

　　此中顿当在今西瓜园西大地。

其东逾小岭,有歧路,小近而隘,不能容车。

　　此路从王家沟门进沟,至大北沟复登一小梁,至窑岭小梁。较
驿路近三、四里。

过顿,东北十余里,乃复钩折而南,数里至卧如馆。

　　俗说：卧如馆在喇马洞，又名喇嘛洞，即今兴州东南之营坊村。盖自西爪园东北行十七八里，中经王家沟小梁至喇嘛洞南沟，入沟三里余为窑岭小梁，西凸于川间，有古建筑遗址。遗址正北为东西流向之兴州河，过河即喇嘛洞。洞有二，其一高十八米，宽六点五米，深十五米，内壁残存凿去卧佛之痕迹，从痕迹观察，卧佛像距洞底三米，长十八米，其二形制略小。两洞之外，砖瓦遍布，当为佛寺遗址。

卧如馆西南距新馆四十里。

　　里距与王、路两家所记均合。

馆宅川间，中有大水，曰霫水，乃故霫之区也。

　　霫水，必谓今兴州河。金蔡珪有《霫川道中》诗（见《中州集》卷一）苏颂《和仲巽山行》诗："林泉虽胜赏，无奈霫奚间。"又《和仲巽奚山部落》诗："千里封疆蓟霫间。"

绝霫有佛寺，隳崖石以为偃佛，此其所以名馆也。

　　自高士奇倡喇嘛洞为卧如馆以来，后人多从之，其实"馆"与"佛"非一处，一在兴州河南，一在河北，若无沈书，焉可分别？

自馆西行八九里，逾霫水，

　　西，原作而，意改。逾兴州河处，当在今之兴州城。（余寀《纪程》："鞍匠屯二十里至小兴州，又五里至大兴州，谓为元故城。城北里许，山麓有元丞相帖木儿纪功碑，俗传李陵碑，非是。"）

入山间，东北逾小岭，

　　自今窑岭小梁出沟，东行八九里，过兴州河，进韭菜沟，经下营子，过小梁，出小窑沟，沿滦河上溯至沿滦河大石地。大石地为其中顿。所过小梁为《图抄》之小岭。又，文祥《纪程》："安匠屯（即鞍匠屯）五十里至金沟屯，早尖。屯西有小岭一道，名小梁子。"小梁或小梁子既为此小岭,而路振书此处多一道路险陂之石子岭;如非错简,则必文祥书之小梁子,而沈氏曰小岭者。参拙著《乘轺录疏证》。

二十余里至中顿。

此中顿即上言之滦河沿(西营)大石地。

过顿,济滦水。

滦水,今滦河。济河处约为今之滦河沿。

东出,度摸斗岭。

王曾书作墨斗岭。路振书作缠斗岭,缠亦墨之舛讹。《武经总要》:北安州有墨斗岭,有滦河。唐于奚人之境置墨斗军,取名于墨斗岭也。旧说以为今之广仁岭,则非矣。闵宣化谓为今之伊逊岭(标高千零八米)或曰鸽唐沟脑,则是矣。盖自大石地过滦河,经东营、上店子、登伊逊岭至红旗村之路,仅此一山梁也。

三十五里至柳河馆。

柳河馆,约为今红旗村之地。

柳河馆西距卧如馆七十里。

里程与王书同。

自馆循山行十里,下俯大川曰柳河。

闵说:柳河,为今之伊逊河,而古称索头水。文祥书:"小梁子尖后五里登伊素岭,曲折盘旋,约十余里,下岭,又二十里,渡大河,亦名伊素。是日,宿于红旗营马号公舍。"案:伊素即伊逊异译。红旗营,今称红旗村。《武经总要》言北安州有柳河。又称西北至柳河五十里。刘敞《山暖》诗自注:"柳河馆有柳河。"盖自伊逊岭出沟即伊逊河。此河发源于围场县境,南流至滦河镇而汇于滦河。

乃北二十余里至中顿。

苏颂前使辽诗有《和晨发柳河馆憩长源邮舍》,后使辽诗有《发柳河》。(原注:〔熙宁十年〕十二月二十七日早发柳河,蹉程山路,险滑可惧,因见旧游,宛然如昨。)案:此中顿当即长源邮舍。今起红旗村以东三里房山沟门至冷水头,有二路,其一,自房山沟门沿伊逊河上溯,东北行半砬子东沟,过长岭梁,北折,经哈巴沁,至今隆化县冷水头。而冷水头为此中顿。该路亦即路振经行之路。

过顿,逾度云岭,

《总要》袭王曾书以度云岭为墨斗岭别名,非也。见本著王曾书《疏证》。且讹度为庆。苏颂《和仲巽过度云岭》诗:"磴道青冥外,跻攀剧箭飞。朔风增凛冽,寒日减清晖。"前二句言其高,而后二句言其寒,此"度云"之所以得名也。或以今之荞麦梁当之。此山梁路窄陡峭,极高极险。

三十五里至打造馆。

馆原误作岭,今改正。打造馆即打造部落馆,约在今韩麻营一带。

有径路行于巉岏荟翳之间,

巉岏,谓山峰峻峭。荟翳,似当作翳荟,谓草木遮障。

校之驿道,近差十里余。

该近路,必自今冷水头东沟经关地至韩麻营之路。

打造馆西距柳河七十里小北,

王书亦云七十里。苏颂《和过打造部落》诗有句:"奚夷居落瞰重林,背倚苍崖面曲浔。"又云:"曲塍开垦随高下,樵路攀援极险深。"打造馆奚民背山面水,丛莽中营建室家,垦伐田园,亦云艰苦矣。自今红旗村房山沟东北行,经半砬子东沟过长岭梁,折北至冷水头。此等处确有铁矿、铁冶遗迹出现。打造馆在今隆化县韩麻营村后至海代沟门一带。铁冶遗址坐北朝南,后背鸡冠山,前为石洞子川水。远望山峦叠翠,天高地阔,所谓"居落瞰重林",所谓"背倚苍崖面曲浔",所谓"曲塍高下"与"樵路攀援",历历如绘。今其附近有铁匠营村,岂打造馆之遗人乎?

自馆西南行十里余至中顿。

王曾书称"东南行",路振书称"东北行"。实地调查,五十里未过之路但有"东南行"者,路、沈皆误。中顿在今于家店东沟,西北距韩麻营十五里。

顿之西南有大山,上有建石,望之如人,曰会仙石。山下大川流水,川间有石,屹然对山,乃筑馆其上,傍有茂木,下湍水,

湍水上必夺一字,或为临字。

对峙大山。大山之西有断崖,上耸数百尺,

耸,高起,直立。

挺擢如屏,而鸣泉漱其下。使人过此,必置酒其上,遂以为常。

《武经总要》言北安州境内有会仙石。陈襄《语录》:往返皆过会仙石,接伴使副前后会饮,酒七琖。苏颂《和题会仙石》诗:"双石层棱倚翠巅,相传尝此会群仙。"《华阳集》卷四有《会仙石》诗,云:"奉使群材笑拍肩,玉浆春酒已酣然。"《鄱阳集》卷九《雪后会仙虏人置酒》诗云:"座见会仙石,径观群玉峰。寒声无近水,迷径旋移松。"苏辙《会仙馆二绝句》云:"北嶂南屏恰四周,西山微缺放溪流。胡人置酒留连客,颇识峰峦是胜游。岭上西行双石人,临溪照水久逡巡。低头似愧南来使,居处虽高已失身。"调查者曰:中

顿即今于家店东沟,附近西南山上有二石并蒂屹立,似二人状,今当地群众称为"双石人"。双石人西侧断崖突兀,对岸川间有高八米、周环三十余米之巨石零丁而立,与《图抄》所述情景全然无异。在川间巨石后之东梁口,有零星辽瓦及定瓷残片,当为会仙馆遗址所在。

过顿二十五里,南行至牛山馆。

牛山馆约为今头沟大地。二十五里当是三十五里之误。(打造至会仙十里余,会仙至牛山馆复三十余里,合计及五十里。)

牛山馆东北距打造馆五十里。

王、路二书里距与此相符。

馆之西南数,

数下有阙文,或是里字。

有大山曰牛山。

《总要》言北安州有牛山。苏颂《和宿牛山馆》诗:"夷音通夏楚,汉地接平营。"言地与营、平二州相接而互通言语也。又七绝:"孤村四望百重山","且看岩石自烂斑"。言馆在群岭回环中也。《牛山道中》诗自注:"耕种甚广,牛羊遍谷,问之,皆汉人佃奚土,甚苦输役之重。"诗曰:"农人耕凿遍奚疆,部落连山复枕冈。种粟一收饶地力,开门东向杂边方。田畴高下如棋布,牛马纵横似谷量。赋役百端闲日少,可怜生事甚茫茫。"《发牛山》诗自注:"朝发牛山,道路回远,终日南行,至暮,又北趋宿馆。"诗曰:"山坂萦纡道阻长,数程行处尚相望。晨装方指南高外,(原注:馆南一峰最高,从人谓之南高山。)宿馆还趋北斗旁……"盖自牛山馆(今头沟大地)西南行终日,抵暮复北折,道路回环,济车河,度松子岭,而后达于鹿儿峡馆。以"牛山"命名之大山,说者以为即今头沟之老牛山。《明实录》洪武三十五年(即建文四年)十一月甲申纪事,遣兵设烟墩侯望与屯种,诸屯种处有牛岭。牛岭即牛山。

自馆逾牛山之麓,西南屈折三十里至中顿。

此中顿距老牛河四里,在今北仗子三沟梁。

过顿,复西南数里济车河。

《元史·史天祥传》言天祥于丁丑(1217年)夏,"又灭重儿盗众于兴州之车河"。元太常博士李泰撰《宜兴州金谷峪灵峰禅寺碑》称杖锡游方至"宜兴州车河川金谷峪"(见《承德府志》卷五十一《艺文志一》,言此碑在府治二沟讯解家营子,今日解营,在岔沟以北)。车河,今前白河,又名乾白河。《热河志》卷六十九《水志一》言车河源出遵化州边外山中,东流至柳河之南,入滦河。又言滦河东南流,径下板城,至柳河口,柳河自南来会。又车河自西来会之。云云。济河处,当在今承德县(下板城),河之北岸。

又二十余里度松子岭。

陈襄《语录》:"二十六日登松子岭,宿鹿峡馆。"庞元英《文昌杂录》:"余奉使北辽,至松子岭。"苏颂《和使回过松子岭》诗:"石径萦纡甚七盘,披榛策马上烟峦。回头却见临潢境,千里犹如指掌看。"既言其折旋耸拔,又言其居高临下也。得为今之甲山(标高千二百五十五点二米)。

岭东有夷路,回屈数里,

数下疑脱"十"字。

车之所由也。

此路自中顿经北小泉,六沟转东北行至鹿峡馆。

逾岭三所,

所字当为折之误。

至鹿峡馆。

鹿峡馆，闵书定在今六沟以东，而实地调查者谓是今东山嘴荞木沟门。并谓《图抄》自打造馆始至铁浆馆，皆误"北"为"东"，形成九十度转向，彼之所谓西南乃是东南，其所谓东南，又恰为东北。考其道路，自今东山嘴（鹿儿峡馆）经平泉去大名城（中京）最近车道，全程约二百六十余里，方向为东北行。盖宋人行程此中间凡四程，为二百四十至二百七十里，与实际里程基本一致，当系同一道路。若《图抄》所云，自打造馆至牛山馆、鹿儿峡馆西南行二程，计一百一十里，再东南至铁浆馆行一程九十里，其所至之所谓"鹿峡馆"距中京将近四百里，与实际里程相距甚殊，须六程方可至中京。《图抄》所云，确属方向错误，当依《乘轺录》改"东南行"为"东北行"。鹿峡馆，鹿儿峡馆简称，又名鹿儿馆，以在鹿儿峡得名。《总要》言北安州有鹿儿峡。王珪《戏呈唐卿》诗（《华阳集》卷三）："行到鹿儿山更恶，八千归路可胜劳。"此言其艰险。又："晓磴云浓藏去驿，阴崖冰折断前桥。"此言其高峻。刘敞《朱桥》诗自注："鹿儿馆前句"诗云："朱桥柳映潭，忽见似江南。"（《公是集》卷二十）案：今东山嘴景色，恰便似江南，一如公是诗之描写。苏颂《和宿鹿儿馆》诗云"朔人射猎取麕麑"，云"鸣角秋山少闲日"，则山之得名，正以多獐鹿而便于呼引射取也。又同人《同事阁使见问奚国山水何如江乡以诗答之》诗云"奚疆山水比东吴"，云"万壑千岩南地有"，云"因嗟好景当边国"，则似江南之奚国山水，实即此鹿儿峡风光而为刘、王、苏所赞美者。又《神山》诗自注："在鹿儿峡北。"诗云："林立众峰俱到天，传闻此地有神仙。"是鹿儿峡与神山紧相连接之证。案：《热河志》卷六十六《山志一》："拜察山，汉名神山，辽泽州有神山。"《元一统志》："神山在惠州西南十三里，东西长十里，南北广八里。"《金志》言北京路大定府有神山县，即辽泽州神山县。章宗承安二年尝置惠州，云云。《元志》亦云大宁路有惠州。元并于惠州立有神山站。今平泉县西南有会州城，会州城西南十三里确有山，曰大黑山（标高千一百零三点五米），是大黑山即神山也。会州城即金、元惠州而辽泽州。而大黑山西南约二十里为甲山梁，甲山梁西南又数里即甲山（标高千二百五十五点二米）。余谓：甲山梁，必鹿儿峡，或曰鹿峡者也。与调查者互异其说。明初，常遇春追元兵，出遵化，度鹿儿岭，至会州，即此。又称路儿岭。《元史·顺帝纪》至正二十四年四月甲辰，皇太子"东走古北口趋兴、松。乙巳，秃坚帖木儿兵至清河列营。……辛亥，秃坚帖木儿军还。皇太子至路儿岭，诏追及之，还官"。

鹿峡馆东北距牛山馆六十里。

路书亦云东北行六十里，王书但曰八十里而不明方向。

自馆东南行数里，度痹岭，

此痹岭，得为今祥云岭。

又四十里至中顿。

此中顿，约在今东庄。

过顿，又东南数里逾小山。

此小山，得为今凤凰岭。

复三十里至路口村，有歧路，西南出幽州。

此路口村，必今平泉县西坝之岔路口。由平泉此岔路口西南经南岭，通往宽城、喜峰口，经遵化以达北京，旧有此歧路古道。《呻吟语》记徽、钦二帝北徙，靖康二年九月十三日出燕山东门，过石门，至景州（即遵化县），上卢龙岭（即燕山东脉），渡滦撒河（即滦河之一支流撒河）、泽河（即瀑河，以泽州在瀑河西侧，故又以泽河为名），过大漠（平泉以北之沙碛），十月十八日抵中京。计程九百五十里。所行，即谓此歧路焉。李攸《宋朝事实》叙宋、辽交兵，攻伐往来进犯之路，一自松亭关口、白淀口，亦谓此歧路焉。《武经总要》于松亭关下称：自幽州东趋营、平，路甚平坦，自古匈奴犯边，多由此路。幽州东北四百八十里，北趋泽州路，至中京四百五十里。此计程五百三十里，仍谓该歧路焉。

自幽州由歧路出松亭关，走中京五百里。循路稍有聚落，乃狄人常由之道，今驿回屈几千里，

> 驿下或脱路字，或脱道字。

不欲使人出夷路，又以示疆域之险远。

> 周辉《清波杂志》卷十：至和三年（当作二年），刘原父敞使契丹，檀州守将李翰劳其行役。刘云：跋涉不辞，但山路迂曲，自过长兴，却西北行，六程到柳河，方稍南行，意甚不快。又云：闻有直路，自松亭关往中京，才十余程，自柳河才二百余里。翰笑曰：尽如所示，乃初踏逐，修馆舍已定，至今迂曲。考敞所作《铁浆馆》诗："稍出卢龙塞，回看万壑青。旷原关碛口，别道入松亭。"自注："此馆以南属奚，山溪深险；以北属契丹，稍平衍，渐近碛矣。别一道自松亭关入幽州，甚径易，故虏常秘不欲汉使知。"又《十二月二十七日宿柳河闻永叔是日宿松山作七言寄之》诗注："自柳河直路趋松山，不过三百里，然虏讳不肯言，汉使常自东道，更白隰长兴，折行西北，屈曲千余里，乃与直路合，自此稍西南，出古北口。"检沈书，自北回南，长兴到柳河，适合六程，与《杂志》合。《杂志》复载："范中济（子奇）出使，虏道使者由迂路，以示广远。"所言"示广远"，即沈书"示疆域之险远"，亦即表示疆域之广阔与远长耳。

过路口村东北行，十里至铁浆馆。

铁浆馆，约在今洼子店。而调查者谓在今平泉街东北罗杖子，地势开阔，与刘敞诗"旷原关碛口"，及诗注谓此馆"稍平衍，渐近碛"，形势相符。

铁浆馆西北距鹿峡九十里。

九十里原作三十里，据王书改正。路书云，两者相距八十里。

自馆东北行，二十余里逾痹岭，

此痹岭，必即王书之石子岭，得为今乌呼玛梁，又称乌勒呼玛梁。

乃东数里至中顿。

"里至"二字，据文义补。此中顿在今梁家营子附近。

过顿，东行山间之川二十五里，

山间之川，谓瀑河北源，老哈河南源中间之平川地。此地川原平旷，水流平稳，白沙漫漫。宋范缜《行富谷道中》诗："路回山徒转，沙漫水平流。"正谓此也。调查者云"东行"又为"北行"之误，下句"小北"又为"小西"之误。

折而小北，五里至富谷馆。

富谷馆，约为今平房（老哈河东）西北之高家沟（老哈河西）附近甸子公社黑城大队古城址，于西汉为右北平郡治之平刚县，辽建劝农县，元为富谷站（或富峪站），明初为富峪卫、富峪城，李文信《西汉右北平郡治平刚考》（《辽宁省考古博物馆学会成立大会会刊》一百页），论证甚详尽。

富谷馆西南距铁浆馆六十里。

王云七十里，路云八十里。苏颂有《和富谷馆书事》诗。

自馆东北行四十里至中顿。

此中顿，约在今甸子公社一带。

过顿,稍东出,又三十里至长兴馆,皆行山间。

　　长兴馆即通天馆,遗址在八里罕甸子(此八里罕甸子乃今之黑城古城,非今之八里罕甸子)。

长兴馆西距富谷馆七十里。

　　它书并云八十里。

依北山之迤,循虎河。

　　《元一统志》言:虎河发源武平县西南六十里葫芦山,流经县之霸州铺,合于遥剌河。案:武平县,今内蒙古敖汉旗(新惠村)东六十里白塔子。遥剌河,今敖来河。虎河,必今白塔子河无疑。《志》又言:涂河即今土河,又名老河。据此,循虎河必循老河之讹。

逶迤正东至中京。

　　中京,府曰大定,遗址在老河北岸大明城(大明,乃大宁之讹,元、明以改大定为大宁)。

中京西距长兴馆二十里少南,

　　路书三十里,王书及宋绶《行程录》并云二十里。

城周十余里,有厘闬宫室,

　　《热河志》卷九十七《古迹志一》,大宁故城城周二十里,南北四门,东西二门。路书:幅员三十里。"十余"上疑有脱漏。厘,廛之异体。

其民皆燕、奚、渤海之人。

　　路书:契丹国(即中京)奚、汉民杂居者众。

由其东南曰中和门,

　　不详。

循城以北,至城之隅。

隅，原讹喁，今订正。

乃稍东北行。其东一路岐出，

岐为歧之或体。下同。

逾陇走靴淀。

靴淀，或作靴甸，但名称不著录于《辽史》，可怪也。王珪有
《靴淀除夕之会呈王原叔给事燕唐卿谏议》诗（见《华阳集》卷
三）。毕仲游《送范德孺使辽》诗有句云："黄沙行尽到靴淀，新年
下马单于庭。"（《永乐大典》卷五千二百四十四引《毕西台先生
集》）《公是集》卷五十一《王开府行状》："至和元年充三司使，充
回谢北朝国信使，见敌主于混同江，使还，除宣徽北院使。言者以
公是行，遇正旦使宋选于靴淀，选与敌使争，不直，公实与会，即改
端明殿学士，知永兴军。"案：开府名谨，字拱寿。至和元年即重熙
二十四年。《兴宗纪三》记此年正月癸亥，如混同江。二月癸巳，
如长春河。长春河乃挞鲁河改名，其旁有鱼儿泺。或靴淀即鱼儿
泺别称。以其形似耳。挞鲁河，今洮儿河。鱼儿泺，今洮安县东北
之黄花稍泊。

又三十里余至中顿。

此中顿约当今喇嘛营子一带。

又十里余，路曲，走西北，逾十里济三肤河，

路曲之处约当今和硕金营子一带。然后西北走十里过坤兑
河，则坤兑河为三肤河无疑也。

至临都馆，皆平川。

临都馆约当今坤兑河北之西桥。

经小坂，自路曲东出七、八里，望之可见，曰恩州。

恩州遗址为今西桥以东之土城子（在乃林镇西南二十里）。

恩州属大定府,治恩化县,金天眷二年废州及县,降为恩化镇,改隶大定县,并以其故城为传舍。熊自得《析津志》天下站名:大宁八十里正北方恩州。而《武经总要》称恩州南至中京六十里。

临都馆南距中京七十里小西。

薛映等人《行程录》言中京正北八十里至临都馆。八十里之说与《析津志》同,而异于此书及《总要》。古少、小通用,小西,即少西。下文小平,即少平。

自馆稍西北行,路小平,二十里至中顿毡庐。

此中顿约当今下店一带。自此始而民皆游牧,故设毡庐顿馆。

过顿,乃登马疲岭。

马疲岭必今之楼子店山(在楼子店西南)。

岭不甚峻。

甚,原误堪,今改正。楼子店山标高八百三十二米。

度岭,行坂间二十里至崇信馆。

"至"字意补,原阙。薛映、陈襄两家所记,先官窑(或"锅窑")、松山两馆而后崇信馆(或"崇信毡帐"),此先崇信而后松山,且无官窑馆而有麀驼毡帐,今两存之。沈书之崇信馆,核其道里,则必今之楼子店地方。

崇信馆南距临都馆四十里小东。

薛《录》乃云临都馆又四十里至官窑馆。则彼之官窑,即此之崇信也。

自馆稍西北行,逾原坂数叠,北三十里至中顿。

此中顿约当今唐房营子一带。

过顿,又历行坂间十余里,乃平陆。

此平陆必为今三眼井(或崔家窝铺)一带之平川地。

又十余里,过阴凉河,

欧氏《五代史·四夷附录三·奚传》:"当唐之末,居阴凉川。"《辽志一》上京道临潢府下有阴凉河。《天祚纪五》天庆七年九月:"上自燕至阴凉河,置怨军八营。"《金志》上置阴凉河于北京路大定、松山两县下。《元一统志》谓阴凉河在松州南四十里,发源兴州界女岭,经由州境,与高州涂河合。至元二十四年《重修上都路松州南阴凉河川狮子崖龙泉寺常住山村地土周围四至碑》尚存于世。(龙泉寺位于昭乌达盟喀喇沁旗公爷府镇西北约六里山中。见《文物参考资料》1957 年 12 期李逸友撰文。)锡伯河先与骆马河合而后再合于老哈河,今锡伯河即古阴凉河。

至松山馆。

辽有松山州,金降为松山县,旧名小乌朱穆沁废城址,在今赤峰市之城子乡(参《热河志》卷十六《沿革志六》及卷九十七《古迹志一》)。松山馆当因松山州得名。刘敞有《宿柳河永叔是日宿松山》诗。金赵秉文有《松山道中》诗,载《滏水文集》卷六。

河自西来,广度百步;河之流才二十许步,至馆东,迎小石山,

盖彼时行程,当在今赤峰西南之黄土梁子渡锡伯河,过河至松山馆,则馆在赤峰市以西之龙王庙一带无疑矣。而馆东迎河所见之小石山,舍今赤峰市所以命名之赤峰山(即乌兰哈达,标高七百四十二米)莫属。

乃折而北,与骆马河会。

骆马河,名见《金志》上北京路大定府松山、三韩二县下,骆作落。旧说,即今伯尔克河(或作白尔格河),误,实系今英金河(兼有其上游之舍路戛河)。

松山馆东南距崇信馆六十里。

薛映《行录》官窑馆七十里至松山馆。

自馆稍西北行十许里，乃东折，济骆马河。

东折济河处，当今衣家营子以东可涉之地。

河广数丈，东南与阴凉河会。

今英金河与锡伯河相汇处在赤峰市西北。

逾河，东北二十里至中顿。

此中顿约当今昭苏河西豆芽子沟（或其西南之吐十土）一带。

顿西有歧路，西北走饶州、

饶州，《辽志》属临潢府，言为唐饶乐府地，太祖完葺故垒而成。饶乐，取水名，即潢河，今西拉木伦河（详下）。薛映《行录》明确饶州在潢水石桥旁。《武经总要》亦言饶州在潢水北，饶州故城已在西拉木伦河北岸台地上发现，属于小城子公社西樱桃沟大队。古城址南距西拉木伦仅二百五十四米，北靠群山，东距巴林桥约三十五公里，由古城西行三十公里，即达克什克腾旗（景峰）境内之西拉木伦石桥。城址西南方约三百米，有残石经幢一座，题"大安七年闰八月十日殿前（中缺）饶州安民县主簿兼知县尉太（下缺）"。饶州下辖三县，安民其一也。三县皆当与州同一治所（参《考古》1980年第6期《辽饶州故城调查记》一文）。

庆云岭。

庆云岭，即庆云山。《辽志》庆州下称：庆云山，本黑岭也。黑岭，本书曰黑山（详下文）。庆云山，以圣宗庆陵所在而得名（见《兴宗纪一》景福元年十一月丙申纪事），又曰永安山。

逾济罔子河。

"逾"下当脱一"顿"字。

河之广度五步，诘曲蛇行，西南与骆马会。

《辽志》临潢府下有辑子河。《天祚纪二》记天庆七年九月丁
西猎辑子山（《游幸表》同，《表》于应历三年六月，复署障鹰于辑山
之地。辑山疑即辑子山之略）。如山字非河字之误，则山必在河
之一侧。今昭苏河自西北来，东南流，于赤峰东北入英金河。是昭
苏河即闾子河（或辑子河）。

又三十余里至麃驼帐。皆平川。

麃原讹麃，今改。下麃字亦改。麃与麃同。刘敞有《麃子岭
帐馆寄隐直》诗，（《公是集》卷二十四），又有《宿麃子岭穹庐中》
诗，自注："此岭无水，往来驿人常担水自随也。"（同书卷二十八）
麃子岭帐或麃子岭穹庐，自是麃驼帐。《游幸表》记重熙七年九
月，射鹿于麃子岭。

帐以毡为之，前设青布拂庐。

原注："其地毡帐类此。"案：拂庐本谓吐蕃赞普及贵族所居之
大毡帐，可容数百人。平民所居者称小拂庐。见《旧唐书·吐蕃
传》及马鉴《续事始》拂庐帐条。杜甫《送杨六判官西蕃》诗："草
肥蕃马健，雪重拂庐干。"（《草堂诗笺》卷十）拂庐，藏语 phrug 之
音译，今译"氆氇"。

麃驼毡帐西南距阴凉河七十里。

麃驼帐位置略与今四道沟梁相当。由豆芽子沟（或吐十土）
到四道沟梁，乃平地，而西南距锡伯河，又适为七十里。

自馆东北逾山，数里得平川。

所逾之山，得为今四道沟梁以北一段山路（标高九百五十九
米），而该平川则当今阳草沟门以南之地。

又二十余里至中顿。

此中顿约当今之桥头（或其稍西之南湾子），在羊肠子河南岸。

顿傍苍耳河，河广三丈，东流。

苍耳河，名见《辽志》临潢府下。为今羊肠子河（又作杨子河或杨张河），东流，乃入老哈河也。

过顿，陟坂衍十余叠，三十余里至新店。

自桥头三十余里到张家店（在大营子以东）。张家店当此新店。

又行坂间，三十里至广宁馆。

广宁馆，约当今沟台地方（或山咀子）。

广宁馆南距麀驼帐九十里少西。

薛映《行录》言崇信馆九十里至广宁馆。此以麀驼帐为崇信馆（详前文）。

自馆东北行，五里至澄州。

至字亦以意补，原阙。

路由西门之外。

如文句无误，则言驿路循澄州西门外行。

州有土垣，崇六、七尺，广度一里，其中半空，有民家一、二百，屋多泥墁，间有瓦覆者，旧曰丰州。

曰原作日。陈襄《语录》："至广宁馆，过小城之西，居民仅二百家。萧好古云：'此丰州也。'"《辽志》言丰州为头下军州之一，列于上京道下。

州将率其部落和扣河西内附，

此句有讹误。和疑为私之误。

诏置丰州以处之。自尔改今名。

尔,原作尒,今改正。丰州改澄州,唯见此书。丰州入金为全州,其所治名安丰县。《金志》安丰县下注:"承安元年十月,改丰州铺为安丰县,隶临潢府。二年,置全州盘安军节度使治。"元初仍旧制,大德元年升全宁府,七年,又升为路,遗址即今翁牛特旗所在地乌丹城,今城内关帝庙内尚有泰定二年六月二日立《全宁路新建儒学记碑》。碑称大德元年城全宁,全宁析卢川封畛而郡。卢川,据《金志》承安二年改黑河铺为县,先隶全州,后属临潢。则全州曾废而并于卢川,大德元年复为郡也。盖自今沟台东北五里,适当西山村以东之地,由此复东北行十二、三里,乃乌丹城。西山村即沈记之澄州路口无疑也。

又十五里至中顿。

此中顿约当今北大庙之西北。

过顿,行原坂间三十里至会星馆。

此原坂间,应是今头道帐房左近之山(标高千零二十六米)至疙疸凹甫以北之山(标高八百四十六米)中间地。会星馆乃今乃林沟(或其附近之色乌苏)。

会星馆南距广宁馆五十里。

陈襄《语录》云两者相距六十里,并言中间经沙陁。薛映《行录》言广宁馆五十里至姚家寨馆。是姚家寨馆即会星馆。刘敞有《姚家寨道中逢李谏议》诗(李名审言)。

自馆北行山间,登降曲折,二十里至大山之颠为中顿。

登降曲折二十里之大山,应即今五布拉湾西北之山(标高八百六十三米),而中顿设于山上。

行原薮间,三十里至咸熙帐。

此三十里原薮,必自今五布拉湾西北之山起经东山、康家泡子而至东、西塔拉一段之高地。"塔拉",蒙右语,高原也。西塔拉,则系咸熙帐之所在。

咸熙毡帐东距会星馆七十里小南。

薛映书言姚家寨五十里至咸宁馆。宁与熙同义。陈襄书曰咸熙毡馆,襄又有《使还咸熙馆道中》诗。

自馆西行,稍西北过大碛,

此大碛尚可于今西塔拉经孤山子以西之处见之。

二十余里至黄河。

黄河,即潢河。《旧唐书·契丹传》、《金史·太祖纪》及《地理志》安丰县下即作黄河。

迎河行数里,乃乘桥,济河至中顿。

此中顿必在今巴林废桥(详下)之北,过桥即是。

河广数百步,今其流广度数丈而已。俯中顿有潬。

潬,古滩字。潬,沙堵也。

潬南沙涠,潬北流广四丈。岸皆密石,峻立如壁,长数十步,虽回屈数折而广狭如一,疑若人力为之。河出硖中,有声如雷,桁沟以桥。

桁,通航,浮桥也。

狄人言此大河之别派。

大河,谓黄河。

以臣度之,大不然,大河距此已数千里;千里之水,不应如是之微,凡雨暴至,辄涨溢,不终日而复涸,此其源不远,势可见也。以臣考之,乃古所谓潢水也,虏人不知,谬为大河耳。

两《唐书·契丹传》作潢水,而《新唐书·地理志七》引贾耽

《道理记》及《太平寰宇记》等作湟水。距饶州故城西南方三百米处,现代公路桥西侧南岸河滩内,有乱石堆积,乱石北侧有桥桩木两根,露于水面而深埋地下。修建公路桥时,曾出土原木两根,其一根横断面为梯形,残长一米余,其上凿有卯眼,长方形,长二十六、宽十三、深四十厘米,疑即古潢河河桥遗迹。(《巴林纪程》:色拉木伦〔即西拉木伦〕水面甚宽,独近桥处,仅二丈余。水与桥平,桥下之水深至十余丈。据土人云:夏间盛涨,上下游水均泛溢出岸,惟桥下宽深如故,传为神异。岸北有碑亭,碑兼满、蒙文镌志。桥建自顺治十四年,系多慧公主所修,康熙年圣驾北巡,始命载入志书。云云。此记今巴林桥景况。古桥两壁峻峭,激湍奔流,声若雷轰,不弱于今日之形势〔参鸟居龙藏《东蒙古纪行》一书及上引《考古》一文〕。)

过中顿,循河东南行,又二十余里乃北行,稍稍西北十许里,复正北,又三十里至保和馆,皆行碛。

下文言黑水东出保和帐之北。碛下当脱一"中"或"间"字。

其曲折如此者,趄河桥与避大山之阻也。

依是说,趄河桥与避大山之阻而经行数十里者,比勘今地图,则保和馆当在今巴林右旗所在地大坂镇东南之少冷地方。所避之大山,或即今之白音罕山(标高千二百五十米)。盖过中顿以后,循潢河北岸东南行二十余里,乃曲折北行。薛《录》咸宁(即咸熙)馆三十里度潢水石桥,而沈《记》则咸熙至黄河桥亦近三十里。

保和馆西南距咸熙馆九十里。

薛《录》:保和馆度黑水河。黑水河,即下文之黑水。

自馆北行数里,有路北出走上京。

北出走上京之路,即薛映、宋绶等人所行之路。上京遗址即今巴林左旗所在地林东镇南之波罗城。

稍西又数里,济黑水,水广百余步。

《辽志》临潢府庆州下有黑河。《梦溪笔谈》:"有水出庆州下,所谓黑水也。"黑水或黑河,今查干木伦河,旧曰喀喇木伦河(参《清一统志》卷五百三十六巴林部下)。

绝水有百余家,墁瓦屋相半,

墁上当脱泥字。

筑垣周之,曰黑河州。

《辽志》有黑河州重建而为庆州之说,据《图抄》乃知其误(《武经总要》亦有此误)。黑河州,约当今大坂东南高根肖隆地方。

过州西北行十余里,复东北行,出大山之东,

此十余里所到之处,即今之大坂镇。而东北行所出之大山,则今马生他拉东北之山(标高八百九十五米)。

又三十余里至中顿。

此中顿约当今那大坂那里爱里。

顿西数里,大山之颠有废垒,曰燕王城。

燕王城废垒或在今王拐山(标高千零四十八米)之顶。颠,山之顶也。《辽志》言太祖伯父于越王述鲁西伐党项、吐浑而建越王城,然误在祖州东南二十里,可据以校正其失。燕王城应是越王城之讹。

逾顿,西北三十里余至牛山帐,皆平川。

牛山帐约当今额勒登他巴嘎西北之地。沈《记》所行之路,为两山中间平川地,与今地势正相合。

牛山毡帐南距保和馆九十里。

《游幸表》开泰四年四月、重熙元年九月皆有猎于牛山之文。牛山毡帐当因牛山得名。此又一牛山也。

自帐西行,稍稍西北,

　　下稍字疑衍。

甫三十里,乃复北至中顿。

　　此中顿约当今白音沙都以南之地。

过顿,北二十余里,

　　北字上下有阙文。

稍西北,又十里余逾山,

　　所逾之山,或为今标高千二百四十四米之无名山。

复东北行十里余,回走东,甫一里至锅窑帐。

　　薛映及陈襄所记锅窑馆或官窑馆,在中京路临都馆以北而松山馆以南,与此大异(详前)。孰是孰非,末易剖别辨明。此锅窑帐应在今头道湾子以东之诺尔提茨库乌拉(标高千零九米)山间。

锅窑毡帐南距牛山帐八十里少东。

　　依前所述,实不足八十里。

自帐稍西北行平川间二十余里,涉沙陁,乃行碛间十余里至中顿。

　　此中顿约当今阿尔把鄂博以北之地。

过顿,西北二十里,

　　以意补顿字,原阙。

复逾沙陁十余叠,乃转趋东北,道西一里许庆州。

　　庆州,辽属上京道,而金属北京路。其名历元、明而不废;其城,清代曰插汉城(见《清一统志》卷三十四及卷五百三十六,皆言庆州故城在巴林右旗西北一百三十里喀喇木伦河旁,周五里余,黑山在其东北三十里许），又谓之庆州浩特（见鸟居龙藏《辽文化探索》百六十五页），今属巴林右旗之白塔子镇。

塔庙廛庐，略似燕中。

　　今耸然犹立之白塔子（镇以此得名），未悉即括所见之塔否？燕，燕京。

过庆州东北十里，经黑水镇，

　　黑水镇约当今白塔子庙东北之霍硕漫汉爱里。

济黑河，至大河帐。

　　大河帐在今查干木伦河以东戴家营子附近。

帐之东南有大山，曰黑山，黑水之所出也。

　　《辽志》庆州下有黑山，又言庆云山本黑岭。黑山、黑岭所指为一山，即今汗山（标高千九百三十米），为查干木伦之所出。张舜民《使辽录》："北狄黑山如中国之岱宗，云人死魂魄皆归此山，非祭不敢进山。"

水走西南百余里，复东出保和帐之北大山之间。

　　如保和帐在今大坂东南少冷地方，则其北之大山必今独石以东以西之两山。

大河毡帐东南距锅窑帐七十里。

　　河原作和，意改。

自帐复度黑水，乃东北出两山之间。

　　两山，其一即今标高千零八十四米之无名山，另一为标高千零七十米之无名山。

平川四十里至中顿。

　　此中顿在今刘玉林营子以北十里之地。

又东北五、六里，乃折西北逾窦都岭。

　　窦都岭,为今乌兰卡与埃兰卡之间标高千九百四十九米之无名山。

岭间行十余里,复北行原阜间,又十余里牛心山帐。

　　牛心山帐上或有至字。牛心山帐应是今久路信乌苏河南鄂博处(在格尔波尔其鄂博东南)。

牛心山毡帐西南距里河帐八十里。

　　里河不可解。里疑黑之误。黑河帐又必前文大河帐之异名,或大河帐乃黑河帐之讹书。刘敞有《黑河馆连日大风》诗(《公是集》卷九)。黑河馆即黑河帐。

自帐东北逾山,

　　所逾之山为今尔根卡所在之山(标高千五百二十八米)。

乃东行二十余里,又北十里至中顿。

　　此中顿当在今标高千三百三十一米之无名山之东坡上。

过顿,北行稍东,三十里至新添帐。

　　新添帐当在今彦吉嘎庙西北。新添帐,言旧无此馆舍。

帐之东南有土山,痺迤盘折,木植甚茂,所谓永安山也。

　　永安山,实彦吉嘎庙东南之小山(标高千零四十一米),说详前文。

新添毡帐西南距牛心山帐六十里。自帐东北行,三十里至中顿。

　　此中顿约当今标高千二百米之无名山东南某地。

过顿,北十里余度陇,

　　所度之陇为今标高千四百三十七米之山西侧。

复西北数里至顿程帐。

　　顿程帐,言其本为中顿途程所设之临时行帐,非固定处所也。

此顿程帐必立于今标高千二百十三米之无名山东坡上。

顿程帐东南距新添帐六十里。帐西北又二十里至单于庭。

> 辽主衙庭此时在犊儿山。

有屋，单于之朝寝、萧后之朝寝凡三，

> 萧后，原倒作后萧，今乙正。下寝字原阙，依文义补。有屋，言帝、后之朝寝在室屋中。

其余皆毡庐，不过数十，悉东向。

> 《四夷附录》："契丹好鬼，而贵日，每月朔日，东向而拜日。其大会聚，视国事，皆以东向为尊。四楼（《通鉴》卷二百七十《后梁纪五》均王贞明三年八月庚子纪事胡三省注引欧史《四夷附录》四楼作西楼，是也）门屋皆东向。"《语解》："祭东，国俗，凡祭皆东向，故曰祭东。"薛映《行程录》云上京子城承天门内有昭德、宣政二殿，皆东向。其毡庐亦皆东向。前引苏颂《牛山道中》诗有句："开门东向杂夷方。"

庭以松干表其前，

> 松干，松之茎。表，望表，立木以为表，表其位也。

一人持牌立松干之间，曰阁门；

> 阁原作阁，今改正。阁门，谓阁门使。

其东向六、七帐，曰中书、

> 中书，谓中书省。

枢密院、客省。

> 客省及其官，见《百官志三》。

又东毡庐一，旁驻毡车六，前植纛，曰太庙，

> 《圣宗纪一》统和元年六月辛卯，有事于太庙。亦辽有太庙之

证。

皆草莽之中。

言虽阁门、中书省、枢密院、客省、太庙并处草莽之中。

东数里有潦涧。涧东原隔十余里，其西与北，皆山也。其北山，庭之所依者，曰犊儿。

犊儿山，适当今之奥兰哈达山。山南之地，乃契丹主母子衙庭依傍处。此处以东确有小溪环绕，名保尔斯亭河，不期古今地理，切合如此。奥兰哈达，其义为"红峰"。《辽志》庆州下有赤山。岂赤山与犊儿为一山耶？一言其颜色，一言其形状。又彦吉戛庙西南有乌兰哈塔山，亦译"红峰"也，或者此乃《辽志》之赤山。犊儿山，前有说。

过犊儿北十余里，曰市场，小民之为市者，以车从之于山间。

后记：此稿写就后许久，得见承德地区文化局辽驿调查组《辽中京至南京之口外驿道调查考辨》一文，据此文改正了古北口至中京间一些驿馆的走向和定点，谨向他们表示谢意。这个调查组找到了卧如来馆的遗址，应该算作一大贡献。

王寂《鸭江行部志》疏证稿

明昌辛亥岁二月己丑,

　　即明昌二年二月初十日,公元 1191 年 3 月 5 日。

予以职事有鸭绿江之行,

　　寂以明昌元年按部辽东,此其续焉。

僚属出饯于望海门,

　　望海门当系辽阳之南门。

会食于白鹤观之鹤鸣轩。白鹤者,盖取丁令威故事也。

　　故事出题名陶潜之"搜神后记"卷一。亦作"丁令"、"令威"。
据传辽东人,于灵虚山学道成仙,后化鹤归来,落城门华表柱上。
云云。赵秉文《上清宫诗》:"千年辽鹤归华表。"(《中州集》卷三)
取典故于此。

东南望华表山,云烟出没,顾揖不暇。

　　辑本《元一统志》:华表山,在辽阳县城东六十里,俗称横山。
案:两《唐书·薛仁贵传》:显庆四年,遇高丽大将温沙门,战横山
(《旧书》卷八十三、《新书》卷百十八)。因丁令威化鹤得名。《辽
史·地理志二》:东京辽阳府有白石山,亦曰横山。是华表山又名
白石山也。康熙《盛京通志》卷九,谓华表山俗呼一担山,又呼横
山。而《奉天通志》卷七十五,则言一担山在辽阳县城东六十八
里,与华表山相距里许,不相连属,故名。《奉志》之说,是矣。

鹤鸣轩题牓，醉墨淋漓，龙蛇飞动，殆非世俗书。询其主者，云此道人孙公书。又问孙公谓谁？曰：孙本市民，业染以为生。年三十余，自厌尘缘，舍俗为道士。初不识字，后因梦羽师见教，且付之诗云云。由尔篆、隶、行、草，无所不通，落笔尽得其妙，此额盖天书云篆也。

道教称元始天尊所说之书为天书，又称黄帝之书为云篆。《云笈七签》云：篆者撰也，撰集云书，谓之云篆。天空云气转化而成。

自前岁被召赴京师，特赐紫衣师号，令主大天长观事。

《元一统志》：天长观在燕京旧城昊天寺之东会仙坊内，有金明昌三年冲和大师提点十方大天长观事孙明道重建碑。孙明道，其此道人孙公欤？

予谓世间万事，凡出入耳目之外，有不可以理穷臆度者，如斯人，岂精诚纯笃，感通上真，开悟其心，使能如此；不然，是因缘狂妄，有物所凭，皆不可得而知也。韩文忠所谓"神仙之说何渺茫"者，岂是乎？

愈撰《桃源图诗》："神仙有无何渺茫？桃源之说诚荒唐。"（"岂"下疑脱"谓"字。）

是夕宿灵岩寺。

《金史·地理志上》，辽阳府石城县下注："兴定三年九月，以县之灵岩寺为岩州，名其倚郭县曰东安，置行省。"案：金末署行省之岩州，乃因以宜丰县为倚郭之衍州而获称者。（《遗山文集》卷十七《寄庵先生墓碑》，宜丰作宜风。）《辽东志》卷一《地理志》古迹门："宜丰县，辽阳城东南八十里，今安平矿山，有《行省碑》。"又山川门："安平矿山，〔辽阳〕城东南一百里，一名天城山，有铁场。"

（《元典章》卷七吏部一：辽阳路安平山等处设铁冶提举，从五品。是铁场之设，始于元。）元、明之安平矿山或曰天城山者，在今大安平附近。

庚寅，

十一日。

游上方，礼九圣殿。

上方，地势最高处。杜甫诗："上方重阁晚，百里见纤毫。"（《山寺》）佛经载，往生西方净土，有上上、上中、上下、中上、中中、中下、下上、下中、下下九品之别，所供阿弥陀佛亦有九品之形。九圣，或谓是也。元人宋无有《灵岩寺上方诗》，云："霸业销沉烟树浓，吴王台殿梵王宫，屡廊人去土花碧，香径僧归秋叶红。飓母射垒风动地，蛟精徙穴雾迷空。明朝江郭重回首，寺在翠微苍霭中。"（《翠寒集》）霸业，岂谓金世宗"小尧舜"盛世乎？台殿宫观又谓此九圣殿与下文度水殿乎？（无别有《鲸背吟》，系从事征东幕府时所作。记乘海船自盐城抵直沽，中有《辽阳》一首；既达辽阳，游灵岩寺上方山为中途所经，诗当作于是时。）

登舍利塔、度水殿，

度水殿，奉祀菩提达摩处。

瞻六祖画像。

六祖，禅宗六世祖慧能也。

东檐下观王栖云题诗，云云。栖云本武弁，名琢，

案：金有两王琢，元有一王栖云。元之栖云子即王志谨。金之两王琢，一号姑汾漫士，见《中州集》卷七；另一王琢字景文，（为邱处机弟子，又称栖云子，毁盘山中盘法兴寺，建栖云观。）赵秉文《滏水集》卷十七《遗安先生言行碣》：遗安先生即王硐（硐生于汴

梁,卒于汴梁,一任亳州鹿邑主簿,旋即以老疾乞致仕。)所与游从之名士,王琢景文,其一人也。题诗者,殆此人焉。

驰马击剑外,尤喜作诗。旧寓夷门,

> 夷门,谓开封汴梁。

与孔遵度、

> 《中州集》卷三刘仲尹有《谢孔遵度后堂画山水图诗》。注:"后堂号秀隐君。"(董刻本"度"误"席",今改正。)《遗山集》卷十四有《秀隐君山水为范庭玉赋诗》及《秀隐君山水诗》各一首。

郦元与。

> 下文又作元予。案:"与"、"予",均与"舆"通(刘迎《次韵郦元与赠于元直道旧诗》作"与",与此同。元舆名权,号坡轩居士,安阳人,即郦琼之子,《中州集》卷四有小传。

高特夫,

> 即高公振,士谈之子。见《中州集》卷一士谈小传。郦、高亦皆与王硐为至友,见前出之赵撰《行碣》。

皆莫逆也。至于故宫废苑,饱赏烂游,更唱迭和,雅有文字之乐。比岁自汴之燕,又尝携双侍女,溪山佳处,把酒赋诗,辄留数日,时人望之以为神仙,东坡所谓龙邱居士者,抑斯人之徒欤?

> 龙邱居士,即方山陈慥。

辛卯,

> 十二日。

大雪。复登此山之正观堂。堂,太后大师之故居也。太后乃睿宗之后,世宗之母,

> 谓贞懿太后李氏,《金史》卷六十四有传。睿宗,即宗辅。

可谓富贵极矣；早年厌弃荣华，喜修禅定，落发披缁。

　　本传：旧俗妇女寡居，宗族接续之。后乃祝发为比丘尼，号通慧圆明大师，赐紫衣。归辽阳，营建清安禅寺，别为尼院居之。今大师塔铭已于辽阳市发现（见《考古》1984 年第 2 期），乃正隆六年李彦隆所撰书。铭曰："大师名洪愿，太祖皇帝第三子许王（宗辅封许王）之室。王既捐馆，一日谓所亲曰：'吾闻诸瞿昙氏，天地之覆载，日月之照临，万物之生死，皆幻也，富贵于我何有哉？'乃削发为比丘尼，依佛觉大禅师受具戒。既闻于上，诏以'通慧圆明'为号，赐紫衣以褒之。师乃建大道场于都城丹凤门之左，诏以'大清安禅寺'为额，从所请也。正隆六年五月戊子，感微疾而逝。阅世六十有八，僧腊一十有七。"

初居辽阳之储庆寺，

　　本传："初，后自建浮图于辽阳，是为垂庆寺，临终谓世宗曰：'乡土之念，人情所同，吾已用浮屠法置塔于此，不必合葬也。（案：谓与睿宗合葬。大定二年，改葬睿宗于景陵。）我死，毋忘此言。'世宗深念遗命，乃即东京清安寺建神御殿，诏有司增大旧塔，起奉慈殿于塔前。（略）十三年，东京垂庆寺起神御殿，寺地褊狭，诏买傍近民地，优与其直，不愿鬻者以官地易之。二十四年，世宗至东京，幸清安、垂庆寺。"案：今辽阳城西隅出土大定二十九年《东京大清安禅寺九代祖英公禅师碑》（公元 1922 年秋，邑人掘得此石）亦言："初，垂庆寺即太后所居者"，云云。是"储庆"者，"垂庆"之讹文也。

又以人事纷纭，疲于应接，乃幽隐于此。凡六阅周星，焚修精进，始终惟一。自非夙植善根，道心坚固，岂能保任如此？是时世宗尚居潜邸，未几留守辽阳，案：贞元三年世宗改东京留守。正隆三年再任。

凡伏腊休沐，必躬诣焉；问安视膳，或留信宿。西岩浮图之右，突兀一峰，顶如平砥，从横可十亩，长松数十本，环列如烟盖云幢，实自天成，非人力所营也。世宗每饭余茶罢，散策经行，

谓策杖散步。

辄置榻其下。中一松，修直郁茂，秀出林表，上尤注意，摩挲叹赏，终日不倦。其抡材容直之度，已见于此矣。

抡，择也。《周礼·地官山虞》："凡邦工入山林而抡材，不禁。"抡材本谓拣选木材，后借指提拔人才。（《庄子·齐物论》：论比协材。《吕氏春秋·当染篇》：善为君者，劳于论人。高诱、韦昭并云：论，择也，字本作抡。《汉书·武帝纪》，哀公以抡臣。又谕三老孝弟以为民师。王念孙云："谕"当为"论"字之误也。论，选也，古书以论举连文，《荀子·成相篇》：天乙汤，论举当。论举，即选举也。）

惜乎无好事者，不为构一亭，牓之曰"蛰龙"，名其松曰"御爱"，如此则佗年为灵岩一段佳话也。故予有诗云："几经天步蹑危峰，为爱孤高压万松。不顾苍髯缘底事，大夫曾是辱秦封。

此用秦始皇封泰山松为五大夫故事。

壬辰，

十三日。

大风雪。对目不辨牛马，抵暮稍霁。扶杖游龙泉谷。谷去寺三里而近。

寺，仍谓灵岩寺也。龙泉谷，必为今大安平西南汤河沿东北某

山谷。

扪萝梯石，困于登陟，左抱右掩，松柏参云，殆非人世，但恨阴霾障蔽，不得穷幽极胜。泉上破屋数椽，残僧三四，颇习禅定。相与坐于石壁下，少顷乃归。因留一绝句云："我来连日苦风霾，不见千峰剑戟排。要识玉山真面目，雪晴明月射苍崖。"既归，半途望南山西崦，松桧间悬崖石室，户牖如蜂房。问其僧，云此休粮谷也。初，一僧结庐于此，绝粒面壁，形如槁木，人或礼敬咨问，缄口不言，垂四十年，后不知其所终，故后人名其谷曰"休粮"。辽季东京副留守高其姓者，一夕徒步径隐于灵岩，翦去须发，衲衣草履，遇夜，窃取僧行之败履，亲为补缀，其用心济物如此。一日妻孥并至，哀鸣罗拜，恳请以归。师默然坐。恬然视之，如陌路也。儿辈知其终不可回，号泣而去。后栖隐于休粮谷，躬负薪水，日一斋食，阅二纪间，未尝少懈。寿八十而终。髡维之日，得舍利若干。计其解印，方艾

　　　谓"方兴未艾"。

服官政之年，割弃浮荣，如脱敝屣，与夫龙钟蹒跚，眷恋微禄，推挤不去者，岂可同日而语哉！

　　　辽末高永昌唱乱东京，其副留守名高清臣，岂其人欤？

癸巳，

　　　十四日。

次澄州，宿郡治之恩政堂。

　　　金澄州，即辽海州，海陵炀王天德三年改名。治临溟县，见《金志》上卷。后为海城县，辽金二史、《元一统志》、《辽东志》、

《明一统志》、《盛京通志》等，自来无异说。

甲午，

　　十五日。

登明秀亭。此亭，盖完颜信之参政大定癸卯为郡时经创
也。

　　罗继祖先生函告：完颜信之乃完颜守贞，《金史》有传（卷七十
　　五），唯不载为澄之守耳。大定癸卯，乃大定二十三年，即公元
　　1183年。

前列数峰，下临一水，想见佳时胜日，扫榻开帘，横琴煮
茗，晴岚暖翠，烟水微明，尽得于几席之上，岂不佳哉？夫
自有宇宙，有此溪山，惜乎无骚人胜士题品，遂使湮没无
闻。今辽左从横数千里，共指澄为望郡，此所谓地因人兴
者耶？

　　"从横"即"纵横"。

幸获登览，技痒不能已，因留恶诗云："倚空栏槛出危墙，
俯瞰巉岏枕渺茫。岚气拂檐冰簟润，水光侵席葛巾凉。
门楣健笔云烟落，谷口丰碑岁月长。来者定知谁好事，旧
居当牓具瞻堂。

　　谷口丰碑，用汉武帝太始二年赵中大夫白公穿渠，引泾水首起
　　谷口而民颂之故事。具瞻，言居上位者，众庶俱瞻仰之。《诗·小
　　雅·节南山》："赫赫师尹，民具尔瞻。"

乙未，

　　十六日。

饭罢经行，驻屣于有宓斋，亦信之手书，公余每看书于此，

今敧侧无人居者。墙角尘土中，有二板履地，以手起而视之，乃左君锡、

　　左君锡名光庆，企弓之孙，《金史》有传附乃父渊之后（卷七十五）。传称：光庆好古，读书识大义，喜为诗，善篆隶，尤工大字。又称：平时喜为善言，蓄善药，号"善善道人"。刘迎《盘山招隐图诗》："左侯蓟名族，温温器璠屿。"党怀英《君锡生子四月八日诗》注曰："左君锡，蓟北名士。"（均见《中州集》卷三）。

雷西仲、

　　西仲名思，浑源人，人称学易先生。《中州集》卷八有小传，季子渊最知名，（见同集卷六及《金史》卷一一○、《归潜志》卷一，又《滏水集》卷二十《书雷司直奏牍后》及《遗山集》卷二十一《希颜墓铭》。盖思尝于大定中任大理司直。希颜，渊之字。）

李子美、

　　无考

魏元道、

　　元道名道明，易县人，暮年居雷溪，自号雷溪子。著有《鼎新诗话》，又曾注解蔡松年《明秀集》者。《中州集》卷八有小传。（元道之注《明秀》，遗山诋其义有不通，滹南订误至八段，然搜采宏富，同时诸贤，藉以传播，其功实属不小，未得以同时人之诋谋，而贬薄其书也。）

李子安，

　　即李翊之父，见下文。

留题明秀亭诗牓，即命复置于亭上，何后政弗嗣，以至荒废如此。明秀主人去此七年，已参大政；

　　完颜守贞为参知政事，在明昌元年正月壬戌（见《章宗纪

一》），上距大定癸卯适七年。

魏元道今为尚书，

> 道明仕至安国军节度使。

左、雷、二李，皆登鬼录。升沉存没，为造物者所戏，可付之一笑也。

丙申

> 十七日。

故人李子安之子翊来见。其应对进退，颇有典型。皇统辛酉，

> 即皇统元年，公元 1141 年。

吾先君来为析木令，

> 辑本《拙轩集》卷六《先君行状》：先君讳础，字镇之，姓王氏，大名莘人也。六世祖讳昼，宋魏国文正公旦之从弟也。昼为人勇果，善骑射，景德中戍雄州，御契丹，误为辽人逻得之。羁縻于景州南，部落、子孙因家焉。会辽东更置郡县，守令皆取当时治有声迹者，先君擢海州析木令。

始识子安之父。一见气义相感，遂定交于樽俎间，乃遣子安从先君学。自是与子安同砚席者再岁，相得甚欢；既而别去，十年之后，相见于京师，过从几月，遂复参商，自尔声迹杳然。前岁以使事来辽东，

> 《辽东行部志》：明昌改元春二月十有二日丙申，予以使事出按部封，僚吏送别于辽阳瑞鹊门之短亭。

又方禁谒，不获一见。

> 《金史》卷九《章宗纪一》，大定二十九年九月丁卯：制强族大姓不得与所属官吏交往，违者有罪。

今过其门，知其亡已期矣，令人惭恨不已。乃作诗遗翊，以叙其本末云："忆昔先大夫，长才困州县。平生耻趋谒，谁辟三语椽。

　　语出《世说新语·文学篇》，后多以"三语椽"为对幕府官之赞美词。

此来为升斗，与物多冰炭。乃祖磊落人，眼若岩下电。倾盖一如故，论交时扼腕。登堂出妻子，仆隶餍盘馔。予时方束发，尔父亦既冠。差肩诵《诗》、《礼》，交手同笔砚。相从草三绿，出处风雨散。参商十年后，俱赴吏部选。

　　《中州集》卷二《王寂小传》：天德三年进士。

邂逅得相遇，固适我所愿。通家问存没，且喜且惊叹。亲情均骨肉，笑语彻夜旦。追随不阅月，南鸿北归燕。自尔各逐食，鳞羽音尘断。谓渠颇挺出，立可致霄汉。胡为随糟麴，泾、渭卒莫辨。飞黄厌局促，摆首谢羁绊。长歌老田里，高义激庸懦。嗟予仰寸禄，老作青紫揎。前年持使节，意有承晤便。岂其畏简书，莫敢通一线。

　　案：此言按察辽东及禁谒二事。

相望不累驿，秦、蜀隔云栈。病不致一问，死不致一奠。幽冥负良友，此罪安可逭？朝来见遗墨，似对故人面。西城望墓木，使我泪如霰。恨无宝剑挂，

　　此用季札挂剑典故。

聊以伸眷眷。一死一生间，交情遮可见。"
丁酉，

　　十八日。

子安妹尼智相早年学道，今已罢参。见送小壶十枚，以线贯之，大率如数珠，坚完圆实，扣之有声，视其中，空空然，予平生亦未尝见此。将命者且索赋诗，谩作俚语，以答其勤："君不见汝阳仙翁初挂树，长房出入犹平步。

《后汉书》卷八十二《方术列传下》："费长房者，汝南人也。曾为市掾。市中有老翁卖药，悬一壶于肆头，及市罢，辄跳入壶中。市人莫之见，唯长房于楼上睹之，异焉，因往再拜奉酒脯。翁知长房之意其神也，谓之曰：'子明日可更来。'长房旦日复诣翁，翁乃与俱入壶中。唯见玉堂严丽，旨酒甘肴盈衍其中，共饮毕而出。翁约不听与人言之。后乃就楼上候长房曰：'我神仙之人，以过见责，今事毕当去，子宁能相随乎？楼下有少酒，与卿为别。'长房使人取之，不能胜，又令十人扛之，犹不举。翁闻，笑而下楼，以一指提之而上。视器如一升许，而二人饮之终日不尽。"

又不见晋阳幻师隐美妇，妇腹隐夫夫莫悟。

题名梁吴均撰述之《续齐谐记》记鹅笼书生事，曰："阳羡许彦指绥安，山行，遇一书生，年十七八，卧侧，云脚痛，求寄鹅笼中，彦以为戏言。书生便入笼，笼亦不更广，书生亦不更小，宛然与双鹅并坐，鹅亦不惊，彦负笼而去，却不觉重。前行息树下，书生乃出笼谓彦曰：'欲为君薄设。'彦曰：'善。'乃口中吐出一铜奁子，奁子中具饰馔珍羞方丈。其器皿皆铜物，气味香旨，世所罕见。酒数行，谓彦曰：'向将一妇人自随，今欲暂邀之。'彦曰：'善'。又于口中吐一女子，年可十五六，衣服绮丽，容貌殊绝，共坐宴。俄而书生醉卧，此女谓彦曰：'虽与书生结妻，而实怀怨，向亦窃得一男子同行，书生既眠，暂唤之，君幸勿言。'彦曰：'善。'女子于口中吐出一男子，年可二十三四，亦颖悟可爱，乃与彦叙寒温。书生卧欲觉，女

子口吐一锦行障遮书生，书生乃留女子共卧。男子谓彦曰：'此女
子虽有心，情亦不甚，向复窃得一女人同行，今欲暂见之，愿君勿
泄。'彦曰：'善。'男子又于口中吐一妇人，年可二十许，共酌戏，谈
甚久。闻书生动声，男子曰：二人眠已觉，因取所吐女人还内口中。
须臾，书生处女乃出，谓彦曰：'书生欲起。'乃吞向男子，独对彦
坐，然后书生起，谓彦曰：'暂眠遂久，君独坐，当悒悒邪？日又晚，
当与君别。'递吞其女子，诸器皿悉内口中，留大铜盘可二尺广，与
彦别曰：'无以藉君，与君相忆也。'……"

神仙此事知有无，无乃狡狯相嬉娱。世间此物处处有，政
比莱服与落苏。

莱服，又作芦菔，即萝卜。落苏，即茄之别名，又作酪苏。

吾家惯习墙篱上，或类瓶罂或瓮盎。每趁秋霜未落前，烂
蒸去毛勿折颈。我闻学佛比丘尼，得髓岂唯能得皮。胡
为尚有这个在？此著更堕黠而痴，何如深种菩提颗，莫望
空花结空果。岂知磊落罢参人，倒置逆行无不可。"

戊戌，

十九日。

宿析木之法云寺。析木，盖先君之旧治。

《金史·地理志上》："澄州析木县，辽铜州广利军附郭析木县
也，皇统三年废州来属。有沙河。"《辽东志·地理志》古迹门：析
木废县，在海州城东南四十里。案：今海城东南四十里有析木城。
有沙河循城东北流，迤行西北至海城。与《金志》所称"有沙河"之
语相合。故今析木城即金析木县。又《辽东志·地理志》寺观门：
法云寺，海州城西三十里。似非此析木之法云寺。

父老郊迎，欢呼塞路；及入城市，观者如堵，里巷为之一

空。中有扶杖年高指予而言曰："此吾明府君之子也。明府君清正仁恕,宜其有后乎?"叹仰不足。或有以手加额者。既而询及故旧,得三人焉,乃胡奉歌、李狗儿、高当得,皆当时与予游戏者,自余,墓木皆已拱矣。或得其子,或得其孙焉。呜呼! 吾先君去此凡四十九年矣。

逆推之,则砧之宰析木,在皇统三年壬戌,即公元1143年。

当时一门满三百指,今之存者,唯予一老奴。然老奴早丧明,但尸居余气耳。予顷年侍先君,自云中解官,

《先君行状》:其后历中、西、南京、平阳、京兆转运判官。往任西京岁,平、蓟大饥,逐食之民,疾疫死亡,相藉于路。先君谋及僚属,为割廪余,日具馈粥,以食饥人。既而豪宗大姓,争出粟相助,赖以全活者十七八。

道出鸡山,

核验地图,析木城至汤池村(汤池县)之间。唯海龙山(标高六六四米)足当此鸡山。盖自析木城东南至刘家堡屯,复东南至八岔沟,再西南行,经庞家店屯、周家堡以达于汤池村;而海龙山适当庞家店屯与周家堡之东侧。

先君以幼岁尝随侍先大父过此,

《先君行状》:父臣忠,崇禄寺丞、成州录事参军,卒赠朝列大夫。

驻马徘徊,作诗以道其事,意甚凄苦。其诗云:"记得垂髫此地游,鸡山孤立水东流。而今重过山前路,山色青青人白头。"

《中州集》卷二《寂小传》云:"《行记》载其先人鸡山一诗云:'记得垂龆此地游,鸡山孤立水平流。而今重过山前路,山色青青

人白头'。予谓诗固佳,恨其依仿苏才翁大甚耳。"案:《行记》正谓
此《鸭江行部志》,而诗中"水东流"当依此更正。才翁,舜钦兄舜
元之字。

以今思之,当日之情可见矣。为赋四诗,以摅怀抱:"父过
鸡山每驻鞍,思亲诗句苦悲酸,而今却似鸡山下,白发孤
儿泪不干。""忆昔先君拙宦游,一官鞎系此淹留。重来岁
月知多少,去日垂髫今白头。""旧游重到似前生,城郭人
家几废兴。莫道山川尽依旧,岸应为谷谷为陵。"

　《诗·小雅·节南山》:"高岸为谷,深谷为陵。"

　"物色丁宁访旧人,旧人能有几人存。当时总角游从
者,伛偻龙钟已抱孙。"

己亥,

　二十日。

宿汤池县护国寺。汤池,本辽时铁州,

　《地理志上》:"汤池,辽铁州建武军汤池县。"《辽东志》古迹
门:"汤池县,盖州城东北七十里,辽置,属铁州建武军,今为汤池
堡。"案:汤池堡今曰汤池村。

以其东有铁岭,故名之。隶耀州,今神乡镇也。

　《金志》上:汤池,镇一:神乡。康熙《盛京通志》卷二十二谓为
今海城县西南六十里之耀州城。《奉天通志》卷五十四是之。耀
州城,明人称耀州铺、耀州驿,今曰岳州城,在营口县(大石桥)以
北。

扩国寺之经始岁月无可考,独寺僧言:老宿相传,寺起于
有辽,藏经亦给于有司。视其经背,皆有朱印,云"宣赐护
国寺藏记"七字。

近山西应县辽木塔佛腹内出《释摩诃衍论通赞疏科》卷下十四纸背面钤有楷书"宣赐燕京"朱色印记（见《文物》1982 年第 6 期 18 页）。元徐元瑞《吏学指南》玺章项有木朱印一种，称"宋祥符中，诏寺观及兵庶之家所用私记，并方一寸，雕木为文，不得私铸"。辽朱印记，盖仿宋制。

又经藏梁记云："太康三年建。"则寺僧之说，为可信也。

太康即大康，道宗纪年。三年丁巳，公元 1077 年。

庚子，

二十一日。

出东城，道左百步，背水面山，有亭榭园圃，高低掩映。问从吏，云此坡阳邑人之别墅。因问其出处大概，吏曰："李君名致道，字表民。初以从军补官，累资转兖州幕。一日谓同僚曰：'大丈夫逢时遇合，万户侯何足道哉！今行年六十，犹纸尾署名，其头颇可知矣。'乃投牒以归。既而莳花种柳，殖果移莲，叠石以为山，引泉以为池，日与宾客把酒赋诗，徜徉乎其间，凡十有七年而终焉。

《滏水集》卷九有《坡阳归隐图诗》，诗曰："年过六帙尚蹉跎，奈此坡阳归隐何？不是不归归未得，家山虽好虎狼多。"闲闲殆为斯人而作者。

予乐闻其说，窃慕其为人，解鞍少驻，徘徊周览，堂有三：曰树德，曰松菊，曰文会。文会之比轩曰觉轩，西偏曰休室。盖取冬夏之宜也。亭有四：曰濯缨，曰远山，曰摘实，曰观稼。自余，柳溪钓台，所至皆可观，但不得少休为恨。遂复南去，举鞭回望，茫然自失。马上为赋一诗："坡阳先

生昔少年,青灯黄卷夜不眠。有司绳墨伤拘挛,不取巨笔
如修椽。归来高阁束残篇,短衣射虎南山箭。

《晋书》卷五十八《周处传》:南山白额猛兽,长桥下蛟,并处为
三害,而处乃入山射杀猛兽,因投水搏蛟,又杀蛟而返。

一从王师去开边,

案:此谓大定年间鞑靼、蒙古兴盛,而朝廷修筑界壕之事。盖
鞑靼、蒙古内侵而金修筑界壕,萌芽于熙宗天眷年间,世宗大定十
七年以后工程浩大,战役频仍。参王国维作《鞑靼》、《萌古》、《金
界壕》三考(《观堂集林》卷十四、十五)。

临敌奋勇能当千。策勋偶为人所先,齿与哙等相摩肩。

《史记》卷九十二《淮阴侯列传》:"信知汉王畏恶其能,常称病
不朝从。信由此日夜怨望,居常鞅鞅,羞与绛、灌等列。信尝过樊
将军哙,哙跪拜送迎,言称臣,曰:'大王乃肯临臣'!信出门,笑
曰:'生乃与哙等为伍'!"(《汉书》卷三十四《韩信传》同。)

兜鍪既不生貂蝉,

貂蝉,武冠。

脱帻掉臂归林泉。千金卖剑买乌犍,

《汉书》卷八十九《袭遂传》:遂为勃海太守,躬率以俭约,劝民
务农。民有带持刀剑者,使卖剑买牛,卖刀买犊。苏轼诗《罢徐州
往南京马上走笔寄子由五首》之五:"卖剑买牛具。"又《次韵曹九
章见赠》:"卖剑买牛真欲老。"

耕田凿井如终焉。樽中有酒客满筵,新诗醉墨挥云烟。
醉乡日月陶陶然,此意肯为醒者传?兴来信手弹五弦,

五弦,比琵琶稍小,以木或手拨弹。

目送飞鸿下晴川。

唐崔灏《黄鹤楼诗》有句:"晴川历历汉阳树。"

有时夜归月满船,浩歌长啸扣两舷。白鱼黄能不足穿,

武王伐纣,师渡孟津,中流,白鱼入于舟中。尧殛鲧于羽山,其神化为黄能。黄能,三足鳖也。

我意欲钓横海鳣。

《文选》晋木玄虚《海赋》:"鱼则横河之鲸,突抓孤游。"李白《送鲁郡刘长史迁弘农长史诗》:"鲁国一杯水,难容横河鳞。"苏轼《再送蒋颖叔帅熙河诗》:"余刃西屠横海鲲,应予诗谶是游魂。"

鸣呼公为今飞仙,陂阳之名塞天渊。嗟予潦倒真可怜,欲去未决良非贤。附郭安得二顷田,有田不归吾欺天。"

《史记·苏秦传》:"且使我有洛阳负郭田二顷,吾岂能佩六国相印乎?"苏诗:《送乔施州》:"恨无负郭田二顷。"又《次韵答顿起》:"茅屋拟归田二顷。"又《赠王子直秀才》:"二顷田应为鹤谋。"

辛丑,

二十二日。

次辰州,

《地理志上》:盖州,奉国军节度使,下。本高丽盖葛牟城,辽辰州。明昌四年,罢曷苏馆,建辰州辽海军节度使。六年,以与"陈"同音,更取"盖葛牟"为名。案:寂明昌二年出使,已称"辰州",与《金志》异说。辰州治建安县。《辽东志》古迹门:"古盖州,在盖州城东门内,今为军营。"又:"建安县,盖州城西南隅,辽置。今为营舍。"明盖州城,今盖县。

授馆于兴教寺。寺宇荒凉,亦无碑记可考,唯经阁上有梁文,云"维清宁四年岁次戊戌,己巳朔,十四日辛未异时

建"。

　　清宁,亦道宗纪年。四年戊戌者,公元 1058 年。己巳朔者,七月一日。辛未则三日,而十四日乃壬午,干支有误。

壬寅,

　　二十三日。

故友玉林散人申君与之子携乃父《龙门招隐图》手轴以示予,

　　即龙门山云峰院,详下文。《辽东志·地理志》山川门:龙门山,盖州城东南五十里。

予见之怃然。画则广莫道人武元直也。

　　武元直字善夫,明昌中名士,善画,见《画史会要》。《拙轩集》卷一有《题高解元所藏武元直山水诗》。《中州集》卷二李宴有《题武元直赤壁图诗》(旧谓朱锐所画,后有赵秉文大书赤壁词。现藏故宫博物院。见马衡《故宫博物院参加美展会之书画》,载滕固编《中国艺术论丛》页七十)。《滏水集》卷四有《跋武元直渔樵闲话图诗》及《武元直画乔君章莲峰小隐图诗》(乔君章即乔宸)。《遗山集》卷十四有《武善夫桃源图二章诗》及《巢云曙雪图武元直笔明昌名士题咏诗》各一首。又有《武元直秋江罢钓诗》,同集卷四十有《题闲闲书赤壁赋后》一文:"闲闲公乃以仙语追和东坡,非特词气放逸,绝去翰墨畦径,其字画亦无愧也。赤壁,武元直所画。"元房祺所编《河汾诸老诗集》卷三中,陈赓(字子飏)亦有《武善夫桃园图诗》。案:闲闲公,赵秉文别号。耶律楚材有《和武善夫韵》二首及《继武善夫韵》一首(见《湛然居士集》卷七、卷十)。此善夫如系元直,则亦一耆年长者。

作记者,无可居士蔡正甫也;

正甫名珪,丞相松年之子。《金史》卷一百二十五及《中州集》卷一并有传。

书记者,善善道人左君锡也;

"锡"原作"赐",依上文改。

题诗者,王元仲父子也。

元仲名遵古,子庭玉、庭坚、庭筠、庭琰,而庭筠最知名,庭筠字子端,号黄华山主,诗、书、画称三绝。(赵秉文《寄王子端诗》:"李白一杯人影月,郑度三绝画诗书。"推崇备至矣。)《金史》卷一百二十六、《中州集》卷三皆有传,又可参看《遗山集》卷十六《王黄华墓碑》。此当谓遵古与庭筠也。又同集卷三十三《博州重修学记》:元仲有文行,道陵谓之昔人君子者也。

元仲父子今无恙,自余诸公,尽归鬼录。予掩卷流涕,殆不胜情,因以小诗悼之:"玉林宾主骨应枯,

玉林本谓翰林院,此谓君与别号。

再见《龙门招隐图》。政似白翁旧诗卷,

苏诗《赠李道士》:"他时要指集贤人,知是香山老居士。(自注:乐天为翰林学士,奉诏写真集贤院。)"施元之注:"白乐天诗:'昔作少学士,图形入集贤。今为老居士,写貌寄香山。'"颜按:白香山感归诗卷:"夜深吟罢一长吁,老泪灯前湿白须,二十年前旧诗卷,十人酬和九人无。"

十人酬和九人无。"又出示王羲之《得书帖》三十六字。

帖云:"适得书知足下问吾欲中治甚愦愦向宅上静佳眠都不知足下来一甚无意("一"或释"门")不暂面王羲之。"实三十六字(见《法帖释文》卷六及《淳化阁帖释文》卷三)。《宣和书谱》载:《得书帖》有三(卷十五),盖谓此及《近得书》两帖也。黄伯思谓:

"自《适得书》至《慰驰》、《疎耳》中间诸帖,除《穆松》及《秋中》二帖差似逸少书,余并近世不工书者伪作耳。非特笔无晋韵,又'宅上静眠'、'过此如命'等,乃今流俗语,不待观笔迹,已可辨之。"(《法帖刊误》卷下)

献之《贤弟帖》六十一字。

《宣和书谱》等无不以此帖为羲之所书。帖云:"承足下还来已久欲参慰为染患不能得往问眷仰情深岂此委具一两日少可寻冀言展若因行李愿存故旧今遇贤弟还得数张纸劳动幸不怪耳谨此代申不具。"实六十三字,并有"释智永"署题(见《法帖释文》卷七)。

汉张芝《消息帖》三十一字。

帖云:"二月八日复得鄱阳等多时不耳为慰如何平安等人当与行不足不过彼与消息。"实三十二字(见《法帖释文》卷二)。王澍曰:《宣和书谱》载内府所藏有张芝草书《冠军帖》、章草《消息帖》二种。但此数帖,狂纵不伦,与献之《托桓江州助汝》等帖,同是一手伪书。老米目为张长史,犹是过则之论。此数帖笔殊浮滑,韵殊恶俗,乃后来极庸妄人所为。遽欲污蔑长史且不可,况伯英乎(见《淳化秘阁帖考证》卷二)?

羲、献书大率如游龙舞凤,腾骧于天壤间,非凡鳞短翮所可追也。张芝书,如秋鹰健鹘,击搏于霜空木落时,所向无前,但气韵差不及二王耳。又观唐怀素《草书歌》,自上数行,皆不可识,次可辨者:"众宾离坐瞪目看,满堂凛凛如生寒。"此下一句未详,又有如:"惊鸟飞满天,前有张伯英,后有张颠兄,两张万古不相下,师与二张还抗衡。""贞元十三年五月十九日沙门怀素,时六十有一。"

案:《草书歌》,《宣和谱》著录有二(原注:不完)。萧贡《米元章大字卷》:"九原裴说如可作,应有新诗三叹嗟。"注:"裴说《怀素草书歌》:'欲归家,三叹嗟,眼前三个字:枯树楂、乌梢蛇、黑老鸦。'"(《中州集》卷五)

又有唐僧亚栖书《观怀素草书歌》,

> 亚栖,洛阳人,经律之余,喜作字,得张颠笔意。昭宗光化中,对殿庭草书,两赐紫袍,一时为之荣。宣和御府所藏草书一十有五,《观怀素草书歌》其一也(《全唐文》卷九百二十收其《论书》残文一篇,《全唐诗》卷八百五十收其诗二首,其一即《对御书后一绝》)。

亦双幅,自上两行,读不成文,其次可辨者:"状同楚汉来相战。湖南七郡凡几家,家家屏幛书皆满。

> 案:怀素长沙人,故云"湖南七郡"。

王逸少、张伯英,古来几许虚得名。张颠老人不足数,吾师此艺不师古。故知万事得天机,何必要见公孙大娘浑脱舞。"

> 杜甫《观公孙大娘弟子舞剑器行序》:"昔者吴人张旭善草书书帖,数尝于邺县见公孙大娘舞西河剑器。自此草书长进,豪荡感激,即公孙可知矣。"《新唐书》卷二零二《文艺传》中卷,亦言张旭观倡公孙舞剑器,得其神。

"对御草书赐紫僧亚栖"。

> 《书谱》:御府所藏草书一十有五。《对御草书歌》又其一也。《亚栖传》见卷十九。项元汴《蕉窗九录》之六《帖录》,亚栖书若飞鸟出林,惊蛇入草。《千字文》刻石在北监。

二僧书纵横倜傥,下笔如神,退之所谓"快剑斫断生蛟鼍"者,信有之。

　　诗句出愈所撰《石鼓歌》。

然亚栖狂怪尤甚，如"事"字作蛇盘状，矫首曳尾，蜿蜒如生。又"舞"字落笔一扫，余二尺余，如侠客睥睨、腰悬长剑，凛然有不可犯之色。意亚栖与怀素并驰，强欲出一头地，乃作新如此，盖栖有意为而素未之许也。

甲辰，

　　二十五日，按阙失癸卯即二十四日纪事。

次熊岳县，

　　《地理志》上："熊岳，辽卢州玄德军熊岳县。辽属南女直汤河司。"（《辽志》谓：卢州玄德军，刺史。本渤海杉卢郡。兵事属南女直汤河司。金毓黻先生说：卢州本渤海所置。而《辽志》云本渤海杉卢郡。似以"杉卢"为正名者，实则语有未晰，或初名杉卢，后改卢州耳，或为一地二名。说见《渤海国志长编》卷十四页七。）《辽东志》古迹门："熊岳废县，在盖州城南六十里。"（元省熊岳入建安县，至元三年，又并建安入盖州。明称熊岳堡，今称熊岳城，在盖县西南六十里，与《辽东志》里到道合。

宿兴教寺。晚登经阁，南望王元仲海岳楼，不及一牛鸣，

　　《中州集》卷八有王瑉（字汝玉）《王元仲海岳楼同诸公赋》七言诗："十二朱栏倚半空，元龙高卧定谁雄。檐楹翠湿蓬山雨，枕簟凉生弱水风。物色横陈诗卷里，云涛飞动酒杯中。谪仙会有骑鲸便，八极神游路可通。"又卷四有李纯甫《子端山水同裕之赋》："辽鹤归来万事空，人间无地着诗翁。只留海岳楼中景，长在经营惨淡中。"裕之，元好问字。王遵古熊岳人，故筑楼乡里中。赵秉文"海月"诗："海岳楼头斫冰雪"原注："海岳楼，公所隐。"此诗不署赠何人，而其人为海岳楼主人，殆亦赠元仲子端父子者（前诗为

"闾山悬岩寺观宇文公吴东山"末两句为"黄华老人醉骑驴,向来亦貌悬岩图")。元好问《王学士熊岳图诗》(《遗山先生集四续编》):"长松手种欲摩天,海岳楼空落照边",王学士,谓遵古子庭筠子端也。一牛鸣,即"一牛鸣地"简称。王维《与苏卢二员外期游方丈寺诗》:"回看双凤阙,相去一牛鸣。"又作"一牛吼地",即牛吼叫声所及之距离。

但以谒禁,不得一登览为歉。旧闻京师名公皆有题咏,又刻石于楼下,命借副本,因得详观。盖玉照老人刘鹏南为之序。

鹏南名著,舒州皖城人。年六十余,始入翰林,充修撰。皖城有玉照乡,既老,号玉照老人,示不忘本。见《中州集》卷二小传。

平章公张仲泽首唱"通"字韵诗,

张汝霖字仲泽,辽阳渤海人。父浩,而庭筠乃浩之外孙,则汝霖固舅氏也。仲泽,大定二十八年进拜平章政事。《金史》卷八十三有传。

自余赓和者,张御史寿甫、

张景仁,字寿甫,辽西人。大定二十一年,自河南尹召为御史大夫。《金史》卷八十四有传。

郑侍讲景纯、

郑景纯即郑子聃,大定府人。初官翰林修撰,外迁侍讲。《金史》卷一百二十五有传。

蔡潍州正父、

蔡珪晚年得风疾,失音不能言,由礼部郎中,出守潍州。

李礼部致美,

即李宴。宴明昌初为礼部尚书。详《金史》卷九十六及《中州集》卷二本传。

如此凡二十五人。中间唯赵献之作赋,

　　献之名可,高平人。仕至翰林直学士。《金史》卷一百二十五
及《中州集》卷二皆有传。

又不用元韵者四人。玩味再四,有以起予,亦漫继两诗,他日登门,庶以是为先容耳。然强韵杰句,皆为人所先,要不蹈袭一字,亦出于倔强也。"飞甍缥缈拂层空,览胜观澜左右雄。秋气拍帘千幛雨,夜潮春枕半天风。盟寻鸥去沧浪上,目送鸿归灭没中。圣世文明方讲礼,征车行起叔孙通。

　　《金史》卷二十八《礼志》序:"世宗既兴,复收向所迁宋故礼器
以旋,乃命官参校唐、宋故典沿革,开详定所以议礼,设详校所以审
乐,统以宰相通学术者,于一事之宜适、一物之节文,既上闻而始汇
次,至明昌初书成,凡四百余卷,名曰《金箓修杂录》。凡事物名
数,支分派引,珠贯棋布,井然有序,炳然如丹。又图吉、凶二仪:卤
簿十三节以备大葬,小卤簿九节以备郊庙。而命尚书左右司、春
官、兵曹、太常寺各掌一本,其意至深远也。是时。宇内阜安,民物
小康,而维持几百年者实此乎基。"诗中用汉初叔孙通与所征鲁诸
生三十余人起朝仪之故实,其以是焉。

先生勇退冀北空,坐笑百雌无一雄。

　　韩愈《送温造序》:"伯乐一过冀北之野,而马群遂空。"苏轼
《和刘道原见寄诗》有句云:"归去方知冀北空","群乌未可辨雌
雄"。又送《程德林赴真州诗》:"尔来明目达四聪,收拾驵骏冀北
空。"又《予昔作壶中九华诗其后八年复过湖口则石已为好事者取
去乃和前韵以自解诗》:"江边阵马走千峰,问讯方知冀北空。"刘

著《渡辽诗》:"身隔辽东渡,心怀冀北群。"(《中州集》卷二)群,马群也。(案:《左传》昭公四年:"冀之北土,马之所生。"左思《魏都赋》:"冀马填厩而驵骏。"用典本此。)

咄咄诸郎有高著,纷纷余子甘下风。龙媒懒行陆地上,鹏翼要举青云中。旧学渊源慎无废,逸书当续《白虎通》。"

玩味诗意,似元仲父子曾参预制礼,故用叔孙通征车典礼与班固撰《白虎通》两事为掌故。

乙巳,

二十六日。

次龙门山云峰院,昔武元直为申君与作《龙门招隐图》,正谓此也。龙门之南,有大山焉。崇高峻拔,诸峰环列,皆北面事之,连延数十里,意谓此必熊岳也;

《辽志·地理志》卷二:"熊岳县,西至海一十五里,傍海有熊岳山。"赵秉文《连云岛望海诗》:"烟中熊岳随潮没,天际辽江入海流。"又"我从析木西南境,回望中原四百州"(《滏水集》卷七)。元好问《王黄华墓碑》铭辞有"摧熊岳兮天之东"之句(《遗山先生集》卷十)两处熊岳,均谓山也。

然询及土人,无有知者。比龙门具体而微,其掩抱窈窕,则又过之。栏楯穿窿,涌出于西岩之腹者,佛舍也;佛屋之左右,连楹异户者,僧舍也;僧舍之东,崛起于叠石之上者,钟阁也;钟阁之东,枌栱岌嶪者,经楼也;经楼之南,飞跨于两崖之间者,水殿也。水殿之下,厨厩库庾,无不具焉。予是夕,宿于主僧之禅寮。

丙午,

二十七日。

游北岩,观瀑布水,

> 谓龙门山北岩。

野服曳杖,至于绝顶。其水,初出于东北一峰之肋,悬流数十尺,盘转于洼石之上,蓄之为池,纵横可二丈,池满则倾泻于石壁之下。水殿,最为龙门佳处。北望苍岩瀑布,如千尺玉虹,飞落沧海;下瞰云涛雪浪,舂撞击搏,其声如奔雷骤雨,跳珠溅玉,倒射轩窗。虽六月,不知暑也。少东,有大石,屹然介于两水之中,其平如掌,上可容三十客。方夏秋霖潦,水势湍猛,非以此石杀其怒,则水殿无复有焉。大抵如瞿塘之滟滪堆也。壁有张仲宣、

> 不详。

申君与留题岁月,又有纥石烈明远留题三诗。

> 亦不详。

盖明远尝为曷苏馆节度使,

> 曷苏馆,详下。

距此不及一舍,所以屡来登览。其壬辰七月晦日诗云:

> 壬辰,大定十二年,公元 1172 年。

“秋霁岚光到眼青,层峦叠嶂与云平。解鞍暂借山僧屋,泉水潺湲漱玉声。”此必领节之初,尚有佳兴也。至癸巳立夏三日诗云:

> 癸巳,大定十三年,公元 1173 年。

“春尽山岚碧转加,携樽来醉梵王家,桃花半折东风里,应笑刘郎两鬓华。”

> 刘禹锡《赠看花君子诗》:“玄都观里桃千树,尽是刘郎去后

栽。"又《再游玄都观诗》:"桃花净尽菜花开。"苏轼《送刘攽倅海陵诗》:"刘郎应白发,桃花开不开。"

此必坐阅再岁颇倦游也。及甲午春分日诗:

甲午,大定十四年,公元 1174 年。

"春半辽东暖尚赊,青山苦恨乱云遮。三年绝橄劳魂梦,向壁题诗一叹嗟。"此以淹留岁月,未有归期,感慨之情,发于歌咏也。予尝观李太白《庐山瀑布诗》云:"日照香炉生紫烟",意谓雄才健笔,能润色如此,以今日验之,乃知诗人题品物象,必有所以然。午饭后,独坐于中流石上,酌泉煮茗,俯仰溪山,方悟山谷《茶词》云:"口不能言,心下快活自省。"

此茶词名《品令》,全文见唐珪璋辑《全宋词》第一册,页四零五—四零六。

只今日政使著也。逼暮,题两绝句于殿壁云:"九天无路不容攀,谁挽银河落世间?却恨青莲老居士,只将佳句赏庐山。""强将懒脚挂枯藤,上到云山第一层。几欲刻诗题瀑布,却嫌千古笑徐凝。"

苏轼言:世传徐凝瀑布诗云:"一条界破青山色",至为尘陋,又伪作乐天诗,称羡此句有"赛不得"之语。乐天虽涉浅易,然岂至是哉! 乃戏作一绝:"帝遣银河一派垂,古来唯有谪仙词。飞流溅沫知多少,不与徐凝洗恶诗。"案:凝,睦州人,元和中官至侍郎,有诗一卷传世,字画亦有行法,见《唐才子传》卷六、《唐诗纪事》卷五十二、《全唐诗》四百七十四等。

丁未,

二十八日。

次曷苏馆，

《地理志》上：“曷苏馆路，置节度使。天会七年，徙治宁州，尝置都统司，明昌四年废。”按：又作合苏馆、合速馆、遏速馆、合思罕、合厮罕等等。曷苏馆之名，始见于《辽史·圣宗纪六》：开泰二年十月丙寅：“详稳张马留献女直人知高丽事者。上问之，曰：‘臣三年前为高丽所虏，为郎官，故知之。自开京东马行七日，有大砦，广如开京，旁州所贡珍异，皆积于此。滕、罗等州之南，亦有二大砦，所积如之。若大军行由前路，取曷苏馆女直北，直渡鸭绿江，并大河而上，至郭州与大路会，高丽可取而有也。’上纳之。”又：开泰四年四月丙辰：“曷苏馆部请括女直王殊只你户旧无籍者”云云。乃南徙女真之处。《三朝北盟会编》卷三：女真入辽著籍，曰“合苏款”，所谓熟女真者是也。“曷苏馆”、“合苏款”，藩离也（满语Hashan）。参《金史语解》卷二页一。节度使徙治宁州以前，在长宜镇。《金志》辽阳府鹤野县下称：“镇一，长宜，曷苏馆在其地。”《辽东志》古迹门：鹤野废县，辽阳城西八十里。《奉天通志》卷七十五页一百零六，谓辽阳城西八十五里唐马寨村古城，为辽、金鹤野县故址。《辽东志》古迹门又言：“南苏县，盖州城南一百三十里，今为永宁监。”南苏县，即高句丽南苏城，何时置县，史无明征。明永宁监，即辽、金宁州，今熊岳城西南七十里永宁城。

宿府署之公明轩。以“公明”名轩，自明远始。题牓，亦明远之遗墨也。公平昔片言折狱，嫉恶若仇，自谓公明亦不过矣。又其字，刚正遒健，似其为人。昔陈莹中跋朱表臣所藏欧阳文忠公贴云：“敬其人、爱其字”，吾于明远，亦云。

案：“陈莹中即陈瓘，《宋史》卷三百八十五有传。东坡亦有

《跋朱表臣藏文忠公帖》，绍圣元年甲戌岁作，时年五十九。

戊申，

二十九日。

予视睡榻四周，皆置素屏，迎明望之，犹有墨痕，依约可见。亟命湿去覆纸，皆明远旧书也。其题云《奉谢登州太守符宝寄新鳆鱼》诗，云："畴昔珍鲥得屡尝，流涎鲜嚼副牟平。太羹纯淯味中味，明月半胎清外清。曾比腊茶犹劣似，直连楚国尚多卿。珍重宝邻贤太守，驰封新划寄颇明。"

案：鳆鱼即鲍鱼。刘迎有《鳆鱼诗》，其首二句云："君不见二牟山下狮子峰，海波万里家鱼龙。"（《中州集》卷三）牟平，宁海州所治，有东牟山。鳆鱼壳为椭圆状，长二寸许，有吸水孔八九个，登州人以为珍品。（见桂馥《札朴》卷九）"太羹纯淯"云者，与刘诗之"百金一笑收羹材"同义，言肉味之鲜美；"明月半胎"云者，与刘诗之"齿牙寒光漱明月"亦同义，形容鳆之外壳也。

其后跋云："鳆鱼，海错之珍，酒边咀茹腴濡，有味中之味。或问仆：'何物可与为比'？对之以腊茶。

腊茶，又作蜡茶，或蜡面茶。"为其乳泛汤面，与熔蜡相似，故名蜡面茶"。（《演繁录续集》）《事务纪原》以为：蜡面茶之语，自唐有之。蜡茶与草茶为相对语。

人或退而笑曰：'拟人物必以其伦，而曰鳆鱼似腊茶，不亦异乎？或问予以为定何似？曰：'似哈蜊。'因识任昉亦不知味。

任昉为新安太守，清廉自守。郡有密岭及杨梅，旧为太守所采。昉以冒险多物故，即时停绝。吏人咸以百余年未之有也。见

《南史》卷五十九本传。

暇日赋《乞茶》，语施丈，偶得此诗及评，并用一笑。烦元予举似施丈。苟烹鳆鱼之余，真得一杯茶，便如'骑鹤上扬州'也。"

典故出《商芸小说》。

予初见此诗，不知作者何人？亦不知谢者为谁？及见跋文，乃知是明远去文登之后，

宁海州县二：牟平、文登，而文登为剧县。

后政以鳆鱼寄明远，明远以诗谢之。首句云："畴昔珍鰦得屡尝"，是旧曾为蓬莱阁主人也。

登有蓬莱山，山有阁，故云然。

然"尝"字下押"清"字韵，岂非为"清"、"扬"字古诗亦通用耶？抑复效韩文公每宽韵辄旁出耶？不然，是误书"烹"字作"尝"字也。予恐误者多矣。又以鳆鱼比腊茶之说，"烦元予举似施丈"，元予，则必谓郦元予也。施丈者，若指施明望言之。

施明望即施宜生，《金史》卷七十九及《中州集》卷二有传。《明秀集》卷一《永遇乐词序》魏道明注解，亦道其生平。《金史·郭长倩传》（卷一百二十五）误"施朋望"。

计明远罢登州之后，施先生去世久矣。他日见元予，必当首问此一端也。又一幅前序云："偶检二十年前，《干固哥林牙相公重午酒资诗》一首云：'牢落他乡道转孤，半生穷饿坐诗书。蕤宾洗复当佳节，归梦犹能到弊庐。屈子没江真是躁，田文及户亦成虚。公如不为红茵惜，愿学前人

一吐车。'此诗,东平冯可所作也。"

屈原沉江而死、田文齐户而生,事见《史记·屈原列传》及《孟尝君列传》。

林牙者,辽之文职也,班列在翰苑之上。

《辽史·百官志》叙:宰相、枢密、宣徽、林牙下至郎君、护卫皆分南北。《语解》:林牙掌文翰官,时称为学士;其群牧所设,止管簿书。宋绶《行程录》:林牙掌命令。

但固哥相公者,不知其谁也。

题名文惟简(或作大惟简)所撰《虏廷事实》一书,(明抄《说郛》有节本。)其"释奠"一则云:中京大定府有宣圣庙,春秋二仲月行释奠之礼。契丹固哥相公者,因此日就庙中张筵,有胡妇数人,丽服靓装,登于殿上,徘徊瞻顾,中有一人曰:"此胡者是何神道?"答者曰:"便是骂我夷狄之有君者。"众皆发笑而去。

又一幅,全是高特夫、孔遵度两书,并和"垌"字韵四诗,信乎明远之于交亲,可谓至诚也已。此去汴梁,相隔半万里,所得诗文,皆装裱为矮屏,是欲饮食起居,皆得见之。圣师谓晏平仲善与人交,久而敬之。

语见《论语·公冶长章》

明远其庶几乎?

己酉,

三月初一日。

游西山。

即下文石棚所在之山。

石室上一石,纵横可三丈,厚二尺余,端平莹滑,状如棋局,其下壁立三石,高广丈余,深亦如之,了无瑕隙,亦无

斧凿痕，非神功鬼巧，不能为也，土人谓之"石棚"。既无碑刻，故不知其所始。

此今复县台子屯之石棚，而《辽东志》言：盖州城东南一百四十里有石棚山，则又岫岩县兴隆沟之石棚也。石棚，考古学称作"巨石文化遗址"（参辽宁省博物馆编《辽宁史迹资料》页九十一）。

予为作诗，以记其异云："片石三丈方纵横，平直莹净如楸枰。旁稽石壁作丈室，人力不至疑天成。此去东溟都咫尺，想见强羸困鞭策。神仙游戏亦偶然，月斧云斤灭痕迹，骖鸾翳凤何时来？风雨洒扫绝纤埃。定应守护敕山鬼。陵迁谷变无摧颓。屹然万古临长路，曾阅汉唐如旦暮。山前怕有牧羊儿，更问金堂在何处？"

金堂，华丽之堂。古歌：入金门，上金堂。

庚戌，

初二日。

啜茶于西园松下，茶罢，少憩于小轩，轩前花木颇有春意。予以旧圃荒芜，命老兵芟除灌溉；已而不觉失笑，我亦行人，何恋恋如是？真所谓"客僧作寺主"也。因题一绝句于壁云："莫道山城晚得春，柳梢花萼已争新。出呼老吏治（原注：平声）花圃，自笑行人作主人。"

辛亥上巳日。

初三日。

是日阴霾，终夕面壁块然坐，念往岁曲水流觞，笙歌鼎沸；年来奔走荒山，殊无聊赖，戏作一绝句云："禊饮年年傍水

滨，

　　禊饮，上巳日宴聚也。

夹衣初试趁芳春。那知海上风沙恶，不似长安天气新。"

　　长安，谓中都大兴府。

壬子，

　　初四日。

行复州道中。

　　《地理志》：复州　下，刺史。辽怀远军，节度，明昌四年降为刺史。《辽东志》沿革门：复州卫，在辽阳城南四百二十里。又古迹门：复州旧城，今为卫治。今复县（瓦房店）西北之复州城。

辰、巳间，风大作。飞沙折木，对目不辨牛马。所幸者，自北而南；若打头风，则决不能行也。午后风势转恶。予怪而问诸里巷耆旧云："飘风不终期，何抵暮尚尔？"耆旧云："此地濒海，每春秋之交，时有恶风，或至连日。所以禾黍垂成，多有所损，固亦不足怪也。昔东坡先生赋飓风，亦谓海南有之，

　　苏试有《飓风赋》，载《文集续集》卷三（《东坡七集》本）。《宋史》作者以《飓风赋》为轼之子过所作，见本传。

大抵海气阴惨，朝氛暮霭，虽晴霁，亦昏然，况大块一噫，

　　《庄子·齐物论》："夫大块噫气，其名为风。"成玄英疏："大块者，造物之名，亦自然之称也。"

崩涛怒浪，贾勇其旁，宜其不可当也。此岂亦飓风之余种耶？乃作诗以记其事："昨霄月晕如手遮，今日黄云翻炮车。初闻窸窣动高树，渐觉飞沙卷平路。沧溟浪滚三山

摇,恐是海若诛鲸鳌。

　　此三山,乃今大连市南海中之三山岛。昔邴原自辽东还乡,止于三山。

昏昏日转更作恶,瘦马侧行吹欲倒。津吏告侬无渡河,

　　古诗《公无渡河》。(乐府瑟调曲名,四言四句,以歌辞首句"公无渡河"而名。)

枯河连海翻(旧注:一作"掀")惊波。是夕宿于复之宝严寺。

癸丑,

　　初五日。

是日清明节,意绪不佳。自念来日无多,崎岖道路。去岁清明,自广宁赴同昌,

　　《辽东行部志》:明昌改元春二月十有二日丙申,出辽阳,宿沈州。丁酉(十三日),次望平县。望平本广宁府倚郭山东县也。乙巳(二十一日),次同昌,旧名成州长庆军节度使。

今又寄迹于此,劳生有限,归计未涯,聊以小诗自嘲:"去岁清明过广宁,今年投宿水边城。

　　复州近海,故云然。

来春未改辽东节,更叱星轺底处行"。

甲寅,

　　初六日。

昼寝方寤,视卧屏后有草书数行,细观之,乃一故绢扇图,上有诗云:"金壶漏尽禁门开,飞燕昭阳视寝回。谁分独眼秋殿里,遥闻笑语自空来。"词翰俱不俗,亦不知谁作

也。其诗体致大似王健春词，未知是否？

乙卯，

初七日。

僧屋壁间，有冰溪鱼叟诗及后序。冰溪者，张仲文也。

《遗山文集》卷四有《赠答张教授仲文诗》。（遗山卒于元宪宗七年丁巳，春秋六十有八，则生于金世宗大定二十九年。）似非此以冰溪鱼叟自号之张仲文也。又，耶律楚材有《寄仲文尚书诗》，诗叙称："知仲文尚书投老而归，叹其清高，作诗以寄。"诗句有云："仲文曾作黑头公，辅弼明时播美风。治粟货泉流冀北，提刑奸迹屏胶东……"（《湛然居士集》卷六）此仲文如系张仲文，则身居"尚书"之职，并在河北路主管财赋，而在山东路为按察使。"黑头公"谓少壮而居高位者，语出《世说新语》。"辅弼明时"自指出仕金朝之世。诗末句有云："西域故人增喜色"，乃楚材自称，盖作于彼随从成吉思汗征西域之日也。

诗云："七年重到旧招提，影转南窗日转西。粗饭满匙才脱粟，藜羹供箸欲吹齑。城边草木惊摇落，山下风烟正惨凄。欲觅前诗拂尘壁，已烦侍者扫黄泥。"后序云："大定岁在重光赤奋若新正后八日。"

即大定二十一年辛丑正月九日。

因审刑旅泊此舍。尝梦中得句云："客舍青荧寸烛残，思归惊怪带围宽。夜观星斗穿云去，不怕天风特地寒。"题诸此壁，以俟再游。至今岁在强圉协洽律中无射上休后六日。

即大定二十七年丁未十一月十六日。

因勾当公事，复假馆于此，寻曩日所题鄙语，已随黄泥化为乌有先生也。予观水溪后来所作律诗,本以旧题"梦中"一绝句已为人扫去,乃引用坡公"恐烦侍者扫黄泥"故事,前两句叹旅食粗粝,次两句言风物萧条,其于"扫黄泥"之意,似不相干。而梦中小诗,句法清劲,语意贯串,胜于律诗远矣。二诗既出于一手,何前进而后却耶? 得非文通之笔,有神相之?

《南史·江淹传》:淹宿冶亭而郭璞见于梦中,探怀,得五色笔一。淹字文通。

不然,无缘睡语胜于不睡时也,亦可一笑。且书生喜辩论,专以管见妄自分别,乃习气使然。况人生大梦未觉,何者不为睡中语耶? 今予所评,亦是梦中说梦也。当姑置之。

丙辰,

初八日。

自永康

《地理志》上:复州,县二:永康,原注:倚。旧名永宁,大定七年更。参上复州下证语。

次顺化营。中途望西南两山,巍然浮于海上,访问野老,云:此苏州关也。辽之苏州,今改为化成县。

《地理志》上:复州,县二:化成。原注:辽苏州安复军,本高丽地,兴宗置。皇统三年降为县,来属。贞祐四年五月,升为金州。兴定二年,升为防御。案:金顺化营即辽顺化城。(《辽志》卷二:顺化城向义军,下,刺史。开泰三年以汉户置,兵事隶东京统军司。)《辽东志》古迹门:"化城县,复州城内,今为军营。"显误。又言:"营城,金州城南,有土城一座。"明之金州城,即辽之苏州而金之化成县,亦即今之金县城。彼营城者,其或寂所次之顺化营欤?

关禁设自有辽,以其南来舟楫,非出此途,不能登岸。

《三朝北盟会编》政宣上帙四宋宣和二年(1120年)三月六日丙午纪事,赵良嗣《燕云奉使录》,此年四月十四日,抵苏州关下。《金史·地理志》上卷:曷苏馆路下注文称:"有化成关,国言曰曷撒罕关。"又《齐传》(卷六十六):"父胡八鲁,宁州刺史。大定中,以族次充司属司将军,授同知复州军州事,累迁刑部员外郎。(中略)先是,复州合厮罕关地方七百余里,因围猎,禁民樵捕。齐言其地肥衍,令赋民开种,则公私有益。上然之,为弛禁。即牧民以居。田收甚利,因名其地曰合厮罕猛安。"又《温迪罕达传》(卷一百零四):兴定元年,上疏曰:"辽东兴王之地,移剌都不能守,走还南京。度今之势,可令濮王守纯行省盖州,驻兵合思罕,以系一方之心……"《元史》卷十四《世祖十一》至元二十三年正月丙申,即"以新附军千人屯田合思罕关东旷地,官给农具、牛、种"。(同书卷一百《兵志三》辽阳等处行中书省所辖屯田例举金复州万户府屯田项下,系此事于至元二十六年。)《辽东志》古迹门:"金州万户府,金州城东北隅,今为卫治。"金州万户府治所,即元哈思罕屯田万户府治所。又:"哈思关,金州城南十八里,旧有土城,南北抵海,横长十五里,中有关口,通驿路,不知何代所筑,今为南关铺。"(同书《建置志》关梁门:"哈思关,金州卫南一十八里。"两"哈思关"并夺"罕"字。)案:此关在今金县南之南关岭。乔德秀《南金乡土志》山河海岛志:金州治城西南十里南关岛,即南关岭,岭上有古墙遗址,南北距海四五里。

相传隋、唐之伐高丽,兵粮战舰,亦自此来。

隋征高丽,水路之师由登、莱渡海,直至大同江口,径造平壤城下。唐伐高丽,则异于是。其水路之师,自登、莱渡海后,不东趋大同江,而北趋今之旅顺,方可经由本书所称之苏州关以登陆。

南去百里,有山曰铁山,常屯甲七千人,以防海路。每夕平安火报,自此始焉。

《辽志》二:东京辽阳府南至海边铁山八百六十里。《金史》卷一百零九《完颜素兰传》:"兴定二年四月,以蒲鲜万奴叛。遣素兰与近侍局副使内族讹可同赴辽东,诏谕之曰:'万奴事竟不知果何如,卿等到彼,当得其详;然宜止居铁山,若复远去,则朕难得其耗也。'"《辽东志》山川门:"铁山,金州卫城西南一百五十里。山在岛上,岛以山名。今旅顺西南之老铁山。《南金乡土志》山河海岛志:金州治城西南一百四十五里铁山,伸嘴西即渤海。案:此马石山也。《资治通鉴》卷九十五《晋纪》十七,成帝咸和九年(公元334年)秋八月,"遣谒者徐孟策拜慕容皝镇东大将军、大单于、辽东公,持节,承制封拜,一如廆故事。船下马石津,皆为慕容仁所留"。胡三省注:"自建康出大江至于海,转料角至登州大洋,东北行,过大谢岛、龟歆岛、淤岛、乌湖岛,三百里北渡乌湖海,至马石山东之都里镇。马石津,即此地。"(案:胡注本之《唐书·地理志七下》所引贾耽《边州入四夷道理记》,唯"淤岛"作"未岛"而已。"都里镇",又曰"都里海口"。)金毓黻说:"马","乌"二字形似,马石山应作乌石山,今老铁山其色焦黑,因以得名,故亦称乌石,此为管、邴三国诸贤所经之路。见《东北通史》第二卷九章八节。

西南水行五百余里,有山,曰红娘子岛。岛上夜闻鸡犬之声,乃登、莱沿海之居民也。

依方位与里距推定,此红娘子岛应属今长山群岛之某一岛。

为赋一诗:"地控天岩险,

"天岩"二字疑有误。(下言"天连",此不当复有"天岩",且亦不辞。)

天连四望低。荒烟连海上,残日下辽西。戍垒闲烽燧,戎
亭卧鼓鼙。

> 戎亭与戍垒相对衬。

陋邦修职贡,安用一丸泥!"

> 《东观汉纪》卷二十三《隗嚣载纪》:"嚣将王元说嚣曰:'元请
> 以一丸泥为大王东封函谷关,此万世一时也。'"《后汉书》卷十三
> 《隗嚣传》简作"一丸"犹言一丸大之封泥。此喻地势之险要。

予尝观《管宁传》云:管宁与邴原厌山东多故,闻公孙度化
行海外,即挐舟涉海,老于辽东。

> 传见《三国志》卷十一所收。

始悟先生之来,亦自此始矣。

> 先生,谓管宁。此,谓苏州关。

予自去岁按行部,凡辽东府镇郡县,封界之内,靡不至焉;
每访求先生故居之所,终不可得,如李斯井,子贱台,屠儿
墓,昭君冢,皆在魏晋之上,今犹宛然。盖此方自李唐之
季,为高句丽侵据,后为大氏所有。

> 大氏,谓渤海大祚荣。

继至于辽,文物衰谢久矣。既当时太史略而不书,又无稗
谈野录,故先生遗迹,阒然不见于后世,惜哉! 予路出永
康,伫望海门,

> 海门犹言大海之门户。

云烟灭没,缅怀先生之去世,今已千载,海山奇胜,风景不
殊,嗟岁月之不可留,伤古今之不复见,因作诗以吊之,亦

李太白望鹦鹉州悲祢正平之意欤?

　　李白作《望鹦鹉州怀祢衡》五古诗,以正平自况,故极致悼惜,而沉痛语以骏快出之,自是太白本色。《舆地纪胜》、《海录碎事》等,皆以鹦鹉州(在鄂州)为黄祖杀祢衡处。

丁巳,

　　初九日。

次新市,

　　新市,《明实录》洪武二十七年八月,倭寇新市烧杀,屯粮御之,倭败去。张博泉说,新市约在今碧流河附近近海处,颜按:核寂行迹,当金县至岫岩间。如龙岩寺约当今瓦房店(复县)一带,则:新市约当今普兰店一带。

投宿于民家,其家亦颇好事,壁间画齐、赵、魏、楚四公子,

　　(钦定)《日下旧闻考》卷一百四十六《风俗门》引《析津志》:"酒槽坊门首多画四公子:春申君、孟尝君、平原君、信陵君。以红漆栏干护之,上仍盖巧细升斗,若宫室之状。两旁大壁并画车马驺从,伞仗俱全……"据此,知此风俗沿于金朝,北方城市多行之。

予为各赋一绝句。《孟尝诗》云:"碌碌齐王世不闻,佳名惟重孟尝君。三千宾客空蚕食,狗盗鸡鸣却解纷。"《平原诗》云:"赵苦秦围力已殚,合从于郢援邯郸。当时不试囊锥颖,谁捧同盟歃血盘。"《信陵诗》云:"信陵豪贵气凌云,折节屠儿意已勤。一挫雄兵四十万,杀降绝胜武安君。"(旧注:《春申君诗》阙。)

戊午,

　　初十日。

宿龙岩寺。西去龙岩一舍而近,有山崛起,笔立五千尺,

秀出诸峰,望之如浮图焉。予怪而问之,路人云:"此速鲁忽山也,速鲁忽,乃"尖刃"之意。

案满语 Sulihun,言人身,则为"头尖";言诸物形状,则为"尖"。《辽东志·地理志》山川门;复州卫城东南二十里有尖山。约当今岚崮山北侧某一峰。

山之绝顶,有池方丈,有鲤鱼长余尺许,旧年人欲取之,投网于水,立有风雷之变,由是异焉。咸谓龙神晦蛰于此;岁旱,亦尝备牲醪,祷于池上。予谓深山大泽,实生龙蛇,又何足怪哉! 虽然,吾闻神龙变化,无所不可,何为居此穷僻而甘心焉? 岂非获罪于天,羁縻于此耶? 戏作诗以嘲之云:"孤峰亭亭如笔卓,直恐去天无一握。樵童牧竖每登陟,茧足汗颜疲荦确。山颠涌泉成丈潭,下彻海眼青于蓝。中有鲤鱼长尺半,金鳞火鬣绝不凡。往岁村夫投网罟,应手波翻起雷雨。况此本非池中物,狡狯岂容人力取? 既能变化天地间,何苦局促留荒山。得非获罪于上帝,幸免老塞囚连环。嗟哉无久淹鱼服,但恐轻遭豫且辱。快挽沧溟救旱苗,乘除功过聊相赎。"

己未,

十一日。

发龙岩,山前数十里,北望大山,连延不绝,数峰侧立,状如翠屏,秀色可掬,里人谓之磨石山,以出磨石之故也。

磨石山,约当今大黑沙山西侧某一峰。

予恶其名不佳,欲改之曰"竞秀岩";所恨山民无好事者,何足以语此哉? 已而凭鞍信马,目逆而送之,不觉去山已

远,眷眷犹不能舍,诗兴甚浓,忽忆坡公:"前山正可数,后骑且勿驱"之句,

> 此东坡《追和陶渊明诗》中"饮酒"二十首第十首之句。

岂特为我设,况马上看山之意,尽于是矣。故不复敢措一辞,但嗟赏讽诵而已。又行十里许,临水有大石,圆莹如镜,纵横余丈,了无斧凿痕迹,俨然天成,予目之曰:"石镜",因作诗以识其异:"石镜临官道,规摹亦异哉。盘龙形偃蹇,飞鹊影俳佪。近水萦罗带,凭崖挂玉台。余光依日月,纤翳奈尘埃。宿雨淬磨出,晨风拂拭开。还应望夫女,深夜弄妆来。

> 望夫女,孟姜女也。

庚申,

> 十二日。

赴大宁镇,

> 《地理志》上:盖州建安下注:"辽县。"镇一。又注:"大宁。"又秀岩下注:"本大宁镇,明昌四年升。泰和四年废为镇,贞祐四年复升置。"康熙《盛京通志》卷二十二页六上:"今盖平县东二百四十里有旧秀岩城。其东十里,又新秀岩城,当即金秀岩县之地。"乾隆《盛京通志》卷一百页二十二下:"秀岩故城在岫岩城东。"一谓旧城在西,一谓旧城在东,两相歧异。咸丰七年本《岫岩县志》卷二:谓今城东偏有旧城遗址,乾隆四十五年以前之旧城。再有旧土城,在今城之北,周八里,土基约略可寻,此犹在旧城东偏旧城之前,其为何代人所修,俱无可考。"兹姑定明昌四年以前之大宁镇而贞祐四年以后复置之秀岩县于此岫岩县治迤北之古城,以待续考。

中路乱山重复，人迹仅通，然皆培嵝无可观者。又东行四五十里，南望层峦叠障，空翠溟濛，百道飞泉，环流山麓。

此下尚有旁行"临水"二字，余皆失录。

已故朱逖先有孤本《鸭江行部志》，为盛伯羲旧物，金静厂辑印《辽海丛书》，仅获其节本并朱所作地理考证数则而已。物之聚散，似有定数存焉，朱殁而书归之北京图书馆。罗奉高先生（继祖）首先抄得副本，昔时见诸傅乐焕教授案头，以人事匆忽，未暇转录。1970年随在校诸公改编杨惺吾《历代舆地沿革图》，乃复假自图书馆，而挚友徐宗元教授（尊六）适以佳纸见遗，遂旋抄写而旋疏理其人物、其地理、其故实之可知者，一诗一典，费时累日。古人有言：藏书不如刻书，刻书不如注书；以言注书，又谈何容易。今长夏消暑，烦尚铮同志刻写百本，纠缪补阙，仰望于当世之君子，惜傅、徐二公俱登鬼簿，奉高复养疴旅顺，睹物思人，情绪翻翻，不能自已。寂为大定、明昌文苑之冠，而《拙轩集》并此二行部志，原本久佚，至清乾隆间，始从《永乐大典》中录出。《拙轩》、《辽东》一集、一志已有传本，惟此汩没多年，岂非憾事？吾之笺疏未必皆当，但《鸭江志》借此而重出人间，亦一快事，并大可告慰于学林者。1982年重九日后记，次年五月一日再校讫。

《许亢宗行程录》疏证稿

宣和乙巳奉使行程录曰：

宣和乙巳，宋徽宗宣和七年，而金太宗天会三年（1125年）也。（钦定）《日下旧闻考》卷百四十六引此书称《宋著作郎许亢宗使金行程录》，同书卷百三十二及卷百四十四引均作《许奉使行程录》、卷百八引作《奉使行程录》、卷百二十七引作《许亢奉使行程录》遗"宗"字。《资治通鉴》卷二百六十九后梁纪四卷均王贞明三年二月甲午纪事胡三省注引作《金虏行程》。此从徐梦莘《三朝北盟会编》第二十卷录出（《会编》卷首引用书目，称此书曰《奉使金国行程录》，标明许亢宗所作），间事校雠与疏证，以殿《五代宋金人行纪十一种疏证稿》之末。所望于读者其是正之。

金人既灭契丹，遂与我为敌国；

此年二月辽天祚帝被俘，国亡。宋辽本为敌国（敌对之国家，地位势力相等之国家，皆得谓之"敌国"）。辽既亡，宋金疆界相接，义均一体，故两国交涉，便为"敌国往来"（参《会编》卷十五页一下，又页七上）。

依契丹旧例，以讲和好，每岁遣使除正旦、生辰两番永为常例外，非常庆吊，别论也。

宋辽贺邻邦皇太后、皇帝或皇后正旦者，曰贺正旦国信使，简称正旦使，或贺正使；贺邻邦皇太后、皇帝或皇后生辰者，曰贺生辰国信使,简称生辰使。余外有告哀、遗留礼使、告登位、祭奠、吊慰、贺登位、贺册礼、回谢诸使及国信使(泛使)、回谢使(答谢国信使)等。正旦、生辰二使皆每年互遣,泛使无定期。又告哀仅遣一使,泛使亦有时与之同往,其他则有正有副,而正使通称大使。

甲辰年阿骨打忽身死,其弟吴乞买嗣位。

《靖康稗史》本《行程录》丁国钧校语:阿骨打死,吴乞买立,实宋徽宗宣和五年五月事,惟金来告嗣位之使于六年(即甲辰年)五月始到,故此录误记于甲辰年也(颜案:《金史·太祖纪》天辅七年即癸卯1123年六月丙申即十五日,"上不豫"。八月戊申即二十八日,"上崩于部堵泺西行宫,年五十六"。同书《太宗纪》天辅七年九月丙辰即初六日,"即皇帝位"。己未即初九日告祀天地。丙寅即十六日大赦中外。改天辅七年为天会元年。校语谓在五月,显误)。

差许亢宗充奉使贺登位,并关取奉使契丹条例案牍,参详增减,遵守以行。兼行人所须,皆在京诸司百局应办,纤悉备具,无一缺者:盖祖宗旧制也。

《会编》卷二十宣和七年正月二十日壬辰,诏差奉议郎、尚书司封员外郎许亢宗充贺大金皇帝登宝位国信使,武义大夫广南西路廉访使童绪副之,管押礼物官钟邦直(案:《宋史·徽宗纪四》宣和六年秋七月戊子即十三日,遣许亢宗贺金国嗣位。此颁诏之日也。《金史·交聘表上》太宗天会三年即宋宣和七年六月辛丑即初一日,宋龙图阁直学士许亢宗等贺即位。此贺正旦之日也)。

随行三节人或自朝廷差,或由本所辟除副外计八十人:都辐一,医一,随行指使一,译语指使二,礼物祗应二,引接祗应二,书表司二,习驭司二,职员二,小底二,亲属二,龙

卫虞候六,宣抚司十将一,察视二,节级三,翰林司二,鸾仪司一,太官局二,驰务槽头一,教骏三,后院作匠一,鞍辔库子虎翼兵士五,宣武兵士三十。

案:鞍辔库子上当缺"四"字,否则不足八十人之数。又案:使、副皆有随员,以助琐事,依其职位分上、中、下三等,是为三节人从(又称三司使、三司人),约在百人之数。(《续资治通鉴长编》卷六十四景德三年即丙午岁,公元1006年冬十一月乙巳纪事:"诏入契丹使从人不过百人。上以使臣奉命外境,虑其事体不一,每遣使即诏有司,谕以近例,俾其遵守,无辄改易;其书题有文词者,皆枢密院送学士院看详,必中礼乃用之。")再案:宋遣国信使副,例由中书枢密会同审择,进名请旨。大使多知名之士,副使中间有勋戚子弟。盖奉使出疆,所获赏赐不少,故或由内廷徇私点派。又国信使副,例为一文一武(宋初遣使,文武先后并无定例。澶渊盟后,制乃画一,大使皆用文,副使皆用武,惟报哀使率以武人应选)。大使多为郎中、员外郎、少卿、监等五六品官,低者至派校书郎、太平博士等七八品京职;若三品之尚书、侍郎及以清贵著称之翰林学士,间亦奉使。其副使多为诸司使副兼阁门祇候或通事舍人之类,位高者亦不过为诸州刺史或团练使。参聂崇岐《宋辽交聘表》(《宋史论丛》二八八—二九十页)。

冗杖则有杂载车三,杂载驼十,粗细马十二。礼物则有御马三,涂金银作鞍辔副之;象牙、玳瑁鞭各一;涂金半钑八角饮酒斛二只,盖杓全;涂金半钑八角银瓶十只,盖全;涂金大浑银香狮三只,座全;著色绣衣三袭;果子十笼;蜜煎十瓷;芽茶三斤。

礼物以贺生辰者最丰腆,所以敦睦谊也;正旦及其他贺吊次之,例为金酒食茶器,衣、带、靴、乐器、鞍勒马并缨复鞭,金花银器、银器、绵绮透背杂色罗、纱、绫、縠、绢、杂彩、法酒、茶、果、蜜煎等物。参聂文(上引书二零九一三零一页)。

于乙巳年春正月戊戌陛辞,翼日发行。

丁国钧校语:遣许亢宗使金,《徽宗纪》系于六年(即甲辰)七月;此言乙巳正月,盖《宋史》所书,是命下之日,此所言,乃成行之日也。颜案:戊戌二十六日。翼日,二十七日也。“翼”与“翌”通。

至当年秋八月甲辰回程至阙。

八月甲辰,八月初五日也。《稗史》本“阙”作“阁”。阙谓阁下。

其行程,本朝界内一千一百五十里,二十二程,更不详叙。

今起自白沟契丹旧界,

下文称白沟拒马河,为拒马河下游一别名。昔日宋辽以此河分界,故曰“旧界”。

止于虏廷冒离纳钵三千一百二十里,计三十九程。

《会编》卷九十八页十二下引赵子砥《燕云录》称金之都城为“国里朝廷”,是“冒”为“国”之误,而“离”又“里”之讹也。纳钵,契丹语而金人用之(蒙古人亦用之),俗译“行在”。纳钵,又作“纳跋”、“纳宝”,等等。余以女真语之“纳”(地)“宝”(房子)释之。国里朝廷、国里纳钵,宋人记载多称作“皇帝寨”或“御寨”。又曰上京或上京会宁府。《会编》卷九十八言御寨去燕山三千七百里,计里多寡之不同如此。

第一程自雄州六十里至新城县。

雄州属宋,本唐涿州瓦桥关,政和三年赐郡名曰易阳。今河北雄县。新城县属辽,为涿州四县之一。今河北新城县东南。

离州三十里至白沟拒马河。

州，雄州也。白沟河拒马河或单称白沟与拒马河，又曰界河，以其为宋辽分界处之故。

源出代郡涞水，由易水界至此合流，东入于海。

涞水，今河北涞水县。《辽史·地理志》（以下简称《辽志》）易州下有易水、涞水。涞水县下亦言有涞水。

河阔止十数丈，南宋与契丹以此为界。

案：宋人不当自称"南宋"（下文称"南朝"，亦疑有误），当系后人所改。

旧容城县附雄州归信县寄里。

雄州二县：归信、容城。寄里即寄治。"里"乃"理"之讹。

自壬寅年冬于河北岸创筑容城县新垒，过河三十里到新城县。

壬寅年，宋宣和四年，辽保大二年而金天辅六年（1121 年）。河，拒马河。《辽志四》：容城县居民皆居拒马河南，侨治涿州新城县。三十里，新容城至新城间里距耳。

契丹阿保机入寇，唐庄宗以铁骑五千败之于新城，即此地。

晋王（即庄宗）自率铁骑五千先进，至新城北，半出桑林，契丹万骑见之，惊走。晋王分军为二，逐之，行数十里，获契丹主之子。时沙河桥狭冰薄，契丹陷溺死者甚众。是夕，晋王宿新乐，契丹主车帐在定州城下，败兵至，契丹举众保望都（见《通鉴》卷二百七十一后梁纪六均王龙德二年即 922 年正月甲午条，又《契丹国志·太祖纪年》、《旧五代史·庄宗纪三》）。

旧为契丹边面，

边面犹言边界。《会编》卷二十三页三上引《茅斋自叙》：马扩语童贯："扩观事势，必乘我边面无备，踏足走入来。"同卷页六上同书又有"乘我边面空虚。乃敢渝盟"之语。又卷二十五页七下宣和七年十二月十九诏书，河北燕山边面事理，宜询访利害，选用人材。……与下文"边城楼壁"之"边城"同义。

自与宋朝结好百余年间，楼壁仅存。

"澶渊之盟"后一百六十五年中，两朝和好相处，互通使臣达一百二十二年之久。

第二程自新城六十里至涿州，

路振《乘轺录》、沈括《熙宁使虏图抄》、《辽志四》亦皆言相距六十里。

黄帝与蚩尤战于涿鹿之野，即此地。

《史记·五帝本纪》：于是黄帝乃征师诸侯，与蚩尤战于涿鹿之野。

昔为契丹南寨，边城楼壁并存。及郭药师举城内属，

陈均《九朝编年备要》，（即《皇朝编年纲目备要》，以下简称《备要》）卷二十九页九及《宋史·刘韐传》（卷四百四十六），均言宣和四年九月己卯二十三日郭药师以涿州降（《会编》卷十六页八下亦称药师之降在九月二十三日。但《宋史·徽宗纪四》及卷四百七十二《郭药师传》乃谓药师举涿、易二州降，其实以易州降者为高凤，见上引《备要》、《会编》卷九此月下所引《封氏编年》、《燕云奉使录》二书，又卷十《郭药师传》）。

不经兵火，人物富盛，井邑繁庶。

《会编》卷十五页十二：金人根据燕山府所管州县百五十贯已上家业者，得三万余户，尽数起发，合境不胜残扰，独涿易二州之民

安业,良以先归大宋也。

近城有涿河、刘李河,合范河东流入海,故谓之范阳。

涿河、刘李河,范河均详王曾书疏证。

第三程自涿州六十里至良乡县。

王曾、沈括亦皆言六十里距离。洪皓《松漠纪闻》(以下简称
《纪闻》)、张棣《金虏图经》(《会编》所引,简称《图经》),并云涿州
三十里至刘李店。即刘李河之驿馆。

良乡乃唐庄宗时赵德钧镇边,幽州岁苦契丹侵钞转饷,乃
于盐沟置良乡,即此地。

赵德钧本名行实,庄宗赐姓李,名绍斌,幽州人。德钧筑垒阎
沟,以戍兵守之,因名良乡县,以备钞寇。事见《旧五代史》(以下
简称《薛史》)卷九十八本传及《五代史》(以下简称《欧史》之《四
夷附录一》)。欧作盐沟与此录一致。

隶燕山府。经兵火之后,屋舍居民靡有孑遗,帅臣复加修
筑,楼壁焕然一新,渐次归业者数千家。

"千"原作"十",从《薛史》本改。

离城三十里过卢沟河,水极湍激。

《薛史》本"卢"作"芦"。

燕人每候水浅深,置小桥以渡,岁以为常。

《路振乘轺录疏证》引《花严法师刺血办义经碑》言及泸沟河
有桥。《会编》卷十四页三上马扩云:自南使过卢沟河即焚桥梁。
皆燕人置桥卢沟之证。

近年都水监辄于此两岸造浮梁,建龙祠宫,仿佛如黎阳三
山制度,以快耳目观睹,费钱无虑数百万缗。

黎阳即濬县。濬县跨黄河建三山浮桥。《会编》卷二十六页

十一下引《靖康前录》靖康元年（1126年）正月二日戊辰。"飞骑报金人至，以郭药师为先锋，破濬州，梁方平败绩，还烧三山浮桥，中外鼎沸。……"（同书第二十七卷页三上亦言及"梁方平扼三山大河"一事。）

第四程良乡六十里至燕山府。

里距与沈括、洪皓、张棣及赵彦卫《御寨行程》（以下简称《行程》）等记录并同。

府乃冀州之地，舜以冀州南北广远，分置幽州，以其地在北方，取其阴幽肃杀之义，杜牧言之略矣。

《唐书·杜牧传》（卷百六十六）牧有鉴于藩镇割据，骄蹇不循法度，故作《罪言》，其辞有曰：山东之地，禹画九土曰冀，舜以其分太大，离为幽州，为并州。……并州，力足以并吞也，幽州，幽阴惨杀也。圣人因以为名。

东有朝鲜、辽东，北有楼烦、白檀，西有云中、九原，南有滹沱、易水。

《战国策·燕策一》苏秦将为从，北说燕文侯曰："燕东有朝鲜、辽东，北有林胡、楼烦，西有云中、九原，南有滹沱、易水，地方二千余里，带甲数十万，车七百乘，骑六千匹，粟支十年。……此所谓天府也。"

唐置范阳节度，临制奚、契丹。

范阳节度临制奚、契丹一语，从《通鉴》中来，而《通鉴》又从两《唐书·奚·契丹传》："故事，以范阳节度使为押奚，契丹使"一语脱出。

自晋割赂北虏，建为南京析津府。

《辽志四》：南京析津府，本古冀州之地。……自唐而晋，高祖以辽有援立之劳,割幽州等十六州以献。太宗升为南京,又曰燕京。

壬寅年冬,

即辽保大二年、金天辅六年而宋宣和四年(1122年)。

金人之师过居庸关,契丹弃城而遁。

《会编》卷十二页三下至四上,宣和四年十二月五日庚寅,金人到居庸关(参同书卷十六页九上),萧幹、大石林牙夜出燕城。六日辛卯,金人兵至燕,左企弓、曹勇义、刘彦宗等开门迎降,阿骨打等入燕(参《金史·太祖纪》此年十二月纪事)。

金人以朝廷尝遣使海上,约许增岁币以城归我,

宋、金"海上之盟"始于宋重和元年而金天辅二年(1118年)。次年,以自来宋与契丹银二十万两、绢三十万匹外,并燕所出税赋五六分中只贷一分计钱一百万贯文,合值物色,常年搬送南京(平州),见《会编》及《金史·交聘表上》等书。"城归我"三字原缺,以《稗史》本补。

迁徙者寻皆归业,户口安堵,人物繁庶,大康广陌,皆有条理。州宅用契丹旧内,壮丽复绝。城北有三市,陆海百货,萃于其中。僧居佛宇,冠于北方。锦绣组绮,精绝天下,膏腴蔬蓏,果实稻粱之类,靡不毕出,而桑柘麻麦,羊豕雉兔,不问可知。水甘土厚,人多技艺。民尚气节,秀者则向学读书,次则习骑射,耐劳苦。未割弃已前,其中人与夷狄斗,胜负相当。城后远望,数十里间,宛然一带,回环缭绕,形势雄杰,真用武之国,四明四镇,皆不及也。

宋于真定、中山、河间、大名建四帅府,"四明四镇"当谓此四城池。

自"燕京本幽州之地"至"真用武之国也",《契丹国志·四京始末》全然袭用而稍稍简变其语句,但如"北有三市"作"城北有市"(《会编》卷十一页二下,郭药师之兵与四军大王即萧幹战于三市,人皆殊死,戮力拒敌。则作"北有三市"为是。虽然,古者宫阙制度,前朝后市,当时百货所聚在城北,作"城北有市",于理亦通),"胜负相当"作"胜负不相当",则"不"字疑衍。又《会编》卷十五页十二下,燕人说粘罕曰:"燕山疆土,桑麻果实所在,形势之地,岂可与人?"

癸卯年春归我版图,更府名曰燕山,军额曰永清。

癸卯,辽保大三年,宋宣和五年而金太宗天会七年(1123年)。《会编》卷十页七下,宣和四年十月五日庚寅,御笔改燕京为燕山府、永清节度使(《宋史·徽宗纪四》亦言四年冬十月庚寅改燕京为燕山府)。癸卯乃设官置署之年。

城周围二十七里,楼壁共四十丈,楼计九百一十座,地堑三重,城开八门。

《辽志四》:南京城方三十六里,崇三丈,衡广一丈五尺,敌楼战橹具。八门:东曰安东、迎春,南曰开阳、丹凤,西曰显西、清晋,北曰通天、拱辰(案:《国志》言燕京皇城西门曰显西,当有一误。又案:路振书谓幽州幅员二十五里,与许录近而与《辽志》异,并言东南曰水窗门,南曰开阳门,西曰清晋门,北曰北安门。内城幅员五里,东曰宣和门,南曰丹凤门,西曰显西门,内城三门不开。止从宣和门出入。再案:《会编》卷十一页一下,宣和四年十月二十四日己酉,郭药师等入燕山,夺迎春门以入,又分遣七将把燕城七门。迎春在七门外,总亦八门也。且知迎春为外城之一门。页二上言萧后登宣和门,亲施箭镞。此又宣和为内城一门之证。(同书卷二十四页二上引《陷燕录》亦见宣和门之名)《会编》卷十二页六上

引《亡辽录》：统军副使萧一信开启夏门放入娄宿孛堇军登城。续
遣先被虏人知宣徽北枢密院事韩秉传令，若耶律拜降，我不杀一
人，催促宰相文武百僚僧道父老出丹凤门毬场内投拜。阿骨打戎
服已坐万岁殿，皆拜伏罪。互相对看，知清音即清晋，显西属内城，
丹凤亦属内城，启夏又迎春之别称或舛讹也。水窗之名不辞。北
安为通天之异，更不可解。

第五程自燕山府八十里至潞县。

《辽志四》、《纪闻》、《图经》、《行程》及《匈奴须知》（《通鉴》
卷二百七十八后唐纪七明宗长兴三年八月下胡注引》无不谓两处
相距六十里。

是岁燕山大饥，父母食其子，至有肩死尸插纸标于市，售以为食。

《会编》卷八页二下宣和四年六月三日庚寅，宋昭上书《论北
界利害乞守盟誓女真决先败盟》中有"臣闻虏中频岁不登，斗米千
钱"之语。《宰辅编年录》载《王安中罢尚书左丞授庆远军节度使
河北燕山府路宣抚使兼知燕山府制词》中有"云霓之苏大旱，爰契
群情"之语。两语并指燕京之饥旱而言。

钱粮金帛，率以供常胜军。

《会编》卷十六页七引蔡絛《北征纪实》曰：童贯"为群下所误，
谓不若以燕地富户税产多者，皆与金人去，却得其田宅，足以赡常
胜军。则不烦朝廷钱粮，又得留常胜一军为用，贯然之。遂亟为奏
禀，（王）黼遽许焉，盖朝廷轻易弗思，独以药师常胜军为重而已。
……时（王）安中为宣抚以抚燕，既无纲领，所谓富户田宅皆为常
胜军即日肆意占据，略不闻官司，安中坐视而已。因是多侵夺民
田，故人益不聊生。……"又卷十七页九下至页十上引同名书：

"……药师遂以检校少保副安中焉。然上下政令实出药师,安中但效平时态,诌事之。骄药师者,此也。我又倾意以结之,见良械精仗,莫不以往;谓若须马,则尽括内官马,委与之。……又遣部下商贩诸路,舟车遍矣。又聚天祚时工作之人,为奇巧之物,多以玉带玛瑙器撚金纻珍异,以奉权贵,下及小珰,无不喜者。……

《会编》卷二十四页二下引《陷燕录》,……失燕人之心者三,致金人之寇者三,……何谓失燕人之心三:一换官,二授田,三盐法。……授田之事,内则屋业,外则土田,悉给常胜军,而燕山土著洎平州遁还之人,悉无居止生业,而常胜军所至豪横,四邻不能安居,此燕人之尤怨者。又同卷十一页上引《秀水闲居录》常胜军等众至十万,皆给家口食。河北诸郡收市牛马殆尽,至四万余骑,朝廷竭力应付。自京师漕粟之大河,转海口以给之。内地所遣戍兵,初亦数万人,衣粮既为常胜军所先,皆饥寒失所,或逃或死,不能久驻。于是药师一军,独擅边柄。

牙兵皆骨立,而戍兵饥死者十七八,上下相蒙,上弗闻知。

"牙兵"上原衍"师之"二字,用《稗史》本删。

宣抚司王安中方献羡余四十万缗为自安计,后奉朝廷令,度支漕太仓粳米五十万石,

《会编》卷十七页五上引《北征纪实》:二帅(童贯、蔡攸)以宣抚司羡余进大珠百,黄金四千两,犀玉钱帛称是,号曰"土宜",上喜之。案:宣抚司即指王安中言。"度支漕太仓"《稗史》本作《支太仓漕》。

自京沿大河,

京,汴京。大河,黄河。

由保信沙塘入潞河,以赡燕军。

保,保州,今河北保定市。信,广信军,今河北徐水县。沙塘,当即沙河。《宋史·河渠志五》(卷九十五):"景德元年(1004年),北面都钤辖阎承翰自嘉山东引唐河,三十里至定州,酾而为渠,直蒲阴县东六十二里,会沙河,经边吴泊,遂入于界河,以达方舟之漕。又引保州赵彬堰、徐河水入鸡距泉,以息挽舟之役。案:嘉山,在今河北曲阳县东北。唐河,即滱水别名。定州,今河北定县。蒲阴县,今河北固安县。边吴泊,在今河北清苑县东北。界河,即拒马河。

回程至此,已见舳舻衔尾,舣万艘于水。

回程,谓奉使四还,复经此地,在当年八月,见前文。

潞河在县东半里许。

潞河源出密云县雾灵山,潮河水自塞外注之,南流经潞县(今北京市通县)城东北,会浑、榆诸河,凡三百六十里,至直沽,会卫河入海。《元史·河渠志一》(卷六十四)所谓"通州运粮河全仰白、榆、浑三河之水,合流。名曰潞河,舟楫之行有年矣。"是也。又名白河。更作露河。即古之沽河,或曰鲍邱水者。《匈奴须知》潞县东二里有潞河。此言半里许,当误。

曹操征乌丸蹋顿、袁尚等,凿渠,自滹沱由涿水入路河,即此地。

《三国志·武帝纪一》:建安十年(205年)秋八月,公将征乌丸蹋顿、袁尚等,凿渠,自呼沲入泒水(裴松之注,泒音孤),名平虏渠。又从泃河口(裴注:泃音句)凿入潞河,名泉州渠,以通海(《日下旧闻考》卷百八京畿通州一卷引许亢宗书,即改"涿水"为"泒水")。

第六程自潞县七十里至三河县。

《纪闻》、《图经》并云三十里,《行程》云九十里,《须知》云三河西至燕一百七十里(许书自燕至潞,自潞至三河,合计一百五十里,两者相近,洪、张二书显误)。今河北三河县。

三河县隶蓟州,后唐赵德钧于幽州东置三河县,以护转输,即此。

《薛史》本传及欧史四夷附录,皆言德钧又于幽州东筑三河县,颇为形胜之要。由是幽蓟之民,始得耕牧,而输饷可通。

第七程自三河县六十里至蓟州。

《纪闻》、《图经》并云百五里,《行程》、《须知》则谓七十里。洪、张所记亦疑有误。今河北蓟县。

蓟州,乃渔阳也。因问天宝禄山旧事,人无能知者。

天宝年安禄山称兵事见两《唐书》本传及姚汝能《安禄山事迹》、杜甫《渔阳诗》等。

第八程自蓟州七十里至玉田县。

洪、张二家书亦言七十里。今河北玉田县。

县之东北去景州一百二十里。

景州,今河北遵化县。

自甲辰年金人杂奚人直入城劫虏,每边人告急,宣抚司王安中则戒之曰"莫生事"。四月之内,凡三至,尽屠军民,一火而去,安中辄创筑此城,改为新州。

甲辰,辽保大四年,宋宣和六年而金天会二年(1124年)。"新"字原误"经",据《稗史》本改。

第九程自玉田县九十里至韩城镇。镇有居民可二百家,并无城。

《行程》言八十里。《金史·地理志上》(以下简称《金志》)蓟州玉田县镇一,韩城。案:韩城镇在今河北丰南县西北,唐山市以西。《会编》卷二十二页十二下引无名氏《靖康小雅》:宣和七年冬,金人未渝盟也,朝廷以故事遣公(案指吏部员外郎傅察)迓贺正旦使人于蓟州玉田县韩城镇。公至界上,胡人辄衍期不至。又同书同卷页九下引李邴《傅察墓志》作泾州韩城镇。"泾"疑"清"之笔误,见下文。《会编》卷二十四页四上引《陷燕录》:余去秋尝被旨差接伴金国告庆使李用和、王永福等至韩城,取所与岁币验之,诚为纰薄。又银亦低次,……又页十一下引《金虏节要》曰:斡离不寇燕山之境,其松亭关韩城镇、符家口、石门镇、野狐关、古北口把隘官军望风而溃。页十三下引同书……盖东北乃金人之来路也。燕山之东,以韩城镇为界,东北以符家口为界,韩城、符家口去燕山皆四百余里。……

第十程自韩城镇五十里至北界清州。

《会编》卷二十二页九上,宣和七年十一月二十一日戊子,斡离不至清州界首,执接伴贺正旦使傅察,不拜,死之。又李邴《傅察墓志》:……强公上马,公与副使蒋噩偕行,至界首,公曰:"迓使人故例止此",不肯进,虏辄易公驭者,拥之东北去百里许,遇金国二太子斡离卜者领兵至,……同书卷八十三引无名氏《宣和录》:虏人搬送器物,自阳武九十里黄河,入北清州,径趋金国。案:界首或清州界首,亦即此录之"北界清州"也。盖清州是时适为宋金交界处,故有"北界"、"界首"之称,更称"北清州",以与清州相区别(清州即乾宁镇,今河北青县)。

出镇东行十余里,至金人所立新地界。并无沟堑,惟以两小津堠,高三尺许。其两界地,东西阔约一里,内两界人户不得耕种。行人并依奉使契丹条例,所至州,备车马护送至界首。前期具国信使副职位姓名,关牒虏界,备车马人夫以待,虏中亦如期差接伴使副于界首伺候。

《会编》卷二十三页一上引《北征纪实》:本朝与辽人交涉,皆在两界对境,谓之"关报"。金人灭辽,而燕山即我玉田县筑一州,曰清州,以对平州,相与通使人之正路也,故其犯中国先以关牒来,乃檄书也。燕山路清州则有我文臣贺充中,副使武汉英(原注:汉英乃玉田县巡检、就时差充副使)适至清州,而斡离不遣人约曰:"邀使人观打毬。"二人者知其犯盟,欲以未过界,无故事相会;拒之,恐托是生衅,故勉而从之。及至界,则以是日举兵矣。

两界各有幕次,行人先令引接赍国信使副门状过彼,彼亦令引接,以接伴使副门状回示。仍请过界,于例三请方上马,各于两界心对立马引接,互呈门状,各举鞭虚揖如仪,以次行焉。

陈襄《神宗皇帝即位奉使语录》:过白沟桥北,与接伴使副立马相对。接伴副使问南朝皇帝圣体万福,臣等依例问其君及其母安否,相揖至于北亭。又归程,至白沟桥中,皆立马相对,酌酒换鞭,传辞并如前例。

四十里至清州会食,各相劳问。州元是石城县,金人新改是名。兵火之后,居民万余家。

《辽志四》、《金志上》皆言滦州有石城县,前书且言旧城在滦州南三十里,而今县又在其南五十里。案:故地即今河北开平县东北石门镇。

日晚酒五行,

"日"上疑脱"是"字。

进饭用粟,钞以匕,别置粥一盂,钞以小杓,与饭同,不好。

研芥子,和醋伴肉,食心血脏瀹羹,芼以韭菜,秽污不可向口,虏人嗜之。

《会编》卷三页四上:女真饭食,则以糜酿酒,以豆为酱,以半生米为饭,渍以生狗血及葱韭之属,和而食之,芼以芜荑。

器无陶埴,惟以木刊为盂碟,髹以漆,以贮食物。

《乘轺录》辽宴飨"文木器盛"。《会编》同上卷同上页,女真食器无瓠陶,无碗箸,皆以木为盘。春夏之间,止用木盆,注以粥,随人多寡,盛之以长柄小木杓子,数柄回环共食。冬亦冷饮,却以木碟盛饭,木盆盛羹。饮酒无算,只用一木杓子,自上而下,循环酌之。《松漠纪闻》嗢热国"饮食皆以木器"。

自此以东,每遇馆顿,

馆谓驿馆,顿谓顿止,馆顿连言,谓休息也。"此"原作"北",意改。

或止宿,其供应人并于所至处居民汉儿内选衣服鲜明者为之。

"所至处"下原衍"旋于"二字,依《稗史》本删。

每遇迎送我使,则自彼国给银牌人,名曰"银牌天使"。

洪迈《容斋三笔》卷四银牌使者条:金国每遣使出外,贵者佩金牌,次佩银牌,俗呼为金牌、银牌郎君。北人以为契丹时如此。……《会编》卷三页九下,辽又有使者,号"天使",佩银牌,每至女真,必欲荐枕者。(《纪闻》:大辽盛时,银牌天使至女真,每夕必欲荐枕者。此殆《会编》之依据。)

第十一程自清州九十里至滦州。

《辽志四》曰八十里(旧石城在滦州市南三十里,新石城又在旧石城南五十里)。

滦州古无之,唐末天下乱,阿保机攻陷平、营,刘守光据幽州,暴虐,民不堪命,多逃亡,依阿保机为主,筑此以居之。

薛史《外国传》刘守光末年苛惨,军士亡叛,皆入契丹。(欧史《四夷附录一》作:"是时,刘守光暴虐,幽、涿之人多亡入契丹。")"民不堪命"至"以居之",《稗史》本作"民多亡入虏中,而筑此城以居之"。

州处平地,负麓面冈。东行三里许,乱山重叠,形势险峻,河经其间,河面阔三百步,亦控扼之所也。水极清深。

《辽志四》:滦州,滦河环绕,在卢龙山南。河谓滦河。山谓卢龙山也。沈括《梦溪笔谈》卷三十四杂志一黑山黑水条:"大抵北方水多黑色,故有卢龙郡。北人谓水为龙,黑为卢。卢龙,即黑水也。"(周辉《北辕录》亦有"燕人呼水为龙,呼黑为卢,亦谓之黑水"之说,与沈同。)唯其清深,故色近黑。

临河有大亭,名曰"濯清",为塞北之绝。郡守将迎于此。回程锡宴是州。

"迎于此"者,迎于濯清亭也。是州,滦州。

第十二程自滦州四十里至望都县。

《辽志四》:望都县在滦州南四十里。"南"实"北"之误。

民既入契丹,依阿保机,即于所居处创立县名,随其来处乡里名之,故有"望都"、"安喜"之号。

《辽志四》:平州安喜、望都二县下,并云太祖以定州安喜、望都两县俘户置。又云,安喜在滦州东北六十里。案:辽望都,今河北卢龙县南。辽安喜,今河北迁安县东北。

唐庄宗以铁骑五千退保望都,即此县也。

前文新城县下疏证。此望都,乃今河北望都县。

第十三程自望都县六十里至营州。

营州,今河北昌黎县。

营州,古柳城,舜筑也,乃殷之孤竹国,汉唐辽西地。

《太平御览》卷百六十二州郡八引《后汉舆地记》:舜分齐营州之域。燕西置营丘郡于其城内,今柳城县有营丘城。《辽志四》:营州本孤竹国,秦属辽西郡。

金国讨张觉,是州之民屠戮殆尽,存者贫民十数家。

辽保大四年,金天会二年而宋宣和六年(1124 年)七月,金帅阇母讨张觉,败其兵于营州东北,入据之。见《辽史·天祚纪三》、《金史·阇母传》(卷七十一)、《会编》卷十八页十一上。

是日行人馆于州宅,古屋十数楹,庭有大木数株,枯腐蔽野,满目凄凉,使人有吊古悼亡之悲。州之北六七里间有大山数十,其来甚远,高下皆石,不产草木,峙立州后如营卫然,恐州以此得名,而前人谓地当营室,故名曰"营"。

《御览》卷百六十二州郡八引《郡国志》:地当营室,故曰营州。

第十四程自营州一百里至润州。

今秦皇岛市西北海阳村(在山海关西)。润州治海阳县。

离州东行六十里至渝关,

"渝"或作"榆"。《纪闻》、《图经》称"旧榆关",云七十里。今河北抚宁县榆关村。

并无堡障,但存遗址,有居民十数家。登高四望,东自碣石,西彻五台。

《会编》卷十九页十一上,《赦营平两路诏》有云:"冈峦靡迤,东踰碣石之封;亭障骞翔,西轶榆溪之阻。"案:榆溪即谓榆关。

幽州之地,沃野千里,北限大山,重峦复岭中有五关,居庸

可以行大车,通转粮饷,松亭、金坡、古北口止通人马,不可行车,外有十八小路,尽兔径鸟道,止能通人,不可走马。

《会编》卷二十二页八引《节要》:"燕山之地,易州西北乃紫金关,昌平之西乃居庸关,顺州之北乃古北口,景州东北乃松亭关,平州之东乃榆关,榆关之东乃金人之来路。凡此数关,乃天造地设,以分番汉之限,诚一夫御之,可以当百。时朝庭之割地,若得诸关,则燕山之境可保矣。"(案:《通鉴》卷二百六十九后梁纪四均王贞明三年二月甲申下胡注引张汇书此节,紫金关作金坡关。又案:《行程》居庸、松亭、金坡、古北口并榆关乃足"五关"之数。

山之南地,则五谷、百果、良材、美木,无所不有,出关来才数十里,则山童水浊,皆瘠卤。

"皆"上必阙一字。

弥望黄云白草,莫知亘极。盖天设此,限华夷也。

胡峤《陷辽记》登天岭(今河北赤城县独石城北四十五里之偏岭)"四顾冥然,黄云白草,不可穷极"。王恽《中堂纪事》自开平返燕京,投宿碧落崖(即滴水崖,在赤城县鹏鹉堡东四十里)下,"秋稼已熟,黄云满川,盖朔方之武陵溪也"。

夷狄自古为寇,则多自云中、雁门,未尝有自渔阳、上谷而至者,昔自石晋割弃契丹,以此控制我朝;第以社稷威灵,祖宗功德,保守信誓,而禽兽无得以肆其毒尔。

《乘轺录》:辽兵"每欲南牧,皆集于幽州。有四路:一曰榆关路,二曰松亭路,三曰虎北口路(即古北口路),四曰石门关路。榆关在蓟州北百余里,松亭关在幽州东二百六十里,虎北口在幽州北三百里,石门关在幽州西一百八十里,其险绝悉类虎北口,皆古控

扼奚、虏要害之地也"。又《辽史·兵卫志上》兵制门:辽兵南伐,
及行,列举并攻取之关口凡七:居庸、古北、松亭、榆关皆在数内。
石门关即居庸关别名也。

前此经营边事,与金人岁币加契丹之倍,以买幽蓟五州之地。

《会编》卷二十四页三下至四上引《陷燕录》言及岁币银绢较
之馈遗契丹者,幅数色额纰薄不逮远甚,银亦低次。卷二十七页九
上引李纲《靖康传信录》……前约燕山、云中归国,故岁币增于大
辽者两倍。

五州,谓涿、易、檀、顺、景五州也(连幽州即燕京及蓟州实为
七州),五州外加蓟州,俗称古州二十四县之地。

而平、滦、营三州不预其数。

三州不在石晋割弃契丹燕、云十六州之数,故金人靳而弗与
(营平乃阿保机于后唐时陷;滦州乃营平地,旧已入辽,即非石
晋所献之地。)且又松亭、榆关为南下必经之路。故金初约以三州
二关与宋划界,金人且议在榆关之东置榷场六所,以传宋境货物
(榆关在平州之东,屡以榆关为言者,包平州在内也)。

是五关我得其三而金人得其二,

《会编》卷十三页八下引赵良嗣《燕云奉使录》:兀室(案:即完
颜希尹)又出《燕京地图》云:"招延州(案:《契丹国志》卷二十二
作招州)是渤海住坐,本朝拘收外,有居庸、金坡等关,贵朝占据,
古北、松亭关本奚家族帐,自本朝为主,……又云:古北、居庸本是
奚地,自合本朝占据,今特将古北口与贵朝;其松亭关本朝屯戍,更
不可说,……"是宋得三关者,金坡、居庸、古北口也,金得二关者,
松亭、榆关也。

愚谓天下视燕为北门,失幽蓟五州之地,则天下常不安;幽燕视五关为喉襟,无五关则燕不可守;五关虽得其三,纵药师不叛,而边患亦终无宁岁也。

　　詹度曾令常胜军驻守松亭、古北、居庸三关,见《会编》卷十六页十二下。郭药师叛宋在徽宗宣和七年即金太宗天会三年(1125年)十二月丙午,详上引卷四。

比来诸论列当时主议大臣有云以营、平、滦要害控扼之地捐之金人,蜂蝎迁巢,虎兕出槛,盖指此也。出榆关以东,山川风物,与中原殊异。所谓州者,当契丹全盛时,但土城数十里,民居百家及官舍三数椽,不及中朝一小镇,强名为州,经兵火之后,愈更萧然。自兹以东,类皆如此。第十五程自润州八十里至迁州。

　　辽迁州治迁民县。《金志上》海阳县有迁民镇。元于迁民镇设千户所,置达鲁花赤一员,万户六员,弹压一员。秩正五品(《元史·百官志二》)。阿速人福定领一军守迁民镇(同书卷百三十二《杭忽思传》)。脱脱领大司农事,西至西山,东至迁民镇,南至保定、河间,北至檀、顺州皆引水利,立法佃种,岁乃大稔(同书卷百三十八本传)。《纪闻》、《图经》作千州。二书及《行程》皆云润、迁中间相距四十里,与此大异。迁州,今河北临渝县,即山海关之所在。

彼中行程,并无里堠,但以行彻一日,即记为里数。是日行无虑百余里,金人居常行马,率皆奔轶。

　　《稗史》本"记为里数"无"记"字。"轶"与"佚"通假。

此日自早饭罢,行至暝,方到道,路绝人烟,不排中顿,行人饥渴甚。自兹以东,类皆如此。

中顿即谓"馆顿",犹今言午饭也。无名氏《青宫译语》(以下简称《译语》)天会五年四月二十八日出长城至迁州界,沙漠万里,路绝人烟。

第十六程自迁州九十里至来州,

来州原在习州(即隰州)之后,依洪、张、赵三家书次序改定。三家言八十里里距,亦稍异。来州治来宾县,今辽宁前卫所。

迁州东门外十数步,即古长城所筑,遗址宛然。

此秦汉辽东长城之遗址。

第十七程自来州九十里至习州,无古迹所云。

洪、张、赵三家书作隰州,是("习"是"隰"之音讹)。《辽志》:隰州治海滨县,濒海,地多碱卤,置盐场于此(参下文红花务条)。三书里距仍为八十里,今辽宁兴城县西南六十里之东关驿(距前街所适为八十里)。

第十八程自隰州八十里至海云寺。离来州三十里,即行海东岸,俯挹沧溟,与天同碧,穷极目力,不知所际。寺去海半里许,寺后有温泉二池。

温泉在兴城古城东二点五公里处,泉水无色无臭,清澈透明,水温七十度,含有钾、钠、钙、镁、铵、氡等十几种矿质和元素,有较高的医疗价值。

《青宫译语》二十九日至来州。自燕山登程后,日驰奔百五十里,成隶(即《译语》作者王成棣)亦疲于奔命,其他可知。三十日抵海云寺。五月一日入寺驻马。王及妃姬皆洗手焚香。……初二日王(珍珠大王设野马,即斜也,汉名杲,《金史》卷七十六有传)令驻屯一日,共浴温泉。无名氏《陷虏记》卷四纪闻(民族文化宫藏此孤本书),海云寺"在涞州北锦州南,有温泉二池,大均及亩,各由隔室以入。一行人久未净身,因浴于此。……两池虽隔室,实有水窦相通。珍珠、阿替计、王成棣等曾由窦东窜,挟取数女至两池,已为嬉笑。官眷惶窘,伏池而死者七人。……"杨弘道《小亨集》五《题桃花岛图》七言绝句有:"记曾海上浴汤泉,遥望神山几点烟,却对画图疑是梦,推移寒暑十三年。"汤泉,谓此温泉二池也。《陷虏记》又记韦太后在海云寺祈梦。

望海东有一大岛,楼殿窣堵波在上,有龙宫寺,见安僧十数人。

大岛,桃花岛也。《金志上》兴中府兴城县有桃花岛。同书《京传》(卷七十八):世宗即位,来见于桃花坞。"坞"乃"岛"之讹。赵秉文有《桃花岛回寄王伯宣诗》(见《滏水集》卷六)。王寂《辽东行部志》曾专记此岛。岛别名觉华,今称菊花岛。站在海岸,可望见南面九公里海中的菊花岛。该岛十三点二平方公里,至今留有大龙宫寺、大悲阁等遗址。寂另有《觉华岛诗并小引》及《留题觉华岛龙宫寺诗》(俱见《拙轩集》卷一)。盖海云在岸上而龙宫居岛中,上下二院也。《纪闻》、《图经》皆云九十里,《行程》言八十里,舛作"淘河鸟"为独异耳。

第十九程自海云寺一百里至红花务。此一程尽日行海岸。

洪、张、赵三家书并作胡家务,皆云八十里距离。明人周文郁《边事小纪》卷四称红花店。

红花务乃金人煎盐所,去海一里许。

计自暐州至此,皆盐场地,而红花务则盐官所在处。《译语》:五月初三日早行,抵盐场。盐场,谓此红花务也。约当今兴城县之毛和尚台一带。

至晚，金人馈鱼数十尾，烹作羹，味极珍。第二十程自红花务九十里至锦州。

《译语》初四日至锦州。洪、张、赵三家书并曰新城，皆作八十里距离。今辽宁锦州市。案：《纪闻》胡家务之后麻吉部落一驿，相距四十里。新城之后有茂州一驿，亦四十里相距。案：《可喜传》（卷六十九）：可喜留中都，闻世宗发东京，乃迎见于麻吉铺。即此麻吉部落也。又案：周昂《莫州道中诗》云"大凌河东古莫州，居人小屋如蜗牛。屋边向外何所有，唯见白沙累累堆山丘"。（《中州集》卷四）《明史·朵颜等三卫传》（卷三百二十八）："成化九年（1473年）辽东总兵官欧信以偏将韩斌等败朵颜头目朵罗干于兴中（今辽宁朝阳市），追及麦州，斩首六十二级，获马畜器械凡数千"。麦州、莫州、茂州并一地之异书。该以道里，麻吉部落约当今塔山与高桥镇之间，而茂州则今锦州以东大凌河左侧之金城，与石山相近（参下句）。

自出榆关东行，路平如掌，至此微有登陟。经由十三山下，欧阳文忠叙胡峤所说十三山，即此。

《五代史·四夷附录一》引峤所撰《陷虏记》：峤等东行过一山，名十三山，云此西南去幽州二千里。《辽志二》显州有十三山。又称十三箇山。今锦县（大陵河）东北石山站之地（旧称十三站），参本著《胡峤书疏证稿》。

第二十一程自锦州八十里至刘家庄。

《译语》初五日抵刘家寨。无名氏《陷虏记》亦数言刘家寨。刘家寨即刘家庄也。刘家庄或刘家寨与洪、张、赵三家书之惕隐寨又曰梯已寨者相当。

是后行人俱野盘。

野盘,犹言野宿、露宿。

第二十二程自刘家庄一百里至显州。

辽显州,今辽宁北镇县。洪、张二书俱言百二十里,刘家庄、显州中间(四十里处)有军官寨(张、洪)或曰仓官寨。赵书称广宁府(辽显州,金天辅七年升为广宁府。但金广宁府治辽之山东县,尚在北镇之西三十里),相距则为百一十三里。

自榆关以东行,南濒海而北限大山,尽皆粗恶不毛,至此山,忽峭拔摩空,苍翠万仞,全类江左,乃医巫间山也。

《辽志二》:显州在医巫间山东南。又山去海一百三十里,山形掩抱六重。

成周之时,幽州以医巫间作镇,其远如此。

《周礼·夏官·职方氏》:东北曰幽州,其山镇曰医巫间。《尔雅·释地》:东方之美者,有医巫间之珣玗琪焉。

契丹兀欲葬于此山,

《辽志二》:显州,世宗置,以奉显陵。显陵者,东丹人皇王墓也。应历元年(951年),穆宗葬世宗于显陵西山,仍禁樵采。案:人皇王乃阿保机长子图欲,而兀欲则世宗也。

离州七里,别建乾州,以奉陵寝,今尽为金人毁掘。

《辽志二》:圣宗统和三年(985年)置乾州,以奉景宗乾陵。《武经总要·前集·北蕃地理》(卷二十二)乾州医巫间山南,虏主景宗陵寝在焉。东至显州八里。(此与许亢宗七里之说最相近)案:辽乾州,金降为间阳县。《金志上》:间阳县,辽乾州广德军,以奉乾陵故名奉陵县。天会八年(1130年),废州更名来属。有凌河,有辽景宗乾陵。又《斡鲁古勃堇传》(卷七十一):"乾州后为间阳县,辽诸陵多在此,禁无所犯。"必有毁掘,乃颁禁令。今辽宁北镇县间阳村是其故址。

第二十三程自显州九十里至兔儿涡。

洪、张二书中间有沙河一驿,赵书曰东馆。而兔儿埚在黑山县打虎山附近。《译语》作兔儿埚。《金志上》广宁府广宁县有兔儿窝镇寨。

第二十四程自兔儿涡至梁鱼务。

《金史上》:广宁府望平县有梁鱼务(县即设于镇上)。《斜卯阿里传》(卷八十)改显州,下灵山县(即成州,后属懿州,遗址为今辽宁阜新县红帽子山古城),取梁鱼务,败(耶律)余睹兵,功皆最。《世宗纪上》:大定元年(1161年)十一月己丑(二十一日)如中都,次小辽江(案:《辽志二》:"东梁河自东山西流,与浑河会,为小口,会辽河,入于海。"东梁河即今太子河。小口即小辽口,以浑河别名小辽河也)。壬辰(二十四日)次梁鱼务。《爽传》(卷六十九):东迎车驾,至梁鱼务入见,世宗大悦,即除殿前马步军都指挥使。《宗叙传》(卷七十一):见世宗于梁鱼务。盖世宗自辽阳入燕京即帝位,亦经此镇,世宗自东西行,而许氏由西向东,适相返,其为行程路线则相同也。俗说其遗址即今绕阳河岸莲花泊姜家屯东北五里之古城子。

离兔儿涡东行,即地势卑下,尽皆萑苻,沮洳积水。是日凡三十八次渡水,多被溺,名曰辽河。

此辽河,必谓辽宁新民县上下一段流域而言。

濑河南北千余里,东西二百里,北辽河居其中,其地如此。隋、唐征高丽,路皆由此。

《通鉴》卷百九十七唐纪十三太宗贞观十九年(645年)五月庚午(初三)"车驾至辽泽。泥淖二百余里,人马不可通。将作大匠阎立德布土作桥,军不留行"。壬申(初五日)"渡泽东"。同书卷百九十八唐纪十四同年九月乙酉(二十日)至辽东。丙戌(二十一日)渡辽水。"辽泽泥潦,车马不通,命长孙无忌将万人,剪草填道,水深处以车为梁,上自系薪于马鞘以助役。冬十月,丙申朔(初一日),上至蒲沟驻马,督填道诸军度渤错水(胡注:蒲沟、渤错水皆在辽泽中),暴风雪,士卒沾湿多死者,敕然火于道中以待之"。盖往来辽东必经此泽。考今辽河迤西沮洳之地,为柳河、绕阳河之下流,每值夏秋多雨季节,百里之地皆成泥淖,故唐东征之师必先逾辽泽,而后乃可度辽水。浦勾、渤错二水,必有其一相当今之绕阳河(辽人称锥子河)。

夏秋多蚊虻,不分昼夜,无牛马能至行以衣被包裹胸腹,人皆重裳而披衣,坐则蒿草薰烟稍能免。

《译语》初七日过兔儿埚。初八日渡梁鱼埚。此两日如在水中行,妃姬辈虽卧兜子中,驼马背亦透过重裳。地狱之苦,无加于此。

务基于水际,居民数十家,环绕弥望皆荷花,水多鱼,徘徊久之,颇起怀乡之思。

今犹多种荷花,故有"莲花泊"之称。

第二十五程自梁鱼务百单三里至没咄寨。没咄,小名。孛堇,汉语为官人。

依文义"寨"上当重"孛堇"二字,否则释"孛堇"便无意义。孛堇又作孛极烈。《会编》卷三页五孛极烈,官人。洪、张二书:梁鱼务至大口六十里,又至广州七十里。合计百三十里。赵书:梁鱼务至辽河大口平津馆六十里,又至广州七十三里。合计百三十三里。以之检验许书,百单三里应是百三十里或百三十三里之误。

《辽志二》:"辽河出东北山口为范河(今同名河),西南流为大口,入于海。"大口即辽河大口,而驿馆名"平津"耳。(《奉天通志》言在今辽宁新民、辽中二县接界之近辽河处,又以为即今中古城子迤西之辽河口岸。金毓黻先生则具体疑为辽中县之长滩。见《东北通史》(社会科学战线杂志社重排本三八八页)。其说可取。广州实此没咄字董寨。《辽志二》:广州,统县一,昌义。金名章义。《金志上》:章义县,辽旧广州,皇统三年升为县,来属沈州。有辽河、东梁河、辽河大口,案:东梁河今太子河。金章义县,元、明降为章义站,今同名村。

第二十六程自没咄寨八十里至沈州。

洪、张言六十里,赵言七十里。赵并言馆名"乐郊"(沈州治乐郊县,馆取郭郭为名耳)。渤海定理府统定、沈二州。"潘"实"沈"之坏字(道光殿本,《辽史》考证引《元一统志》"沈"字不误)。《辽史·太祖纪下》神册六年(921年)十二月纪事,已见沈州之名。《地理志二》亦言沈州昭德军,本挹娄国地。渤海建沈州,故县九,皆废。元升沈州为沈阳路,明为沈阳卫,清称盛京奉天府。今辽宁沈阳市。

第二十七程自沈州七十里至兴州。

洪、张并言八十里,(中经蒲河一站,在今蒲河上游某地)。赵亦言八十里,馆名"兴平"。《金志上》:"挹楼,辽旧兴州兴中军常安县(案:《辽志二》:兴州故县三:盛吉、蒜山、铁山,皆废。无常安之名),辽尝置定理府刺史于此,本挹楼故地,大定二十九年(1189年)章宗更名。"故城在今沈阳城北六十里之懿路村。明设懿路所,又为懿路站。

自过辽河以东,即古之辽东地,金人方战争之际,首得辽东五十一州之地。

> 《会编》卷二页十一上，马政语："……今来主上（按谓宋帝）闻贵朝攻陷契丹五十余城，欲与贵朝复通前好，……"又卷三页十一上，女真……遂攻庆、饶等州县，东京、黄龙府，又陷苏、复、渤海辽阳所管五十四州，杀戮汉民计数百万。……"五十一州，不详所指。

乃契丹阿保机破渤海国建为东京路地也。

> 《辽志二》东京路叙曰：太祖建国，攻渤海，拔忽汗城（今黑龙江宁安县东京城），俘其王大谩谀，以为东丹王国，立太子图欲为人皇王以主之。

第二十八程自兴州九十里至咸州。

> 洪、张二书：兴州五十里至银州南铺，又四十里铜州南铺，又四十里咸州南铺。计百三十里。赵书：兴州兴平馆五十里（银州）银铜馆，又九十里咸州咸平馆。计百四十里，皆与许书九十里之数相差甚远，疑许有脱落。银州，今辽宁铁岭县。铜州又作同州，今铁岭城北四十里之中固城。咸州，金升咸平府，今辽宁开原县之老城镇。

未至州一里许，有幕屋数间，供帐略备。

> 幕屋，帐幕也。

州守出迎，礼仪如制。就坐乐作，有腰鼓、芦管、笛、琵琶、方响、筝、笙、箜篌、大鼓、拍板，曲调与中朝一同，但腰鼓下手太阔，声遂下，而管笛声高，韵多不合。每拍声后继一小声，舞者六七十人，但如常服，出手袖外，回旋曲折，莫知起止，殊不可观也。

> 纳兰性德《渌水亭杂识》卷二："辽曲宴宋使酒一行，觱篥起

歌：酒三行，手伎入，酒四行，琵琶独弹，然后食入，杂剧进，继以吹笙弹筝，歌击架，乐角觝。王介甫诗："涿州沙上饮盘桓，看舞春风小契丹。"盖纪其事也。至范致能北使有《鹧鸪天词》，亦云："休舞银貂小契丹，满堂宾客尽关山。"则金源燕宾或袭为故事，未可定耳。（《通志堂集》卷十六页十九下二十上）

酒五行，乐作，迎归馆，老幼夹观，填溢道路。次日早，有中使抚问，别一使赐酒果。又一使赐宴，赴州宅就坐，乐作，酒九行，果子惟松子数颗。胡法，饮酒食肉不随盏下，俟酒毕，随粥饭一发致前，铺满几案。地少羊，惟猪、鹿、兔、雁、馒头、炊饼、白熟胡饼之类。最重油煮面食，以蜜涂拌，名曰"茶食"，非厚意不设。

《日下旧闻考》卷一百四十九物产考引《海陵集》："……女真人多酿糜（？）为酒，盛馔以雁粉为贵，以木杵贮之，其瀋墨色，以生葱蒜韭之属置于上。又俗重茶食，阿古达开国之初，尤尚此品。若中州饼饵之类，多至数十种，用大盘累钉高数尺，所至供客，赐宴亦用焉。一种名金刚镯，最大。

以极肥猪肉或脂润，切大片一小盘子，虚装架起，间插青葱三数茎，名曰"肉盘子"，非大宴不设，人各携以归舍。虏人每赐行人宴，必以贵臣押伴。是日押伴贵臣被酒，辄大言，诧金人之强，控弦百万，无敌于天下。使长折之曰："宋有天下二百年，幅员三万里，劲兵数百万，岂为弱耶？某衔命远来贺大金皇帝登宝位，而大金皇帝止令太尉来伴行人酒食，何尝令大言以相罔也？"辞色俱厉，虏人气慑，不复措一辞。及赐宴毕，例有表谢，有曰"祗造邻邦"，

中使读之,曰:"使人轻我大金国。"《论语》云:"蛮貊之
帮",表辞不当用"邦"字。请重换,方肯持去。使长正色
而言曰:《书》谓"协和万邦",

　　《尧典》文。

"克勤于邦",

　　《大禹谟》文。

《诗》谓"周虽旧邦",

　　并见《诗·大雅·文王之什三之一》、《礼记·大学》、《孟子·
滕文公上》。

《论语》谓"至于他邦",

　　《公冶长篇》文。

"善人为邦",

　　《子路篇》文。

"一言兴邦",

　　同上。

此皆"邦"字而中使何独至诵此一句,以相问也? 表不可
换;须到阙下,当与曾读书人理会。中使无多言。虏人无
以答。使长许亢宗,饶之平乐人,以才被选,

　　丁案:许时官龙图阁直学士,见《金史·交聘表》。为人酝藉
似不能言者,临事敢发如此,虏人颇壮之。

第二十九程,自咸州四十里至肃州。

　　《辽志二》:肃州重熙十年(1042 年)置(《兴宗纪》称九年十二
月置),《纪闻》同此书亦曰四十里,而赵彦卫书作三十里。"肃"又
异书为"宿"字。《奉天通志》谓当在昌图城附近,又引或说,昌图
城三十里之大营盘石城为肃州所在。今从前者,定肃州城于金昌

图县昌图镇。

又五十里至同州。

考据者谓同州实通州之讹。《辽志》：通州本扶余国王城，渤海号扶余府。太祖改龙州，圣宗更今名，保宁七年（975 年）以黄龙府叛人燕颇余党千余户置。（案：《景宗纪上》此年"秋七月，黄龙府卫将燕颇杀都监张琚以叛，遣敞史耶律曷里必讨之。九月，败燕颇于治河，遣其弟安抟追之。燕颇走保兀惹城，安抟乃还，以余党千余户城通州"。知圣宗乃景宗之误。耶律曷里必即耶律叽之子何鲁不，史卷七十七有传。）辽通州治通远县，其驿馆亦曰通远。金灭辽，州县俱废，而驿馆独存。《御寨行程》：咸州咸平馆三十里至宿州宿宁馆，八十里至贾道铺怀万馆，四十里至扬八寨通远馆。《松漠纪闻》咸州南铺四十里至宿州北铺（《金虏图经》"北"作"南"），又四十里至安州南铺，又五十里至夹道店，又四十五里（《图经》作"四十里"）至杨柏店。杨柏店即杨八寨通远馆也。《行程》为三站计百五十里，《纪闻》为四站计百七十五里。另据《辽东志》言开原北至信州三百一十里，与赵、洪两家里程约略相符，与今开原城老城镇（开原）至秦家屯古城（信州）里距亦相符，知许书于此间有脱落也。检伪满时代所修《梨树县志·甲编地理志卷四祠庙古迹门》："一面城在县南四平街新市场，为四面，各约一里余，高有三尺，宽约丈余，西面入租界地，东则跨新市场，形迹已平，故址不复存矣。"吉林博物馆编绘《农安、怀德、梨树三县辽金古城分布图》绘此城于今四平市西则，三面残破较甚，一面完好，故有一面城之称。兹定通州于此一面城古城址。

离咸州即北行，州地平壤，居民所在成聚落，新稼殆（原作"始"，意改）遍，地宜穄黍，

据《辽志》咸州等城，为平州、营州等地客户团聚而成。

东望大山，金人云，此新罗山。

所谓新罗山者，应是以南楼山（标高 1404 公尺）为顶峰之恰达山脉。

山内深远，无路可行，其间出人参、白附子，深处与高丽接界。山下至所行路可三十里。

第三十程自同州三十里至信州。回程赐宴于此。

信州遗址在今怀德县（公主岭）怀德镇西南三十里之秦家屯迤东古城，旧名新集城。"新集"，"信州"之讹也。位于东辽河中游右岸，东辽河有支流小河子迳古城之南。古城呈南北矩形，宽约 670 米，东西长约 1000 米，有四门及瓮城，城内地表多辽金时砖瓦陶瓷破片，并有北宋钱及金大定钱，惟不见元以后遗物，但明初人纪事，尚屡见信州之名。《纪闻》杨柏店至信州尚有三站，即杨柏店四十五里（《图经》作"四十里"）奚营西，又五十里至没瓦铺，又五十里至木阿铺，又五十里至信州北（《图经》无"北"字）。《行程》：杨八寨通远馆五十里至合叔孛董铺同风馆，又三十里至义和馆，又五十里至如归馆，又四十里至信州彰信馆。两相参照，是奚营西即合叔孛董同风馆，而没瓦铺即义和馆，木阿铺即如归馆也。

第三十一程自信州九十里至蒲里孛董寨。

《译语》：十四日午至同州，即驻马。十五日抵蒲里寨，尚早，即屯宿。《纪闻》：信州北四十里至威州，又五十里至小寺铺，又五十里至胜州铺，又四十里至济州，即黄龙府。《行程》信州彰信馆七十里至胜州来德馆，又五十里至山寺铺会方馆，又五十里至威州威德馆，又五十里至龙骧馆（即济州）。二书威胜两州前后位置不同，威州似在今吉林农安县南四十三里之刘家附近。胜州，《百官志》作"腠"字，即在威州南百里，而威州位于刘家附近，则胜州必当今怀德镇东北约十里之处也。《纪闻》疑误。既曰九十里至蒲里孛堇寨,适与此蒲里孛堇寨相当。小寺铺,亦山寺铺之误。

第三十二程自蒲里八十里至黄龙府。

后世名此城为隆安城或龙安城,今吉林农安县。农安即隆安或龙安之音舛。《辽志二》既言龙州黄龙府本渤海扶余城,保宁七年军将燕颇叛,府废。开泰九年(1020年),迁城于东北。又,通州条之言渤海扶余府与此之言黄龙府本渤海扶余城,实一事也。黄龙府本在通州地方,其在今农安县者,后迁之州也。

契丹阿保机初攻渤海,射黄龙于此地,即建为府。

《辽志二》:太祖平渤海还,至此崩,有黄龙见,更名。

是日州守迎迓如仪,有中使抚问,赐酒果,锡宴一如咸州制。

《译语》:十六辰抵黄龙府。都统款留二日。案:款留即设宴与酒果之抚问也。

自此东行,第三十三程自黄龙府六十里至托撒孛堇寨。

《译语》:十七日抵吐撒寨。《纪闻》:济州三十里至济州东铺。又五十里至北易州。《行程》龙骧馆六十里至祥州常年馆。曹廷杰说托撒孛堇寨应在今农安城东六十里之万金塔地方。益州、宾州详下文。祥州,金毓黻先生说,乃宾州西南,今东小城子西南四十里之孟家城子古城址。

府为契丹东寨,

府,黄龙府也。

当契丹强盛时,虏获异国人则迁徙、杂处于此。南有渤海,北有铁离、吐浑,东南有高丽、靺鞨,东有女真、室韦,东北有乌舍,西北有契丹、回纥、党项,西南有奚,故此地

杂诸国风俗:凡聚会处,诸国人语言不能相通晓,则各为汉语以证,方能辨之。是知中国被服先王之礼仪,而夷狄亦以华言为证也。

第三十四程自托撒九十里至漫七离孛堇寨。

《译语》十八日抵漫漆里。曹廷杰说,漫七离孛堇寨应在今饮马河汇合伊通河处之靠山屯以西。

道傍有契丹旧益州、宾州空城。

《纪闻》济州东铺五十里至北易州,又七十里至宾州。《行程》祥州常年馆六十里宾州混同馆。案:易州即益州之误,其冠以"北"字者,以与燕京南之易州相区别耳。《辽志二》益州属黄龙府。《金史·太祖纪》收国元年(115年)正月,上自将攻黄龙府,进临益州。曹廷杰称,自万金塔东行二十余里,道旁有古城基址二,相距数里,曰西小城子、东小城子,知即益州、宾州空城。又曰西小城子即古益州城(今实测西小城子距农安万金塔东北向十余里)。

《行程》称宾州混同馆。《辽志二》宾州本渤海城。统和十七年(999年)迁兀惹户置刺史于鸭子、混同二水之间。《纪闻》(卷上)契丹自宾州混同江北八十余里建寨以守。予尝自宾涉江,过其寨,守御已废,所存者数十家耳。案:依曹说,宾州为东小城子,参上文。

第三十五程自漫七离孛堇寨一百里至和里间寨。离漫七离行六十里,即古乌舍寨,寨枕混同江湄。

《译语》十九日抵乌舍,早停,风景极佳,病者若甦。宾州既在混同江右岸,可依曹廷杰《得胜陀瘰碑记》之文,古乌舍寨应在今伊通河入松花江处之红石砑高桥上地方(现名红石垒),适当松花江左岸,东为伊通入松花处,而西南距腰窝堡八里许。所谓古乌舍寨即前文同州(通州)条下所引《景宗纪》燕颇所走保之兀惹城。兀惹城(古乌舍寨)即与宾州接连,故史文常混同二者为一地。

　　湄,岸边水草相接处。

其源来自广漠之北,远不可究。

　　混同江源于长白山之天池,"广漠之北"者传闻所误。

自此南流五百里接高丽鸭绿江入海。

　　混同江北流,亦不与鸭绿江相接(鸭绿江亦发源于天池)。

江面阔可半里许。寨前高岸有柳树,沿路设行人幕次于下。金人太师李靖居于是,靖累使南朝,

　　《三朝北盟会编·政宣上帙十一、十二》(卷十一、十二)宣和四年十一月一日丙辰朔,阿骨打遣李靖持书来。十二月二日丁亥李靖等入辞于崇政殿。《金史·太宗纪》天辅七年(即天会元年)十二月甲午,遣孛董李靖如宋告哀(又见《交聘表上》)。

此排中顿,

　　谓李靖在此安排中顿以休息行人。

由是饮食精细绝佳。时当仲夏,藉树阴俯瞰长江,凉飚拂面,盘礴少顷,殊忘鞍马之劳。过江四十里宿和里间寨。

　　盘礴即盘薄,据恃牢固貌,唐白居易《有木诗》:"有木名杜梨,阴森覆丘壑。心蠹已空朽,根深尚盘礴。"(《长庆集》卷二)拂面盘礴,谓凉风紧吹也。

第三十六程自和里间寨九十里至勾孤孛董寨。

　　勾孤孛董寨相当《纪闻》之阿萨铺。(距来流河四十里)考古者谓,今吉林双城县境内石家崴子古城当是金之勾孤孛董寨(见《黑龙江文物丛刊》1981 年第 1 期 32 页《松花江地区 1981 年文物

普查报告》一文）。

自和里间寨东行五里，即有溃堰断堑，

　　按，以上十五字据《大金国志》卷四〇《许奉使行程录》补入。

自北而南，莫知远近，界隔甚明，乃契丹昔与女真两国古界也。界八十里，直至涞流河。

　　涞流河，今拉林河。《纪闻》宾州七十里至报打孛董铺。报打孛董铺四十里至来流河。

　　《行程》宾州混同馆六十里至高平铺，高平铺四十里至同流馆。案：高平铺相当《纪闻》报打孛董铺，本书云古乌舍寨。来流河相当《行程》之同流馆。同流，言来流河之与混同江汇合也。

行终日之内，山无一寸木，地不产泉，人携水以行。岂天地以此限两国也？豹狼互相吞噬，终为强者所并耳。涞流河阔二十余步，以船渡之。五里至勾孤寨。自北以东，散处原隰间，尽女真人，更无异族，无市井，买卖不用钱，惟以物相贸易。

第三十七程自句孤寨七十里至达河寨。

　　考古者谓，今双城县青岭公社万斛古城即金之达河寨故址，见上引《黑龙江文物丛刊》之文。

第三十八程自达河寨四十里至蒲挞寨。

　　《译语》二十日渡混同江，宿报打孛董寨。报打孛董寨即此蒲挞寨也。《纪闻》报打孛董铺在宾州后，来流河前，当依此二书改正。

是日金使前来排办祗候。第三十五程自蒲挞寨五十里至馆。

　　《译语》二十二日抵会宁头铺。上京在望，众情忻然。

行二十里至兀室郎君宅，

兀室郎君，完颜希尹也。《希尹传》(卷七十三)本名谷神。谷神即兀室异译，宋人又译悟室等。兀室郎君宅相当《纪闻》之会宁头铺。

接伴使副具状词，馆伴使副于此相见如接伴礼。虏中每差接伴、馆伴、送伴、客省使，必于女真、渤海、契丹、奚内人物白晰，详缓、能汉语者为之；副使则选汉儿读书者为之。复有中使抚问，赐酒果，赐宴如常仪毕。又行三十里至馆。馆惟茅舍三十余间，墙壁全密，堂室如帘幕，寝榻皆土床，铺厚毡褥及锦绣貂鼠被、大枕头等，以女真兵数十人佩刀执弓矢，守护甚严。去虏廷尚十余里。次日，赐酒果，至晚，阁门使来说议约。翌日赴虏廷朝见。次日馆伴同行可五、七里，一望平原，旷野间有居民数十家，星罗棋布，纷揉错杂，不成伦次，更无城郭里巷，率皆背阴向阳，便于牧放，自在散居。又一、二里，命撤伞云。近阙复北行，百余步有阜宿围绕三、四顷，北高丈余云，皇城是也。至于宿门，就龙台下马，行入宿围。西设毡帐四座，各归帐歇定。客省使副相见就座，酒三行，少顷闻鞭鼓声入歌引三奏乐作。阁门使及祇坐班引入，即捧国书自山棚东入，陈礼物于庭下，传进如仪。赞通拜舞抃蹈讫，使副上殿。女真酋领数十人班于西厢，以次拜讫。近贵人各百余人上殿，以次就坐，余并退。其山棚，左曰桃源洞，右曰紫极洞，中作大牌，题曰翠微宫，高五、七尺，以五色彩间结山石及仙佛龙象之形，杂以松柏枝，以数人能为禽鸣者吟叫山内。木建殿七间甚壮,未结盖,以瓦仰铺及泥补之。以木为鸱吻及屋脊用墨,下铺帷幕,榜额曰"乾元殿",阶高四尺许,阶前土坛方阔数丈,名曰龙墀,两相旋结,架小苇屋,幂以青幕,以坐三节人。殿内以女真兵数十人分两壁立,各持长柄小骨朵以为仪卫。日役数千人兴筑,已架屋数千百间,未就,规模亦甚侈也。虏主所坐若今之讲坐者,施重茵,头裹皂头巾,带后垂,若今之僧伽帽者,玉束带,白皮鞋,薄髯,可三十七、八许。前施朱漆银装镀金几案,果楪以玉,酒器以金,食器以玳瑁,匙箸以象齿。遇食时,数胡人抬舁十数鼎镬致前,杂手旋切割馄饨以进,名曰"御厨宴"。所食物与前叙略同,但差精细而味和耳。食余颁以散三节人。乐如前所叙,但人数多至二百人云,乃旧契丹教坊四部也。每乐作,必以十数人高歌以齐管也,声出众乐之表,此为异尔。酒五行,食毕,各赐袭衣袍带。使副以金,余人以银,谢毕,归馆。次日有中使赐酒果,复赐饩。赐饩以绢帛折充。使副百余匹,余人十余匹。次日诣虏廷赴花宴并如仪。酒三行则乐作,鸣钲击鼓,百戏出场,有大旗狮豹,刀牌矸鼓,踏索上竿,斗跳弄丸,挝簸旗筑毬,角觝、斗鸡、杂剧等,服色鲜明,颇类中朝。又有五、六妇人,涂丹粉艳衣,立于百戏后,各持两镜,高下其手,镜光闪烁,如祠庙所画电母,此为异尔。酒五行,各起就帐,戴色绢花各二十余枝。谢罢复坐,酒三行归馆,次日又有中使赐酒果,复有贵臣就赐宴兼伴射,于馆内庭下设垛。乐作,酒三行,伴射贵臣、馆伴使副、国信使副离席就射三矢,弓弩从便用之,胜负各有差,就赐袭衣鞍马。是日虏人名王、贵臣多微服隐稠人中以观射。次日朝辞如见时,酒食毕,就殿上请国书捧下殿,赐使、副袭衣、物、帛、鞍马,三节人物、帛各有差。拜辞归馆,铺挂彩灯百十余为芙蓉、鹅雁之形,蜡炬十数,杂以弦管为堂上乐,馆伴使、副过位召国信使、副为惜别之会,名曰换衣灯宴。酒三行,各出衣服三数件或币帛交遗,常相聚,惟劝酒食,不敢多言。至此夜,语笑甚款,酒不记巡,以醉为度,皆旧例也。

次日回程起发,至兀室郎君宅,馆伴使、副展状辞,送伴使、副于此相见如仪。有中使抚问、赐酒果如来时。至信州、滦州同此。回程在路,更不再叙。至清州,将出界,送伴使、副夜具酒食以为惜别之会,亦出衣服三数件或币帛交遗,情意甚欢。次早发,行至界内幕次下马,而望我界旗帜、甲马、车舆、帘幕以待,人皆有喜色。少顷乐作,酒五行,上马,复同送伴使、副过我幕次,作乐,酒五行,上马,复送至两界中,彼此使、副回马对立,马上一杯,换所执鞭,以为异日之记。引接展辞状,举鞭揖别,各背马回顾。少顷,进数步,踌躇为不忍别之状,如是者三乃行。虏人情皆悽恻或挥泪,吾人无也。是日行回程,见虏中已转粮发兵接迹而来,移驻南边,而汉儿亦累累详言其将入寇。是时行人旦暮忧虏有质留之患,偶幸生还。既回阙以前有御笔指挥,敢妄言边事者流三千里,罚钱三千贯,不以赦荫减,繇是无敢言者。是秋八月初五日到阙。

王寂《辽东行部志》疏证稿

明昌改元春二月十有二日丙申,

明昌元年岁次庚戌,公元 1190 年。

予以使事出按部封,

寂于明岁撰《鸭江行部志》,其二月丙辰纪事称:予自去岁按
行部,凡辽东府镇郡县,封界之内,靡不至焉。检《金史》卷九《章
宗纪》第一卷大定二十九年六月乙末,初置提刑司,分按九路,并
兼劝农采访事,屯田、镇防诸军皆属焉。又《中州集》卷三党怀英
有《题大理评事王元老双桔堂诗》,元老,寂之字。大理评事,谓其
职掌刑狱也。同集卷二有寂之小传。

僚吏送别于辽阳瑞鹊门之短亭。

瑞鹊,当系辽阳之西门。

是日宿潘州。

即今沈阳市。

**潘州在有唐时,尝为高丽侵据,至高宗命李勣东征,置安
东都护府于平壤城,以领辽东。其后或治故城,**

《新唐书》卷三十九《地理志》三:安东,上都护府。总章元年,
李勣平高丽国,得城百七十六,分其地为都督府九,州四十二,县一
百,置安东都护府于平壤城以统之,用其酋渠为都督、刺史、县令。
上元三年徙辽东郡故城,仪凤二年又徙新城。圣历元年更名安东

都督府，神龙元年复故名。案：辽东故城，谓燕、秦、汉、晋辽东郡所治之襄平城，而辽、金之辽阳城也。蔡松年《明秀集》卷三雨中花词之二《送赵子坚再赴辽阳幕》（子坚名松石，大定府长兴县人，皇统中两为辽阳幕僚）有句云："化鹤城高山蟠，辽海参天，古木苍烟。"魏道明注："《神仙传》：有白鹤集辽东华表柱上，言曰：'有鸟丁令威，去家千年今复归，城郭如故人民非，何不学仙冢累累。'今东京即其地，辽水在京之西南，其宫城即古襄平城。城多古木，阴影苍然如烟也。……"

或治新城，实今之沈州也。

以辽东新城当沈州，它书无此说。《唐书·渤海传》：以挹娄故地为定理府，领定、潘二州。案："潘"乃"沈"之讹。《辽史·地理志》卷二沈州下称："本挹娄国地，渤海建沈州，故县九"，云云。道光殿本考证引《元一统志》：渤海建定理府，都督沈、定二州，所领九县有沈水一县。凡此，皆可证明"潘州"为"沈州"之误；且《一统志》此文，实又《辽志》之依据。

又韩颖《沈州记》云：

唐肃宗时有一韩颖，未悉是《沈州记》撰人之韩颖否？

"新城即沈州"是也。

俗说，新城为今抚顺市城北之高尔山城。今人考辽东地理者，皆不信颖之《记》与寂之《志》，请参阅金毓黻《东北通史》安东都护府一节。

至于唐季，不能勤远，辽东之地为渤海大氏所有，传国十余世。

《金史·世纪》：粟末靺鞨始附高丽，姓大氏。后为渤海，称王，传十余世。

当五代时,契丹与渤海血战数十年,竟灭其国。于是辽东之地,尽入于辽。

《辽史·地理志》卷二:"太祖建国,攻渤海,拔忽汗城,浮其王大谭谅,以为东丹王国,立太子图欲为人皇王以主之。"案:辽灭渤海在天显九年,见《太祖纪》下卷。

予因念经行之路尚隐约有荒墟故垒,皆当时屯兵力战、暴骸流血之地,于今为乐国久矣。吊亡怀古,亦诗人不能忘情也。因赋一诗云:"季唐遭百六,

古谓百六阳九为厄运(一百六岁曰阳九之厄)。

边事失经营。大氏十传世,辽人久弄兵。战场春草瘦,戍垒暮烟平。今日归皇化,居民自乐生。"

丁酉,

十三日。

次望平县。望平本广宁府倚郭山东县也。朝廷以广宁距章义县三百余里,

《金史·地理志》上卷:"沈州章义县,辽旧广州,皇统三年降为县,来属。"元、明、清皆废为驿馆。《读史方舆纪要》卷三十七沈阳中卫下称:"章义城,西南六十里,今为章义站。"案:今地图仍称彰义站。

路当南北之冲,旧无郡邑,乃改山东为望平,治梁鱼务,以适公私之使。

《辽史·地理志》二:显州山东县,本汉望平县。《金史·地理志》上:广宁府广宁县,旧名山东县,大定二十九年更名,有辽世宗显陵。又称:望平县,大定二十九年升梁渔务置。镇二:有梁渔务、山西店。案:辽山东县即金广宁府广宁县,以在医巫间山之东,故

取名"山东"。旧地即今之北镇县。梁渔务,其名甚古《金史·胡十门传》:"子钧空,尝从攻显州,领四谋克,破梁鱼务,功最。"又《世宗纪》上卷:正隆六年十一月己丑(二十一日),如中都,次小辽口。壬辰(二十四日),次梁鱼务。丙申(二十八日),次义州。……考小辽口即太子河与浑河会合处渡口。浑河古称小辽水。《爽传》亦言"与弟可喜俱至中都,迎车驾,至梁鱼务入见世宗"。金世宗自辽阳入中都之路,即宋人使金经行之路,许亢宗、赵彦卫、洪皓诸家所记大致不差,梁鱼务在彰义站以西约一百三十里,东距辽河大口六十里许,"地势卑下","沮洳积水",考古者谓,今黑山县西南、京沈铁路绕阳河车站西南三十里古城子村,当属其地矣。此迁移后之望平县也。参余另著《许亢宗书疏证稿》。

是夕,借宿僧寺。寺中窣堵波,其上有大定二年春显宗御题,下云:"皇子楚王书",即是当时未正春宫之号,

徐乃昌旧藏抄本"当时"作"当是"。

从世宗自辽之燕,于此驻跸时所书也。

显宗即世宗第二子允恭。大定元年十一月乙酉(十七日)封楚王,置官属。十二月从世宗至中都。二年五月壬寅(初六日)始立为皇太子。详《金史》卷十九《世纪补》。

方将瞻拜其下,怀想天日之表,

天日之表,言帝王之仪容。《旧唐书·太宗纪》上卷:"龙凤之姿,天日之表。"

不意已为寺僧埽去,令人艰恨不已。因作诗以纪其事云:"解鞁招提日已西,

鞁,谓套于马颈用以负轭之皮带。解鞁,息马也。招提,寺院别称,本梵语。犹前文梵语窣堵波之谓佛塔。

强将懒脚汗丹梯。深藏舍利无龙护，
高出枝撑野鹤栖。尚忆云章留素壁，

> 《诗·大雅》:"倬彼云汉,为章于天。"郑笺:"云汉之在天,其为文章,譬犹天子为法度于天下。"后世因以帝王笔迹为云章。

岂期俗物扫黄泥。低徊搔首无人会,风树萧萧鸟自啼。"
广宁本东阳罗郡,

> 无闻。

渤海时为显德府。

> 《新唐书·渤海传》:中京曰显德府,领卢、显、铁、汤、荣、兴六州。案:此渤海初期之显德府并其所领之六州也。后乃西南移,而为辽所承袭之显州,治奉先县。金改锺秀县。故址在今北镇县北镇庙。

辽世宗兀欲

> "辽"原作"傫","欲"原作"律",今皆改正。

以其父突欲归中原被害,

> 东丹人皇王耶律倍,小字图欲,亡入后唐,为李从珂遣壮士李彦绅等所害。见《辽史》本传及《通鉴》卷二百七十七及卷二百八十。图欲即突欲。

迎其丧归葬于山之南,改显德曰显州奉先军,以节度使治之,"奉先"者,以山陵在其侧故也。

> 《辽史·地理志》二卷:显州奉先军,上,节度。本渤海显德府地。世宗置,以奉显陵。显陵者,东丹人皇王墓也。人皇王性好读书,不喜射猎,购书数万卷,置医巫闾山绝顶,筑堂曰"望海"。山南去海一百三十里。大同元年,世宗亲护人皇王灵驾归自汴京,以人皇王爱医巫闾山水奇秀,因葬焉。山形掩抱六重,于其中作影

殿,制度宏丽。州在山东南,迁东京三百余户以实之。

戊戌,

十四日。

次广宁,

《金史·地理志》上卷:广宁府,散,下,镇宁军节度使。本辽显州奉先军,汉望平县地,天辅七年升为府,因军名,置节度。天会八年,改军名镇宁。天德二年,隶咸平,后废军,隶东京。泰和末属北京路。又:广宁县,旧名山东县,大定二十九年更名。有辽世宗显陵。案:广宁府治广宁县,而广宁县初名山东县,入元为广宁府路治所,入明改广宁卫,即今之北镇县城。参上文。

以驱驰渴甚,斯须得秋白梨,其色鲜明,如手未触者。予问驿吏,吏曰:"其法,大概候其寒燠而辄易其处,食之,使人胸次洒然,如执热以濯也。"为赋一诗:"医巫珍果惟秋白,经岁色香殊不衰。霜落盘盂比玉卵,

徐本比作"批",义长。

风生齿颊碎冰澌。故侯瓜好真相敌,

用东陵种瓜典故。故侯,召平也。

丞相梅酸谩自欺。

用望梅止渴典故。丞相,曹操也。

向使马卿知此味,莫年消渴不须医。"

马卿,司马相如也。相如常有消渴疾。今人所谓糖尿病是矣。

己亥,

十五日。

以文祭广宁公云:

《金史·礼志》卷七岳镇海渎门:立冬祭北镇医巫闾山于广宁

府,其封爵,并仍唐、宋之旧。明昌间,以沂山道士杨道全请,封医巫闾山为广宁王。案:寂祭山在杨请加封前,故祭文仍"公"之称。元好问《续夷坚志·天赐夫人条》(卷二):"广宁闾山公庙灵应甚著,又其象设狞恶,林木敝映,人白昼入其中皆恐怖毛竖",亦称公不称王。

"伏以医巫闾,维朔之镇山;广宁公,有唐之封爵。

《唐书·地理志》三卷营州柳城县下称:有东北镇医巫闾山祠。《明秀集》卷三念奴娇之四阕《别仲亨》有句云:"我亦疏慵,归计久,欲乞幽闾松雪。"魏道明注:"公始欲卜居闾阳城,故有此句。……医巫闾,幽州之镇山也,在辽西。"

威行千里,血食一方。职司虽异于冥阳,类应不愆于顷刻。某祗服王命,周按部封。雪孤穷无告之冤,去乾没横行之蠹。仰祈英鉴,洞照微衷。期使事之告成,赖神休之阴相。尚飨。"

庚子,

十六日。

予昨晚以簿书少隙,携香楮酒茗致奠于广宁神祠,且讶其栋宇庳陋,旁风上雨,无复有补完者。予谓赞者曰:"医巫闾,天下之名山也;况其神位置尊显,而此邦之人独不加敬,何也?"

《中州集》卷一蔡珪有《医巫闾山诗》:"幽州北镇高且雄,倚天万仞蟠天东。"又云:"崩崖暗谷森云树,萧寺门横入山路。"珪,松年子。另有《闾山诗》,亦有名。

赞者曰:"人非不敬,以其神不妄作威福,故视之平平耳。"
予笑曰:"淫祠袄鬼厌饫血食,而兹神顾乃如此,因赋长韵，以发其不平之气云："千古广宁庙，□楣傍旧题。"

"楣"上所阙，当是"门"字。

名乘中祀典，秩赐上公圭。百鬼舆台贱，群山部伍低。地封连蓟北，天遣镇辽西。桧影森旌节，松声殷鼓鼙。雕梁通蜴蜥，画栋落虹蜺。像古虫书薛，庭卑蚓篆泥。垂杨空袅袅，蔓草自萋萋。香火何尝到，牲醪不见携。觋巫俱埽迹，樵牧漫成蹊。物理多徼幸，人情固执迷。城狐炉鹊尾，社鼠按豚蹄。

城狐、社鼠用《晋书·谢鲲传》典故，譬喻仗势作恶之人。

居士争求福，彭郎为娶妻。

苏轼《李思训画长江绝岛图诗》："小姑前年嫁彭郎。"

吾生多坎轲，末路易推挤。白玉虽云洁，青蝇奈何栖。

青蝇用《诗·小雅》"营营青蝇止于樊"之句，以喻小人。陈子昂《宴胡楚真禁所诗》："青蝇一相点，白璧遂成冤。"与寂诗此二句相近。

人言何恤是，神鉴自昭兮。扼腕声悲壮，垂头气惨凄。虺隤伏枥马，

曹操《步出夏门行》："老骥伏枥，志在千里。"

进退触藩羝。

《易·大壮》："羝羊触藩，羸其角。"郭璞《游仙诗》之一："进则保龙见，退为触藩羝。"喻进退两难，所至碰壁。

苟不登槐府，

槐府，谓槐棘，即三槐九棘，槐省棘署，喻三公九卿之位。

何如钓柳溪。乞骸谋已决，掣肘事仍睽。仰视威灵在，潜

通肸蠁齐。

肸蠁，出司马相如《上林赋》与刘歆《甘泉宫赋》，谓声与气之散布，弥漫。杜甫《朝献太清宫赋》："若肸蠁而有凭，肃风飚而乍起。"

迟迟归未得，残日乱鸦啼。"

辛丑，

十七日。

夜久不寐，步月中庭，偶得一绝句云："晚来泼火雨犹寒，

"雨"原误"两"。旧俗寒食禁火，其时下雨称泼火雨。白居易《洛阳寒日作诗》："蹴毬尘不起，泼火雨新晴。"《王建宫诗》之五十七："东风泼火雨新休，舁尽春泥扫雪沟。"

卷尽纤云转玉盘。

玉盘，行容团圆之月。李白《古朗月行》："小时不识月，呼作白玉盘。"苏轼《阳关诗·中秋月》："暮雨收尽溢清寒，银汉无声转玉盘。"

想见梨花深院落，秋千影里数归鞍。"

壬寅，

十八日。

得故人王继昌子伋书，

父子皆无可考。

为乃父乞哀词。予以埋没簿书，殊无好怀，漫赋二诗寄之："天上玉楼应断手，

此用上天召李贺作白玉楼记典故。玉楼，仙人住处。

便骑箕尾去堂堂。

《庄子·大宗师》：傅说乘东维，骑箕尾而比于列星。后人据

此以喻国家重臣之死亡。

梦回失大槐安国，

此用李公佐《南柯太守传奇》槐安梦故事。

事往堕无何有乡。

无何有之乡，见《庄子·逍遥游》及《列御寇》。卢僎《奉和李令扈从温泉宫赐诗》："乡入无何有，时还上古初。"

命也使然濡末路，天哉或者付名郎。

名郎，谓伋也。

旧游磨灭今余几？横涕无从酹一觞。""吾家碧树忽先摧，已矣谁能赋《七哀》。石椁正逢王果堕，玉棺独召子乔来。

子乔，仙人王子乔也。

山巅鹤去那容挽，床上琴亡更不开。想到灵芝梦游处，更无长乐晓钟摧。"

灵芝，瑞草。长乐，宫殿名。

癸卯，

十九日。

是日得《海山文集》，乃辽司空大师居觉华岛海云寺时所制也。故目其集曰"海山"。

天庆二年《释迦定光二佛舍利塔记》作者慧材，自称"狼山冗学，龙苑庸夫"。龙苑，即海云寺别称龙宫寺之雅号。办塔主，又即觉华岛海云寺业律沙门志全也。

师姓郎，名思孝，蚤年举进士第，更历郡县。一日厌弃尘俗，祝发披缁；已而行业超绝，名动天下。当辽兴宗时，尊崇佛教，自国主以下，亲王贵主皆师事之，尝赐大师号，曰崇禄大夫、守司空、辅国大师。

乾统八年沙门即满撰《妙行大师行状碑》，称"越妙年，遇海山司空、辅国大师赴阙，因得参觐。及蒙训教，深厌尘俗，……遂依司空为师"。近于1974年山西应县木塔出守臻集《略示戒相仪》、思孝集《毗奈耶藏近事优婆塞五戒本》等合装卷子，其思孝题衔为"觉华岛海云寺守司空辅国大师赐紫沙门孝思"。"孝思"或是而"思孝"疑误。

凡上章名而不臣。兴宗每万机之暇，与师对榻，以师不肯作诗，先以诗挑之曰："为避绮吟不肯吟，既吟何必昧真心，吾师如此过形外，弟子争能识浅深。"师和之曰："为愧荒疏不敢吟，不吟恐忤帝王心。本吟出世不吟意，以此来批见过深。""天子天才已善吟，那堪二相更同心。直饶万国犹难敌，一智宁当三智深。"二相，谓杜令公、刘侍中也。

杜谓杜防，刘谓六符，《辽史》卷八十六各有传。寿昌三年《贾师训墓志》："丞相杜中令，驸马、侍中刘公召见之。"乾统元年《悟空大德发塔记》：兴宗、道宗朝宰相守大尉、侍中刘公讳六符。据本传，重熙十三年杜防拜南府宰相。

后遇天安节，

《辽史·道宗纪》一卷清宁元年十月丁亥，"有司请以帝生日为天安节，从之"。

师题《松鹤图》上进云："千载鹤栖万岁松，霜翎一点碧枝中。四时有变此无变，愿与吾皇圣寿同。"师自重熙十七年离去海岛，

谓觉华岛。《三朝北盟会编》卷二十《许亢宗奉使行程录》："第十八程自来州八十里至海云寺。离来州三十里即行海东岸，俯挹沧溟，与天同碧，穷极目力，不知所际。寺去海半里许。寺后有温泉二池。望海东有一大岛,楼殿宰堵波在,上有龙宫寺,见安僧十数人。"《青官译语》:二十九日至来州。三十日抵海云寺。五月一日入寺驻马。初二日王(案:建安王赵模)令驻尖一日,共温泉。《陷虏记》卷四:海云寺在滦州北、锦州南,有温泉二池,大均及亩,各由隔室以入,一行人久未净身,因浴于此。洪皓《松漠纪闻》:桃花岛四十里至杨家店,五十里至隰州,四十里至石家店,四十里至来州。洪所记,乃自北而南之方向,故与许书及成棣等所言相反。寂别有《觉华岛诗并小引》,云:"予自少时,即闻辽东觉华岛为人间佳绝处。凡道经海上,未尝不驻鞍极望,久不能去;第简书有期,不得一到为恨。大定乙未(即大定十五年,公元1175年)之秋仲月十有四日,予自白霫审理冤狱归,投宿龙宫下院,谋诸老宿,期一往焉。老宿曰:'今秋风劲,波浪汹涌,虽柂工篙师往来其间,亦不免缩颈汗背,当俟隆冬冰合,如履平地,然后可著鞭矣。'予竟不听。明日登舟,行未几半,风涛掀簸,舟人为之色变,于是收帆弭楫,维石于北渡。予叹曰:'此而不济,则命也。乃割牲酾洒,投是诗以祷之,遂复鼓枻以进。已而风停浪静,天水湛然,极目万里,恍然如坐大圆镜中,指顾之间,已登彼岸。舟僧询大德者谓余曰:'正直动山鬼,诗句起蛰龙者,信不诬矣。'予笑曰:'如二公者,千古仰之,犹太山北斗,岂庸人末士,所可拟哉!是必怜其勤而报以诚也。不然,则刘昆所谓反风灭火,蝗不入境者,皆偶然耳。'虽然,此一段奇,亦不可不纪也。"(诗不录)又《留题觉华岛龙宫寺诗》,有句云:"平生点检江山好,只有龙宫觉华岛。何年经创作者谁?兴圣帝师孤竹老。老人绝俗栖金沙,岁久喜舍来天家。悬崖架壑置佛屋,突兀殿阁凌烟霞。"(原校:一作"开明霞")孤竹老谓海山大师,为兴圣帝师,而兴圣帝者,兴宗神圣孝章皇帝也。《金史·地理志上》:北京路兴中府兴城县下称:有桃花岛。赵秉文

《滏水集》卷六有《桃花岛回寄王伯宜诗》(《中州集》卷三,亦收此诗,"宜"作"直"),诗有"岛寺明松雪"之句,岛寺者,桃花岛与龙宫寺也。《辽东志一》宁远卫下,有桃花岛,在海岸,城东十五里。登、莱海运船湾泊于此。广宁前屯卫下,亦云有桃花岛,在城西南七百里。海州卫下,复云有桃花岛,在城西北一百二十里。其实,三处一岛也。桃花岛即觉华岛。海云寺、龙宫寺,《中州集》卷二《李宴小传》,称作间山寺。

住持缙云山,

　　寿昌元年郑□撰《添修缙阳寺功德石记》:缙阳寺者,古之禅房院也。光启二年,为创置之始,虽年代浸远而壮丽(下阙)我大辽国先朝圣宗皇帝,初以銮舆南幸,驻跸于此(中略)。兴宗皇帝偶因巡幸,事亦稽先。太平间赐号曰缙阳,盖其形胜崇丽(下阙)名与实相副矣。次至今上睿孝皇帝于清宁年。碑在今延庆州,见《辽文存》卷四。又谢庭珪撰《隆庆州志》:缙阳山,永宁县城北十三里,一名龙安山。又曰:缙阳观在缙阳山,辽时所建,今山头仙坛溪边,钓迹犹存。案:缙阳山即缙云山,缙阳寺者,以在缙阳山而得名焉。

兴宗时,特遣阁门张世英赍御书并赐香与磨丝等物,书云:"冬寒,司空大师法候安乐。比及来冬,差人请去,幸望不赐违阻。"末云:"方属祁寒,顺时善加保摄。"

　　原作"善保加摄",据徐本改。

详其始终,问讯礼如平交。非当时道行有大过人者,安能使时君推慕如此。然亦千载一遇,岂偶然哉!

甲辰,

　　二十日。

次闾阳新县。闾阳，辽时乾州也。承天皇太后葬景宗于先茔陵之东南，建城曰乾州，取其陵在西北隅，故以名焉。本朝以其县去广宁府五里，降州为县。

《地理志上》："广宁府闾阳县，辽乾州广德军，以奉乾陵，故名奉陵县。天会八年废州，更名，来属，有陵河，有辽景宗乾陵。"案：《武经总要》但称"乾州在医巫闾山之南"。《许亢宗行程录》称"离显州七里，别建乾州，以奉陵寝"。《元一统志》称七里乃乾州在广宁府西南方向。（此处误在将辽之显州与金之广宁府等同。辽显州治奉先县，即今北镇西南五里之北镇庙，而金广宁府乃辽山东县，方为今北镇县城。）"基址颓然"。《宋会要辑稿·蕃夷一》页四十一下至四十二上，谓契丹主（即辽圣宗）葬其母（即承天皇太后）于显州北二十五里（李焘《续资治通鉴长编》卷七十三页十五下作"二十里"，略异。）承天后必与景宗合葬，换言之，谓乾陵约在显州即今北镇庙北二十五里（或二十里）之地。1967 年北镇县修战备医院，于医巫闾山中富屯公社龙岗大队掘出耶律宗政、宗允兄弟并宗政妻秦晋国妃墓志铭各一方，均言附葬乾陵。是龙岗即乾陵所在也。宗政、宗允之父即秦晋国王隆庆，乃景宗之子而圣宗之弟，国妃必依契丹俗，先嫁隆庆而后嫁宗政也。综核以上数事，知辽之乾州及其附郭奉陵县与金初之闾阳县，约在今北镇县城西南十二里之观音洞附近。闾阳，以其在医巫闾山之阳而取名焉。

去岁又以县非驿路，移东南六十里旧南川寨为县治。

"川"原误"州"，据晨、徐二本改。《金史·地理志上》闾阳县有北川寨，"北"非"南"之误，则北南乃相对之辞。"东南"应为"西南"之讹。《辽东志·古迹门》："闾阳城在广宁城西南五十五里，（中略）本朝置驿。"又驿传门："闾阳驿，广宁城南五十里，千户潘英重修。"《盛京通志·城池志》（卷三十）："间阳驿城在广宁西南五十里,金时县治,明时置驿于此。"明之间阳驿,实今之间阳驿村。是移置于旧南川寨之间阳新县,即今间阳驿村也。

居民萧条,亦无传舍,寄宿于僧寺。主僧老且瘁,谓予曰："渊唯识令主致再四意。渊公初游海山,其后驻锡辽西,住六和寺,前三日复经于此,再宿乃去,且留弃襦,以示其信;予视之,果然。渊公者,盖子祖父之孽子也。早年祝发,听天亲、马鸣大论几三十年,

> 谓天亲,马鸣二菩萨。天亲即世亲。

所往,携钞疏不下两牛腰,

> 李白诗："书秃千兔笔,诗载两牛腰。"

一日,顿悟向上路,遂语诸僧友曰："佛法无多子,元不在言语文字。"乃以平生所业,束置高阁,自是遍历丛林,求正法眼藏又数十年,

> 佛家指至高无外之真谛妙论,为正法眼藏。

今已罢参矣,但不得一见为恨。乃作诗以为他时夜话张本云："了却三根橼下事",

一瓶一钵阅东州。

> 瓶钵,僧人食具,瓶盛水,钵盛饭。范缜《神灭论》："拾逢掖,袭横衣,废俎豆,列瓶钵。"唐姚合《寄无可上人诗》："终须执瓶钵,相逐入斗头"。唐贯休诗："一瓶一钵垂垂老。"东州,用《后汉书·陈俊传》之故典。

逻斋生厌树生耳,

> 生辰忌日设斋谓之逻斋。范成大诗："幸有于门香积供,不如随喜去逻斋。"树生耳,用《传法正宗记》故事。耳,耳菌也。

罢讲似嫌石点头。

　　道生法师讲《涅槃经》，顽石皆为点头。

起灭无波真古井，

　　古井无波以喻人心之寂然不动。孟郊《列女操》："妾心古井
水，波澜誓不起。"白居易《赠元稹诗》："无波古井水，有节秋竹
竿。"

往来触物信虚舟。

　　虚舟，典出《庄子·山本篇》。《晋书·谢安传》："太保沈浮，
旷若虚舟。"喻胸襟开阔，坦荡无碍。

门人定喜归期近，松已回枝水复流。"

乙巳，

　　二十一日。

次同昌。旧名成州长庆军节度使。始建于辽，圣宗女晋
国公主黏米以从嫁户置城郭市肆，

　　"米"原误"术"，据晨、徐二本改。《辽史·地理志三》："中京
道大定府成州兴府军，节度。晋国长公主以媵户置，军名长庆，隶
上京，复改军名。统县一：同昌县。"《金史·地理志上》：北京路大
定府同昌县，辽成州兴府军故名。国初隶川州，大定六年罢川州，
隶懿州。承安二年复隶川州。泰和四年来属。案：黏米即圣宗第
二女而钦哀皇后所出之长公主岩母董也。开泰七年封魏国公主，
进封秦国长公主，改封秦晋国长公主。清宁初，加封大长公主。下
嫁萧啜不。改适萧海里，不谐，离之。又适萧胡睹，复不谐，再离
之，乃适韩国王萧惠。《辽史·地理志一》头下军州项下，重出成
州长庆军之名，亦谓圣宗女晋国长公主以媵户置。晋国长公主即
秦晋国长公主之略。然《圣宗纪七》太平元年三月庚子："驸马都

尉萧绍业建私城,赐名睦州,军曰长庆。"可见,成州别名睦州也。
萧绍业,又见《圣宗纪八》太平六年十月庚寅,以驸马萧绍业为平
章政事。是萧绍业即萧啜不也,又作萧钮不。同纪同七年七月庚
子,有诏谕驸马萧钮不、公主黏米衮之文。黏米又岩母堇之异译。
萧钮不,圣宗仁德皇后之弟,更曰萧钮不里。见《兴宗纪一》太平
十一年六月辛丑、十月癸未两日,或曰萧泥卜,见《刑法志下》、《圣
宗仁德皇后》及《钦哀皇后》两传、《萧孝先传》、《萧匹敌传》。成
州及其附郭同昌县,为今阜新县西北五十里红帽子村古城遗址。
《阜新县志·地理志·古迹门》(卷二)作如是说,可信也。该县二
区勿蓝心村西北五十里,昔年发现辽尚书冯见可墓,墓志称:大康
八年正月二十七日葬于成州南之昌义里公之茔地。勿兰心村在红
帽子城村西南。二村以驿马吐河相隔而邻接。可见县志之言为不
诬。

故世传"公主成州"者是也。

《辽东志一》广宁右屯卫有成州。原注:"按《方舆胜览》有公
主成州之名。"又古迹门:"公主寨,右屯卫城南,世传其名,世系、
姓氏未详。旧址即今卫治。"案:公主寨即公主成州。《方舆纪要》
之说,当本之《行部志》。

是夕,假宿于南城之萧寺。屋壁间作山水四幅,初疑其真,

"初"字从晨本、徐本补。

即而视之,乃粉墨图染,勒画而成者,因作二颂遗主僧智坦,他日遇明眼人,当出示之。"画真犹是妄,何况画非真。正做梦说梦,知是身非身。幻出丹青手,今人一念差。如观第二月,犹见空中花。

空中花，比喻妄念。《圆觉经》："譬彼病目，见空中华及第二月。"又："此无名者，非实有体，如梦中人，梦时非无，及至于醒，了无所得，如众空华，灭于虚空，不可言说。"萧统《讲解将军赋三十韵诗》："意树登空花，心莲吐轻馥。"

丙午，

二十二日。

次宜民县，宿福严院。宜民旧号川州长宁军，节度使；或谓白川州，故至今地名白川。本朝天会间，改川州刺史，其后遭契丹之乱，

指正隆末、大定初移剌窝斡举兵抗命之事。

残灭几尽，由是复降为县。

《辽志三》中京大定府川州长宁军，中，节度。本唐青山州也。太祖弟明王安端置。会同三年，诏为白川州。安端子察割以大逆诛，没入，省曰川州。统县三：弘理县，统和八年以诸宫提辖司户置；咸康县；宜民县，统和中置。（辽初有两川州，一即白川州，治咸康县，另一为北白川州，治宜民县。）《金志上》：北京路兴中府宜民县，辽川州长宁军，会同中尝名白川州，天禄五年去"白"字。国初因之，与同昌县皆隶焉。大定六年，降为宜民县，隶懿州。承安二年，复置川州，改徽川寨为徽川县，为懿州支郡。泰和四年，罢州及徽川县，来属。镇一：咸康，辽县也，国初废为镇。案：今北票东北黑城子村，有其遗迹。该村北八里，尚有元至正五年《川州重修东岳庙碑铭》，儒学正徐潜撰文，医学正张质书丹，碑阴有川州达鲁花赤帖木儿及建平县典史某等之题名。金之白川州，乃辽北川州，元废宜民县，但存川州而已。红帽子村同昌废城遗址附近出土《金同昌县里堠碑》："西至宜民县界百四十里。"

予行宜民道中。是日熟食节，

　　即寒食界。

山林间，居民携妻孥上塚，往来如织，撩人归思，殊无聊赖。又念壮岁献赋上都，尝出此途，

　　上都，上京会宁府也。

今四十年矣。虽山川依然，而苍颜华发，殆非昔日，感今怀旧，漫作诗以自遣云："踪迹年来遍朔南，消磨髀肉困征骖。居民胜日一百五，

　　冬至至寒食共一百零五天，因目寒食日为"一百五"。

倦客流年六十三。

　　逆推之，寂生于金太宗天会六年戊申，即公元1128年。

水性依然人自老，树围如此我何堪？

　　《世说新语·言语篇》："桓温北伐，经金城，见前为琅邪时所种柳皆已十围，慨然曰：'木犹如此，人何以堪。'攀枝执条，泫然流泪。"（《晋书》本传同）

瓶无储粟犹归去，待有良田已是贪。"

丁未，

　　二十三日。

饭罢，寺僧出示画十六罗汉像，予观其笔意高远，殆非寻常画师所能到。视其背，有跋云："熙宁二年九月，入内高班张俊送到罗汉十六轴。"又旁有小帖子云："待诏侯余庆等再定及第一品。"审知宋朝之旧物，非兵火流落，安得至于此耶？

　　所谓兵火流落，盖金兵南下掳携而至者。

戊申，

二十四日。

次胡土虎寨。胡土虎,汉语浑河也。

胡土虎寨,即胡土虎猛安所在之寨。《金史》石抹仲温(卷百三)、奥屯忠孝(卷百四)、石抹元(卷百二十八)三传皆言:懿州胡土虎猛安人。此浑河,殆谓饶阳河无疑。《太祖纪》天辅四年三月辛酉"令闍母以余兵来会于浑河"。五月甲辰"次浑河西,使宗雄先趋上京,遣降者马乙持诏谕城中"(上京谓辽上京,城即辽上京城)。七年八月乙未"次浑河北"(此自西向东,为返上京——金上京又所必经之地)。

水边野寺,旧无名额,殿宇寮舍,虽非壮丽,然萧洒可爱,因留诗壁间云:"断桥环曲水,萧寺枕横坡。佛壁书蜗篆,僧窗网雀罗。天高延月久,地润得春多。粥饭催行李,驱驰奈老何。"

己酉,

二十五日

行约四十里,

徐本"行约"作"约行"。

过小兰若,曰建福,临洮总管萧卞之祖所创也。

萧卞即石抹卞,《金史》卷九十一有传。卞本名阿鲁古列,五代祖王五,辽驸马都尉。父五斤,为群牧使。传称:卞徙临洮尹,卒官,年六十三。

其上有浮图,高出于两峰间,望之巍然玉立可爱,马上口占一绝云:

徐本"绝"下有"句"字。

林野初疑盘野鹤，岩巅俄喜见枝撑。地偏绝胜临平路，闲
与行人管送迎。是日宿懿州宝严寺。

寂有题懿州宝严寺壁雨竹绝句："宁为强项侯，不作折腰吏。
羞对桃李颜，伤春泣红泪。"（《拙轩集》卷三）

懿州，宁昌军节度使，古辽西郡柳城之域，辽圣宗女燕国
长公主初古所建。公主纳国舅萧孝惠，以从嫁户置立城
市，

"立"原作亦作"市"，从徐本改。

遂为州焉。旧名广顺军。

《辽志》二："懿州，宁昌军，节度。太平三年，越国公主以媵臣
户置。初曰庆懿军，更曰广顺军，隶上京。清宁七年，宣懿皇后进
入，改今名。统县二：宁昌县，本平阳县；顺安县。"同志一头下军
州项下重出懿州广顺军之名。称燕国长公主建，与寂书合。即圣
宗第三女，而钦哀皇后所生次女槊古也。《公主表》称："封越国公
主，进封晋国。景福初，封晋蜀国长公主。清宁初，加大长公主。
下嫁萧孝忠。"孝忠，《辽史》卷八十一有传，传称："开泰中，补祗候
郎君，尚越国公主，拜附马都尉。"可知寂书之萧孝惠，乃萧孝忠之
误。《金志》上：懿州，下宁昌军节度使。辽尝更军名庆懿，又为广
顺，后更今名。金因之，隶咸平府，泰和末来属。县二：（原注：天
会六年罢川州。以宜民、同昌二县来属。承安二年后以二县隶川
州。泰和四年，罢川州，以宜民隶兴中，同昌隶义州。）顺安；灵山。
（原注："本渤海灵峰县地。"）又，《遗山文集》卷二十顺安县令赵
公墓碑"秩满，迁懿州顺安令，挈家北赴，过广宁，爱其山水清夷，
且去瓜时尚早也，姑留寓焉，不幸遘疾，以泰和四年十二月之八日，
春秋四十有七，终于寓舍"。赵名雄飞。案：辽懿州治宁昌县，入

元,改称亳州。辑本《元一统志》云:亳州本辽时懿州。皇统三年,省入顺安。后复置。国朝初因之,至元六年,省入顺安县。金懿州乃治顺安县,遗址在今阜新县东北八十里、饶阳河西岸之塔营子村,此地旧有元顺帝元统二年懿州城南学田记碑石出土,可证也,而辽懿州及其附郭宁昌县,亦即元之亳州,则当在塔营子村以北二十里饶阳河南岸满汉营子一带。参伪满时贾如谊修阜新县志,及《考古通讯》一九五八年一期八十二至八十七页刘谦、许道龄二氏,关于懿州故址之讨论。

庚戌,

　　二十六日。

移宿于返照庵。是庵,盖僧介殊之故居也。予尝两过宁昌皆宿于此,故北轩有予自平州别驾审刑北道假宿宝严诗,

　　诗,原作"时",从徐本改。

北轩杂花烂熳,所恨主僧行脚未归,

　　行脚,谓僧道周游各地。

不得款接晤语,为留三绝句,且图他日重来,不为生客。实大定甲午暮春二十有二日也。

　　即大定十四年三月二十二日,公元 1174 年 4 月 31 日。

"塞路飞沙没马黄,解鞍投宿赞公房。主人何事归来晚,满院落花春草长。""桃李山僧手自栽,不应容易向人开。绿苔满院重门锁,为问东风底处来。""树头树底花开尽,摆撼春风略不停。耐久何如种松竹,岁寒相对眼终青。"

大定丁酉,

　　即大定十七年,公元 1177 年。

予贰漕辽东，以朝命按治冤狱，复寓于此。是时始识殊公，过从者连日，临分，殊乞言甚恳，因用前韵，是岁四月十二日也。"杏子青青小未黄，绿阴如染可禅房。腹摇鼻息平生足，更觉空门兴味长。""僧者道机元自熟，楞严尘掩不须开。拥炉谛听谈无上，天雨花随麈尾来。"

法华经譬喻品："诸天妓乐，百千万种，于虚空中一时俱作，雨诸天花。"

"枕簟清和消永日，

原作"日永"，据徐本改。永日，尽日，消磨整天时间。

轩窗明快喜风停。道人不扫阶前地，爱惜莓苔一径青。"明昌改元之三月，予又以使事按部经此。

本书自称明昌改元二月十有二日丙申，出按部封，至此庚戌二十六日，不足一月，"三月"疑误。

自甲午抵今，凡十有七年。虽屋宇依然，而主僧示灭久矣。

主僧，谓介殊也。

北轩花木芜废殆尽，感念存亡，令人气塞，遂复用前韵，此与刘梦得三过玄都观留诗况味，殆相似焉。"梁上遗经古硬黄，前身僧永后僧房。

僧永，隋僧智永也。王羲之后裔，亦以善书著称。硬黄，临帖作字之硬黄纸。

葛洪泽畔中秋月，此夕相逢话更长。""秾李夭桃满院栽，当年留宿正花开。而今树老僧行上，前度刘郎又独来。""露电浮生何足恃，风灯短景若为停。

"露电",佛家语,朝露晞晞,闪电疾逝,以喻生命短促。风灯,风中灯,亦佛家语,以喻世事无常。

却寻旧日经营处,扑地杨花叶已青。

辛亥,

二十七日。

僧上首性润邀予啜茶于东轩。壁间有张谭王乐之皇统乙丑岁游山诗碑,

张通古字乐之,易州易县人。天德初,进拜平章政事,封谭王。正隆元年以司徒致仕,薨,年六十九。《金史》卷八十三有传。皇统乙丑岁,皇统五年也。

中有游辋川问山神诗云:"古栈松溪曲绕岩,

徐本"岩"作"崖"。

乱山随步翠屏开。不知摩诘幽栖后,更有何人曾到来?"代山神答诗云:"好山好水人谁赏?古道荆榛郁不开。一自施僧为寺后,而今再见右丞来。"按公自序云:"顷在阙下,阅摩诘所画辋川图,爱其山水幽深,恐非人世所有,疑当时少加增饰。暨奉命来长安,暇日与都运刘彦谦、总判李愿良同游此川,将次兰田望玉山,已觉气象清绝,自川口至鹿苑寺,左右峰峦重复,泉石清润,花草蒙茸,锦绣夺目,与夫浮空积翠之气,上下混然,宛如在碧壶中,虽顾陆复生,

顾,顾恺之;陆,陆探微。

不可状其万一,方知昔之所见图本,乃当时草草寓意耳。"

唐朱景玄《唐朝名画录》著录入妙品上。

时公方为行台尚书右丞，

　　通古，天德初迁行台右丞。

以王摩诘亦唐之右丞也，故尾句及之。又鹿苑诗云："前
旌临辋水，

　　前旌，帝王官吏出行时仪仗中前行之旗帜。孟浩然送韩使君
除洪府都督诗："衣冠列祖道，耆旧拥前旌。"又作前饰。

一雨霁兰关。"予戏谓坐客曰："前旌之说，大似松下喝
道。"至其次云："怒浪平欺石，晴云犹恋山。"予曰："赖有
此耳。"坐上为之绝倒。然观其游高冠古诗中，有："人间
无此景，树下悟前生"之句。平淡浑成，意趣高远。向使
生晋、唐间必当升陶彭泽之堂，入韦苏州之室矣。盖公胸
次自有一丘一壑，故信口肆笔，绝无俗语。

　　《辽文存》尚有通古灵壁寺诗，《金诗纪事》卷四转载。

自公仙去，于今三十年，

　　本传称：通古卒于正隆元年。三十年者，计总数耳。

未尝见如此人物，纵有，亦未易识也，悲夫！

壬子，

　　二十八日。

饭素于经阁，座有老衲悟公，出示法书数幅，皆古铭文。
《衣铭》曰："桑蚕苦，女工难，得新捐旧后必寒。"《几铭》
曰："安无忘危，存无忘亡，熟惟二者，后必无殃。"《杖铭》
曰："辅人无苟，扶人无容。"又《杖铭》曰："身之疲杖以扶
之；国之危贤以图之。"《觞铭》曰："乐极则悲，沉湎致非，
社稷为危。"《镜铭》曰："以镜自照者见形容，

"镜"原作"铭",据徐本改。

以人自照者见吉凶。"《栉铭》曰:"人之有发,旦旦思理,有身兮、有心兮,胡不如是。"《枕铭》曰:"或枕或欹,有安有危,勿邪其思。"凡此七铭,皆人之服食器用,旦夕不可阙者,求其源,盖出汤之盘铭,使行住坐卧,见之愀然不敢懈惰,岂小补哉! 故并录之,亦将以自警耳。

癸丑,

二十九日。

饭罢,登阁,上有炽圣佛坛。

四壁画二十八宿,皆辽待诏田承制笔。田是时最为名手,非近世画工所能及。予以九曜坛像设残缺,乃尽索行囊中,得十千,付寺僧溥公,令补完之。徘徊登览,顾谓溥公曰:"此寺额宝严,人复呼为药师院者何故?"溥曰:"尝闻老宿相传此辽药师公主之旧宅也。其后施宅为寺,人犹以公主之名呼之。今佛屋,昔之正寝也;经阁,昔之梳洗楼也。感其事而作一诗:"富贵刹那顷,兴亡瞬息中。当年秦女第,

据此,知药师公主乃秦国王之女。

浩劫梵王宫。

梵王宫本指梵天宫殿,后乃泛指佛寺。苏轼金门寺中见李留台与二钱唱和四绝句戏用其韵跋之之三:"一纸清诗吊兴废,尘埃另落梵王宫。"

翠阁铅华歇,朱门锦绣空。给园与祇树,

给园、祇树,即祇树给孤独园。后亦泛指佛寺。

千古共高风。"

甲寅，

> 三十日。

僧溥公出示故人王平仲所集《和蒙求》，始末皆用旧韵，至于对属事类，亲切不减前书。

> 前书，谓《蒙求》也。《蒙求》，唐李瀚所撰，李华作序，李良荐之于朝。盖当时及后世甚重之。孩幼入学，人挟此册，少长则遂讲授之。错综经史随便训释，童子固多弘益，而老成颇觉起予，故续作者不一其人。

其弟乞予为序，将锓木行世，予辞以不能，亦且不暇，将俟他日。

平仲才学俱优，卒不为世用，而遂与草木共尽，惜哉！

> 辑本《拙轩集》卷二有《送王平仲二首》律诗："潦倒少矍铄！曜僧余愚遇。半面便健羡，无渠吾胡娱。补手久不偶，铺书如枯林。索莫各作恶，呼车姑须叟。""放浪囊肮脏，囊装将长扬。偃蹇晚倦献，徜徉藏光芒。著雨苦龃龉，苍茫荒羊扬。黯惨厌渐险，彷徨伤王阳。"

乙卯，

> 三月初一日。

观银字藏经，上题云："高丽王王尧发心敬造。大晋开运三年丙午二月日。"又大般若波罗密多经一部，卷首云："菩萨戒弟子高丽国王王昭以我国光德四年岁在壬子秋，敬写此经一部。意者，昭谬将冲幼，获嗣宗祧，机务即繁，安危所系。是以每倾心于天佛，因勤恪以祈求，

> 勤恪，原误"恪"为"格"。徐本作"勤力"。

所感必通，事无不遂，故欲报酬恩德，辄有此愿。谨记。"
予按宣和六年徐兢撰进《高丽图经》，首著高丽王王氏宗
系云："王氏之先，盖高丽大族，当高丽政衰，国人以王建
贤，共立为君长。时后唐长兴三年也。请命于明宗，封高
丽国王。石晋开运二年，建卒，子武立。乾祐末武卒，子
昭立。自昭而下，凡十一传至于尧。尧之袭封岁月，虽不
可考，以其父运立于赵宋神宗元丰六年。运立四年卒，子
尧立。即是尧立于哲宗元祐二年也。今银字经却云："大
晋开运三年丙午，高丽王王尧发心敬造。"以予考之，尧即
建之十三代孙，既建卒于开运二年，

> "既"原作即，从徐本改。

岂有尧造于开运三年耶？断无是理。况尧父名运，虽高
丽用中原正朔，在本国亦当回避，此必妄耳。昭之所书经
云："以本国光德四年岁在壬子秋，敬写此经。"据图所载，

> "图"下当脱"经"字，谓徐兢书也。

昭之父武卒于乾祐末。按五代史，刘知远即位之明年，改
元乾祐，终于三年而已。即云武卒于乾祐末，是必乾祐三
年也。计昭之嗣立，

> 徐本"立"作"位"。

当契丹嗣圣灭石晋之后，

> 契丹嗣圣皇帝，辽太宗也。

终刘汉之世，昭未尝朝贡，至郭周广顺二年，昭方遣广评
侍郎徐逢来。今经之跋文云："以我本国光德四年。"

> "本"字义犯重复。前文"国"上亦无"本"字。

既当时高丽未臣中国,宜止用本国年号也,然光德年号,
当更考于他书,则真赝可知矣。

丙辰,

初二日。

宝严僧上首溥公出示墨竹四幅,且求诗焉。

徐本"诗"作"颂"。

余以纷纭簿领中草草作此,云:"横枝出丛林,独得回光
照。

《景德传灯录》义能禅师传:"师曰:'方便呼为佛,回光返照,
看身心是何物'。"喻没落前光景。

慎勿作长竿,寒鱼不受钓。"右《弄晴》。"法雨渍云梢,

法雨,佛家谓佛法普及众生,如雨之润泽万物。谢灵运庐山慧
远法师诔:"仰弘如来,宣扬法语。"

点点甘露滴。舌本自清凉,西江不须吸。"右《洗雨》。"风
过即安闲,风来即招飐。

飐,风吹以动物。

青青自真如,

成唯识论:"勿谓虐幻,故说为真。理非妄倒,故名真如。不
同余宗,离色心等,有实常法,名曰真如。"盖佛教指永恒常在之实
体与实性也。

尘色终不染。"右《披风》。

佛家语,所谓"一尘不染"也。

"尊者老不枯,魁然挺高节。求心已无心,

佛家指解脱妄念之真心为无心。宗镜录:所为无心何者?若
有心则不安,无心则自乐。故先德偈云:'莫与心为伴,无心心自

安；若将心作伴，动即被心谩。'"

断臂独立雪。"右《古节》。

丁巳，

> 初三日。

晨发懿州。是日大风，飞尘暗天，咫尺莫辨，驿吏失途，至
东北山下，横流汹涌，深不可济。

> 懿州在浑河北。则此汹涌横流者，今柳河也。

乃问路于耕者，却立谓予曰：

> "却立"上或当重"耕者"二字。

"我非力田无以为生，官人顾不得安闲耶？"乃熟视一笑而
去。予愧其言，作诗以自责云："逆风吹面朝连暮，蓬勃飞
尘涨烟雾，前驺杳不辨西东，驻马临流不能渡。""却寻山
崦问津焉，山下野老方耕田。举鞭绝叫呼不得，俯首伛偻
驱乌犍。""可怜野老头如葆，龟手扶犁赤双脚。为言生理
固须勤，盖避今朝风色恶。""已而野老笑回头，我自家贫
仰有秋。官人富贵年如此，胡不收身觅少休。""我初无意
聊自谑，

> 徐本"自"作"相"。

不意此翁反见诮。莫嗔泷吏笑吾侬，自揣吾侬也堪笑。"
是夕，寄宿于灵山县之佛寺。

> 灵山，懿州属县，详前懿州下疏证引《金史·地理志》之文。
> 志言：灵山，本渤海灵峰县地。《辽史·地理志》二卷同说，县属乾
> 州。《金史·斜卯阿里传》："攻显州，下灵山县，取梁鱼务。"行军
> 之路自西南而东北再东南。灵山县，在显州（今北镇县城）梁鱼务

（今黑山县西南古城子村）之间而略北；据本书，又在懿州（今阜新县塔营子村）之东，则略当于彰武县以东法库县以西之某地。

戊午，

初四日。

早解鞍于庆云县。县本辽之祺州，皇统间始更今名。

徐本"祺"原误"谋"，缪本又讹州为（川）。《辽志》二祺州祐圣军，下，刺史。本渤海蒙州地。太祖以檀州俘，于此建檀州，后更名。统县一：庆云县。太祖俘密云民，于此建密云县，后更名。《金志》上："庆云县，辽祺州祐圣军，本以所俘檀州密云民建檀州密云后更名。有辽河。"《辽东志》古迹门："庆云县，开原城西八十里，有塔存焉。"按：今康平县东南齐家屯东距开原城约八十里有古城遗址，遗址西偏有砖塔一座，八角十三级，俗呼小塔子，《辽东志》所指者，此是焉。而《读史方舆纪要》卷三十七铁岭卫下，以辽祺州，及其附郭庆云县当该卫西北五十里之庆云城，亦即今开原城西四十里之庆云堡，核以寂之所说，殊误。

予方解衣盘礴，

又作盘薄，据持牢固貌。解衣盘礴，整理衣带也。

从者携束蒲以献曰：

蒲，蒲草。束蒲，犹今言蒲包也。

"适得双鱼，鲜可食也。"发而视之，气息奄奄然，即命贮之盘水中；少顷，植鬐鼓鬣，颇有生意。予叹曰："尔相濡以沫，相呴以湿，苟延斯须之命，何如相忘于江湖哉！"

徐本何如作"如何"。

乃命长鬤，

长鬤，指男仆。曾巩移守江西先寄潘延之节推诗："长鬤幸未

阻诲存,下榻应客拜临辱。"李石王晦叔许惠歙砚作诗追之:"试遣
长鬣来,拜赐君已许。"

持送于辽河之中流,

赵秉文《庆云道中》诗:"对岸青山隔,孤城碧浪开。"又云:"渡
口呼舟急,沙头立马催。"(《滏水集》卷六)庆云濒辽河,故有"碧
浪"、"渡口"也。

圉圉然,洋洋然,幸不为校人之欺也。

校人,主池沼之小吏。孟子万章上:子产使校人畜生鱼于池。

戏作小诗以祝之云:"我哀濡呴辍晨羞,持送东城纵急流。

庆云城在辽河之西,故曰"东城"。

此去更饥须闭口,莫贪香饵弄沈钩。

己未,

初五日。

晚达荣安县。昔在辽为荣州。

《辽志》二荣州下不言建置沿革。《金志》上:荣州县下仅云东
有辽河。《契丹国志》荣州为诸番臣投下州二十三州之一州,案:
寂抵庆云后改东北行为北行,在荣安,停滞一日后,于辛酉(初七
日)至归仁县(今昌图县四面城,详下文)。则荣安当在康平县齐
家屯(庆云县)与昌图县四面城(归仁县)中间,约为今齐家屯西北
辽河西岸(《金志》明言荣安县东有辽河)齐家坨子或其附近。

借榻于萧寺,僧舍壁间有《施食放生记》,乃墨腊石本,装
饰成轴。三复其文,辞理俱妙,大概假宾主问答云。有大
沙门于佛诞施食放生,

佛家指夏历四月八日为佛诞日,有浴佛斋会。

时一居士谓沙门曰:"聚食施食,真汝悭贪,取生放生,真

汝杀害。彼饿鬼等,以悭贪故,彼畜生等,以杀害故。不
应利彼而随堕彼。"云云。沙门即应之曰:"以实不食,施
少分食,作无数食,一切饿鬼无不能食;以实不生,放今日
生,令无尽生,一切畜生无不能生。"此其大略也。余不具
录。其后云:"至和二年四月八日嘉禾陈舜俞记。熙宁七
年五月七日眉山苏轼书。"予以宋史考之,至和二年,仁宗
朝乙未岁也。熙宁七年,神宗朝甲寅岁也,又案三苏文
集:熙宁四年冬,东坡通守馀杭,七年秋,移守高密,以九
月二十四日辞天竺观音,去杭之密。

东坡辛未别天竺观音诗序云:"余昔通守钱塘,移莅胶西以九
月二十日来别南北山道友。"云云。时坡年三十有九岁。天竺观
音,谓天竺山灵感观音院。

今此记云:"熙宁七年五月七日苏某书",即是犹在杭州时
也。东坡忠厚不妄许可,如欧阳永叔作《韩魏公德威堂
记》,

"作"上缪本墨钉。

范仲淹作《狄梁公神道碑》,皆公手书,自余非文章议论有
大过人者,未尝容易作一字。今陈公所记施食放生事,坡
公特为之书者,意可知矣。公往在黄州时,率钱救不举之
子,在儋耳时,临江放垂死之鱼。以是观陈公之记,意必
有会于心者,故为书之。其字端谨,大小颇与枕中经相
类,真所谓传世之墨宝云。

庚申,

初六日。

以军民田讼未判,

军民田讼,谓猛安谋克与民争田土而控告也。案:猛安谋克即已内迁,与民犬牙交错而居,又且以胜利者镇压者自居,势必引起军民矛盾,田土竞争,此事暴露于世宗时代,章宗之世加甚焉,宣宗南迁以后,遂不可收拾。见《金史·食货志》、《纥石烈良弼传》等。

为留再宿。午饭后,信手取故书遮眼,乃韩文公集,开帙得诗云:"居闲食不足,从事力难任。二者俱害性,一生恒苦心。"三复其言,掩卷为之太息。非韩公饱阅穷通,备尝艰阻,断不能作是语也。

"也"字从徐本补。

予丁卯筮仕,凡四十年,

丁卯,熙宗皇统七年,公元 1147 年。古人将出仕,先占吉凶,称筮仕。

俸入虽优,随手散去,家贫累重,生理索然,汗颜窃禄,则不免钟鸣漏尽之罪。

钟鸣漏尽,本以言深夜断行人,此引申喻残年老髦。

谋身勇退则其如啼饥号寒之患,行藏未决,

《论语·述而》:"用之则行,舍之则藏。"指行处或行止也。

闵默自伤,为作五十六字云:举家千指食嗷嗷,不食谁能等击匏。

《论语·阳货》:"吾岂匏瓜也哉,焉能系而不食?"指伏处一隅或被弃置不用。

掠膌大夫汤沃雪,

《淮南子·兵略》"若以水灭火,若以汤沃雪,何往而不遂,何之而不用。"言事之易于成功。

定交穷鬼漆投胶。春蚕已老不成茧，社燕欲归犹恋巢。
莫待良田径须去，移山聊解北山嘲。

> 北山愚公移太行、王屋二山故事，见《列子·汤问》篇。

辛酉，

> 初七日。

次归仁县，宿南城道院。归仁，在辽时为安州，本朝改降
为县。

> 《辽志》二：安州，刺史。而辽阳府及通州下分别记录归仁县。
> 通州归仁县下注："本渤海强师县，并新安县置。"《金志》上："归仁
> 县，辽旧，隶通州安远军，本渤海强师县，辽更名，金因之。北有细
> 河。"辑本《元一统志》："归仁县城在咸平府北，旧安州，金皇统三
> 年，改为县，后废，城址犹存。"《松漠纪闻》安州四十里至宿州北
> 铺。（宿州即肃州异书，今昌图县昌图镇），四十里至咸州南铺（咸
> 州，今开原县老城镇）。《北盟会编》卷二百四十四引张棣《金房图
> 经》："咸州南铺至宿州北铺四十里，宿州北铺至安州南铺四十
> 里。"两书所记皆自北而南，可证安州南距今开原老城镇八十里，
> 距今昌图县昌图镇四十里。《辽东志》卷九外志开原北陆路站名，
> 有归仁县。是归仁入明乃改为驿站。又《辽东志》山川门开原城
> 下著录细河，言在"城北八十里，源出那木川西石岭山，西流循归
> 仁县北，入小创忽儿河"。按：那木川即今叶赫河之旧名，而叶赫
> 河又今扣河（又作寇河）之一支（见《奉天通志》卷七十四页七十六
> 至七十七）。此与洪、张两氏所记归仁在开原北八十里之说皆合。
> 核对今二十万分之一地图，小创忽儿河，为今二道河（大创忽儿
> 河，则今招苏太河），而细河又今二道河之一支流也，流经今昌图
> 县四面城以北，西入二道河。是今之四面城，即辽之安州而金之归

仁县也。四面城为一辽金古城遗迹,南距开原老城镇适为八十里,又当细河南岸,遗迹与故籍无不吻切。(《奉天通志》定四面城为辽之通州,不取其说。)《元史·耶律留哥传》(卷百四十九)甲戌年(即金宣宗贞祐二年,元太祖九年)"留哥逆战蒲鲜万奴于归仁县北河上"。屠寄《蒙兀儿史记·留哥传》即据《金志》于"河"上补"细"字,其说良是。

抵暮得季弟元微书

《拙轩集》卷六,寂撰其父础之行状,言础三子:寂年最长,次宋,修武校尉,蚤世;末缺名,进义副尉,前同监睢州酒。元微,即失名者之字。

及未央宫花头瓦砚诗。

即瓦当署"未央"二字者。

壬戌,

初八日。

追念吾友高公无忌,

其人,下文称其官尚书右司郎中,余无可考。

天德辛未岁。

即天德三年。公元 1151 年。

尝为归仁簿。予时赴会宁御试,过此。高公馆予甚勤,于今四十年矣。公大定丙午为尚书右司郎中,

即大定二十六年,公元 1186 年。

扈从之金源,

即上京会宁府。

是岁,公之夫人与子相继而殁,婢仆死者又数人。公自是绝无生意,期月之间,一夕暴卒。公平生知我最深,故予

悲伤不能已也。遂作诗且伤其不幸云:"晚景桑榆方见用,秋霜蒲柳已先凋。虞兮命矣甘为土。"

《史记·项羽本纪》:有美人名虞,常幸从;项王悲歌慷慨自为诗:"虞兮虞兮奈若何!"此以喻其夫人。

鲤也天乎竟不苗。

《史记·孔子世家》:"孔子生鲤,字伯鱼。伯鱼年五十,先孔子死。"此以喻其子也。"苗而不秀",见《论语·子罕》,本孔子痛惜颜渊早死之语。

奇祸一门曾未见,旅魂万里若为招。伤心此地鸾栖棘,不见抟风上九霄。

癸亥,

初九日。

次柳河县,旧韩州也。先徙州于奚营,

即旧九百奚营,

州后改为县。又以其城近柳河,故名之。

《辽志》二:韩州东平军,下,刺史。本稿离国旧治柳河县。高丽置鄚颉府,都督鄚、颉二州,渤海因之,今废。太宗置三河、榆河二州,圣宗,并二州置。统县一:柳河县,本渤海粤喜县地,并万安县置。《金志》上:柳河,本渤海粤喜县地,辽以河为名,有狗河、柳河。可证金柳河县即辽韩州及其附郭柳河县。县以傍柳河得名焉。日人松井等以柳河为今开原县北之条子河,西流入招苏太河,而狗河乃莲花泡河(今名二道河),故谓柳河县应求之于两河中间之地(见《满州历史地理》二卷二十五页)。萨英额《吉林外纪》载:道光二年,吉林将军富俊后赴昌图县八面城查办地亩案件,在该城东南二里许之古城址,收获背面凿有"韩州刺史"四字款识之铜镜一面,曹廷杰据是而作《韩州即八面城考》一文(见《东三省舆地图说》)。1958年该城深翻土地之际,更掘出"柳河县印"铜章一枚,为曹说增加证据。此城北距昌图县城一百一十里,在条子河(即柳河)以南数里,残城遗址高二至四米,东西长约六百五十米,南北宽约六百八十米,城周五里有奇,四门。(参《昌图县志城池志》。八面城以城中发现八面石经幢一座而得名)。

予寄宿僧舍,视其牓曰澄心菴。予以周金纲公案,戏为短颂,以问主僧云:"心动万缘飞絮,心安一念如冰。过去未来见在,待将那个心澄?"僧虽尝讲经,绝不知个中消息,问之茫然,卒不能对也。

"也"字从徐本补。

甲子,

初十日。

以妙香供旃檀金像。

旃檀金像即旃檀佛。以旃檀木雕造之释迦牟尼像。

乙丑,

十一日。

次韩州,宿于大明寺。韩州,辽圣宗时并三河、榆河二州为韩州。三河,本燕之三河县,辽祖掠其民于此置州。

"祖"上当夺"太"字。前引《辽志》谓太宗置三河、榆河二州。

故因其旧名而改。城在辽水之侧,常苦风沙,移于白塔寨,后为辽水所侵,移于今柳河县。又以州非冲途,即徙于旧九百奚营,即今所治是也。

韩州本末,寂书叙事最为详尽。辽韩州及其所治之柳河县,初在辽河一侧,详址已无从考证。白塔寨,亦不详所在。但亦必濒近辽河。柳河县,即今昌图县八面城东南二里许之古城址,已如上述。而今韩州所治之旧九百奚营,实《金志》上卷所称之韩州,并其倚郭临津县也。志言:韩州,下,刺史。辽置东平军,本渤海鄚颉府。旧有营。县二:临津,倚,未详何年置。柳河。(详上文,此省略)营,即谓旧九百奚营焉。考《金史·迪姑迭传》(卷八十一):"迪姑迭年二十余代领父谋克,攻宁江州,败辽援兵,获甲马财物。攻破奚营,回至韩州,遇敌一千人,击走之。"时在辽天庆四年或五年。奚营必居宁江州与韩州之间。此时之韩州,似当在柳河县也。又《太祖纪》称:收国二年七月九百奚营来降。《奚王回离保传》(卷六十七)称:初太祖破辽兵于达鲁古城,九百奚营来降。此亦韩州尚未由柳河移至奚营之证。又《松漠纪闻》记里程,有奚营,而无韩州,亦足以证明金初韩州治所,仍为柳河县。唯《金史·移剌窝斡传》(卷百三十三)记正隆五年,"咸平府谋克括里,与所部自山后逃归,咸平少尹完颜余里野欲收扑括里家属,括里与其党招诱富家奴隶,数日得众二千,遂陷韩州及柳河县,遂趋咸平"。既分书韩州及柳县,可知在此以前韩州已移在九百奚营矣。《金志》明言韩州倚郭乃临津县而临津县旧有营。此营,舍九百奚营而外,莫可属矣。故知临津县即设置于奚营,而设置之时间又必在正隆五年以前,在洪皓使金以后也。(洪于宋建炎三年使金被留,十五年后乃放归。)彼又言:"奚营西四十五里至杨柏店,四十五里至夹道店,五十里至安州。"杨柏店,《御寨行程》称杨八寨通远馆,为辽通州及其倚郭通远县所在之地,即今四平市近旁之一面城古城(详本书下文)。夹道店,元称夹道站或贾道铺,当今之昌图县北路镇四合屯古城。安州,今昌图县四面城古城。则旧之奚营而新近之韩州并其附郭临津县,必在今四平市以北四十五里处。临津县之名,取其临近河津之义,《辽东志》所附《开原控带外夷山川图》，适绘韩州于大创忽儿河北岸，此河今名招苏太河，是临津所"临"之"津"，今招苏太河也。检《黎树县志》卷四《祠庙古迹志》："古昭苏城，俗名偏脸城。（中略）其城倚昭苏河（即招苏太河）之阳，周回八里，城为正方形，每面二里，土人耕凿，每见断剑折戟及赵宋古钱。"解放后，考古人员对此城进行复查，断为金韩州遗址。（参《考古》一九六三年十一期偏脸城复查记一本）其说，竟与文献相照应。今此韩州遗址为今黎树县黎树镇北十里之偏脸城。

是日，路旁见俗谓鸡儿花者，予为驻马久之。吾乡原野间，此物无数，然未尝一顾，今寒乡久客，忽见此花，欣然有会于心，退之所谓"照壁喜见蝎者，"亦此意欤？其花形色与鸡绝不相类，不知何以得此名也。为赋一诗："花有鸡儿号，形殊意却同。封包敷玉卵，含蕊啄秋虫。影卧夜栖月，头骈晓午风。但令无夭折，甘作白头翁。"

　　白头翁，草名，又名野丈人、胡王使者、奈何草，根花皆可入药。

丙寅，

　　十二日。

老兵自辽阳来，得儿子钦哉安信，

　　寂撰父础行状，及夫人张氏墓志铭，俱言寂长子曰钦哉，业进士。又《中州集》寂小传称寂子钦哉为能吏。

又附到葛次仲集句诗。亚卿平日喜作此，是亦得文章游戏三昧者，至于事实贯串，声律妥帖，浑然可爱，自非才学该赡，岂能自成一家如此。其《即事》云："世路山河险，权门市井忙。"《田家》云："雀语嘉宾笑，蝉鸣织妇忙。"《僧释子》云："有营非了义，无事乃真筌。"《送别》云："世界多烦脑，人生足别离。"又云："寂寞怜吾道，淹留见俗情。"

《晦日》云："百年莫惜千回醉,三月惟残一日春。"《春望》
云："杨、王、卢、骆真何者,许、史、金、张安在哉!"《寄死
达》云："举世尽从愁里老,何人肯向死前休。"《秋郊寓
目》云："不堪回首还回首,未合白头今白头。"其偶对精
绝,多此类。东坡所谓"信手拈得俱天成"者,亚卿有焉。
丁卯,

　　　十三日。

予卧榻围屏四幅,皆著色,画大曲故事。公余少憩各戏题
一绝句,湖谓州云："相如游倦弄琴心,帘下文君便赏音,
犊鼻当年卜偕老,不防终有白歌吟。"

新水云："徐郎生别一酸辛,破镜还将泪粉匀。纵使三年
不成笑,只应学得息夫人。"

　　　"成"字,徐本作"言"。

薄媚云："深知岁不利西行,郑六其如誓死生。异类犹能
保终始,秦楼风月却无情。"

水调歌头云："墙头容易许平生,绳断翻悲覆水瓶。子满
芳枝乱红尽,东君不管尽飘零。"

戊辰,

　　　十四日。

予昼寝,梦到故山,幅巾藜杖,盘桓于柳溪之上。即寤,予
意谓造物者责以漏尽钟鸣,夜行不休,故神报如此。作诗
以颂云："尝闻劳生佚以老,不谓区区老更忙。自笑顽躯
楦青紫,谁求绝足鉴骊黄。苦无长策裨神主,大有闲山著
漫郎。梦到故乡犹可喜,几时真个是还乡。"

己巳，

> 十五日，徐本作"丁巳"。

次胡底千户寨，

> 谓胡底猛安也。

宿温迪罕司狱家。

> 女真姓温迪罕氏，又称温迪痕，温特罕、温迪掀，骨底宪，温的
> 罕。

胡底，汉语"山"也。以其寨居山下，故以为名。

> 女真译语：山岩曰"哈达"即此也。（哈达，实谓"山峰"焉）即
> 满语之 hada。（《金史》后附《语解》：山之锐者曰"哈丹"。谓是
> 焉。）

路旁有野花，状如金莲，而差小，其叶琐细，大率如鱼藻，土人谓之耐冻青，生于祁寒，拨雪而见之，已青青然。予携以归，置之坐上，终日相对，伤其背时失地，为赋一诗："耐冻虽微物，严冬不敢侵，蕊嫌宫额浅，色胜羽衣深。戏点人间铁，闲铺地上金。腊梅甘丈行，霜菊许朋簪。风雪窥天巧，泥沙惜陆沈。分无春借力，徒有岁寒心。采掇香盈把，歔欷泪满襟。栽移损生理，汝勿念知音。"

庚午，

> 十六日。徐本作"戊午"。

次南谋懒千户寨。

> 谓南谋懒猛安也。

南谋懒，汉语"岭"也。以其近分水岭，故取名焉。

借宿于术勃辇家。屋壁有两横幅，画江天风雪水鸭鸂鶒

相对于枯荷折苇间，其水禽毛羽，毫发可数，似有生意。乃命佛去尘埃，上有蝇头细字，仿佛可见，云："前翰林赐绯待诏刘边七十七岁写生。"即称："前翰林待诏。"是必宣、政间人，因本朝混一之后，流落于漠北时所作也。予且观且叹，为赋一诗云："枯荷不禁风，水鸭行且饮。折苇半欹雪，鹔鹴相对寝。风雪意未已，寒气犹凛凛。屋煤昏细字，熟视仅可审。翰林前待诏，年过七十稔。想见宣、政间，纡朱给官廪。权门收短幅，轴玉囊古锦。纵非列神上，犹足入能品。丹青虽由学，精绝固天禀。蛟螭失江湖，鱼鲔初不淰。蓝苏遭践履，生意羡葵荏。当年方得志，骄侈无乃甚。晚为口腹累，呫墨博凡饪。画工屹如堵，见此当裣衽。我欲与题跋，材非曹与沈。兴废姑置之，投床就高枕。"

辛未，

十七日。徐本作"己未"。

次松瓦千户寨。

即松瓦猛安也。

松瓦者，"城"也。寨近高丽旧城，故以名之。

是日山行，始见水碓。予踟蹰良久，且叹其机巧而伤其太朴之散也。作诗以纪其事云："世人多机心，技巧变淳古。水碓谁始有？石臼而木杵。决流注其尾，尾抑首自举。其法如权衡，轻重司仰俯，浮沉刻漏箭，动息记里鼓。木牛转刍粟，摽弓殪貙虎。碾碓出一律，桔槔何足数？我昔居村落，升合给爨釜。晨吹课婢仆，茧足辞艰苦。是时此未识，自笑愚且鲁。细思乃诡道，抱瓮应不取。

文公圬者传，信矣无浪语。食焉怠其事，殃祸尝因睹。耕锄沥汗血，犹水旱风雨。况尔饱无功，天意恐不与。”

壬申，

　　十八日。徐本作“庚申”。

宿特拨合寨。

　　即特拨合猛安也。

特拨合，“渐地”也，

　　“渐地”不详，疑有脱落。

晚登小山。山南杏数株，方蓓蕾矣。忽忆旧年京洛间才元宵后，时有卖花声，今春将尽，方得见此，为赋三绝句云：“柳色含烟冻已回，杏花迎日暖初开。须知造化无南北，更远春风也到来。”“杏梢如怯晓寒轻，相对无言却有情，忆得上都春睡足，隔墙时听卖花声。”“朔漠杏花初破蕾，南州梅子已垂枝。寒乡倍费生成力，

　　徐本“乡”作“香”，似误。

但得阳和莫恨迟。”

癸酉，

　　十九日，徐本作“辛酉”。

宿辟罗寨渤海高氏家。

　　即辟罗猛安也，

辟罗，汉语“暖泉”也。以山间流水一股，经冬不冰，故以是名寨。予方解衣盘礴，忽闻檐间燕语，亟视之，盖自春山行未见也。因念燕以炎凉儿女之计，不免羁栖于万里

之外,可嗟也。"平生便静今衰老,黄雀傍簷嫌啅噪。忽
闻燕语绝可怜,亟出披衣任颠倒。呢喃似说经岁别,念我
穷愁加慰劳。飞云轩在容借不? 故里故园聊一到。不然
为我达一信,问讯平安却相报。黎明与汝当远别,汝可低
头听吾告。稻粱多处足罗网,闭口忍饥无抵冒。芹泥深
累要安稳,艾叶悦来休急躁。明年按部定经此,与汝相期
永为好。临行叮嘱主人翁,千万莫将天物暴。"

甲戌,

二十日。徐本作"壬戌"。

次叩畏千户营

即叩畏猛安也。

叩畏汉语"清河"也。

《金志》上:咸平府铜山县下称:北有清河。又沈州挹楼县下
称:有清河,因名"叩隈必刺"。

宿耶塔剌虎寨

即耶塔剌虎谋克也。虎,缪本误"处"。

汉语"火镰石"也。

"石"上原衍"火"字,今删。

是日,曲折行山溪之间,溪上有挑菜女三四辈,皆素面洁
服,绝无山野尘俗之态,中有一人植立于道侧,尤非寻常
八字眉可比也。马上漫成四诗:"手携篮子满薪蔬,雾鬓
风鬟立暝途。约束前驱休问讯,罗敷嫌笑使君愚。"

徐本"讯"作"当"。

"荠芽蒲笋绕溪生,采掇盈筐趁早烹。想得见郎相妩媚,

饭箩携去饷春耕。”“踏青挑菜共嬉游,不识风前月下羞。
落日暖歌携手去,新声争信锦缠头。”“羞将明媚斗春妍,
顾影徘徊只自怜。消得风流黄太史,国香流落叹随缘。”
乙亥,

　　二十一日。徐本作“癸亥”。

次和鲁夺徒千户

　　即和鲁夺徒猛安也。

和鲁夺徒,汉语“松山也”。

　　案:《金史语解》桓端,“松”。《女真译语》:松树曰“和朵莫”,
或作“换多莫”。莫相当于满语 Moo 即树木之“木”,而“和朵”或
“换多”即红松也。(参渡部董太郎:《女真语四新研究》二十五
页。)

宿蒙古鲁寨,

　　即蒙古鲁谋克也。

蒙古鲁,汉语本“盂子”也。

是日,予以疲驽长路,困于跋涉,自念跃马食肉,壮年之
事,今老矣,尚作此态,宜乎不胜其劳也。乃作诗以自慰
云:“深搀乌帽障黄尘,髀肉消磨浪苦辛。按辔澄清须我
辈,据鞍矍铄奈吾身。只凭忠信行蛮貊,岂有文章动鬼
神。南彻淮阳北辽海,

　　下文自称:丁未岁即大定二十七年尝假守淮西。

可能无地息劳筋。”

丙子,

　　二十二日。徐本作“庚子”。

次鼻里合土千户营。

> 即鼻里合土猛安也。

鼻里合土，汉语范河也。

> 《金志》上：咸平府新兴县下及沈州挹楼县下，贵德州贵德县下俱言有范河。

是日，方作书，命取笔砚，主人携一瓦龟，其阔六寸，长则倍之，至首尾盖足皆具。去其盖，则水贮其肩，墨磨其背，然予未尝见也。因作龟研引："材家瓦砚伏灵龟，意谓天产非人为。足跌首尾如欲动，盖画八卦从庖牺，刳肠贮水濡毛锥。削背如砥磨玄圭，中边俯仰皆中规。十手对面宁容迟，得非匠氏中野观坏碑，揉泥想像得意生新奇。我知此物虽异制，其所由来非近世，陶泓乃祖尔苗裔，中表罗文尔其弟，何不捧玉堂阁老金莲底，夜草麻辞拜房魏。又不随春房场屋集吏计，衡石低昂较才艺，胡为流落沙漠之穷乡，何异越人章甫逐臭之都梁。苟不覆酱瓿，将支折脚之木床，惜也不为世用而令人悲伤。嗟予与汝兮，此生龃龉；虽欲自效兮，不知其所。明日启行，则吾将以佩刀易汝径携以归，要注虫虾于环堵。砚兮，砚兮，行当渡辽，鼓枻于洪波，汝勿念枯鱼之过河。倏然踊跃兮，如陶壁之飞梭；回首眷眷兮，蹴踏于蛟鼍，使予瞻望不及矣，涕泗滂沱。呜呼，汝转弃予兮，予将如何？"

丁丑，

> 二十二日。徐本作"辛丑"。

次咸平，宿府治之安忠堂。咸平，禹别九州，其地为冀州之城;舜置十二州,即幽州之分,周封箕子,始教民以礼义;秦并六国,置为辽东郡,及高丽既强,侵据其地,唐高宗命李勣东征高丽,置为安东都护府。其后为渤海大氏所有。契丹时,既灭大氏,卒入于辽,遂为咸州,以安东军节度治之。本朝抚定,置咸州详稳司,后升为咸平府,兼总管本路兵马事。昔予运漕辽东,居此者凡二年,以是迁移区并,粗得知之。是日,易传于山下民家。

传,驿传也。

旁有古城甚大,问路人,云此高丽废城也。予驻立于颓基,极目四顾,想其当时营建,恃以为万世之计,后不旋踵,已为人所有,良可叹哉!乃作诗以吊之:"耳句丽方窃据,唐将已专征。

原注:谓李勣也。

国破千年恨,兵穷百战平。信知宗子固,不及众心成。诚望含元殿,离离禾黍生。"

戊寅,

二十四日。徐本作"壬寅"。

吾乡人王生者见访。生善星水,初为人择葬来此,因循不归,余二十年矣。今再见之,其贫如旧,所异者苍颜华发耳,予欲勉其归,以短诗赠之:"忆昔分携如隔世,相逢惊见两茫然。松楸河朔三千里,萍梗天东二十年。

天东数见于金人诗词,如蔡松年《明秀集》卷二石州慢:"天东今日枕书,两眼昏花。"魏道明注:"天东,言上京。"卷三雨中花:"吾老矣,不堪冰雪,换此萧闲。"魏注:"公将有天东之行,其地酷寒,故云我已老矣,不堪朔漠冰雪之地,换此雅集闲散之极。"水龙吟其三:"我走天东,万里笑归来,山川良是。"魏注:"天东指上京。"《中州集》卷一蔡松年《韩侯晁仲许送名酒渴心生尘以诗促之诗》:"天东四月春如许,坐待白衣投醉乡。"同卷,浣溪沙之四《春津道中和子文韵》:"暮春初见柳梢黄,绿阴空忆送春忙。"魏注:"言暮春三月,中州已送春,而天东地寒,柳色才黄也。"蔡珪《医巫闾山诗》有句"倚天万仞蟠天东。"参上文庚子日纪事卷五。庞铸《晚秋登城楼诗》:"天东归兴满,不为忆莼羹。"《遗山文集》卷十六王黄华墓碑辞中,有"摧熊嶽兮天之东"之句。王庭筠号黄华山主,盖州熊岳人。熊嶽即熊岳,亦为山名。此可为"天东"之正解,凡辽东之地,皆得言之,绝不限于上京一处也。

白发可怜浮海粟,青囊不博买山钱。明年会约同归去,里巷追随作散仙。"

己卯,

二十五日,徐本作"癸卯"。

予公余块坐,因念旧年逐食于此,尝游李氏园。时牡丹数百本,方烂熳盛开,内一种萼白蕊黄者,风韵胜绝,问其名,曰双头白楼子,予恶其名不佳,乃改曰并蒂玉东西。后日复往,则群芳尽矣,所谓玉东西者,虽已过时,其典形犹在。竚立久,少休于小亭。亭中有几案,置小砚屏,乃题绝句于砚屏上,今不知在否?因询其家,李氏子取以示予,

子,缪本误"予"。

醉墨宛然,计其岁月,十有七年矣。

庚辰,

二十六日。徐本作"甲辰"。

数日前李花方破蕾，予命以瓶贮之，既而烂开，今日已复飘零，方叹息间，适有献桃花者，于是以桃易李。桃以新泉渍而沃之，欣荣转甚，照映李花粉光如玉。

徐本"照"作"昭"。

予谓桃李之品素不能低昂，今一为弃物，一为珍玩者无他，盖时与不时耳。因物感情，为赋一诗，且以雪李花之恨云："江陵二月李花飞，安东三月花尚稀。春寒要勒开未得，枝上的砾团珠玑。秘壶满插犹嫌窄，红紫纷纷厌俗格。朝夕调护易新泉，约束不容纤手摘。缟裙练帨正可怜，遽尔玉减春风前。已恨色衰甘弃掷，桃花无赖斗芳妍。李被桃欺休懊恼，岂有先开不先老。桃花得意能几时，咫尺酝酿开更好。"

辛巳，

二十七日。徐本作"乙巳"。

予昼寝既觉，观卧屏上三僧围棋于松下，二老者对弈，一癯者傍观，一小僧洗涤茶具，一童子负韦山笠，立于坐侧，衣裙体貌，种种不凡，至于胜负之态，似见于颜色，惜乎不知画手为谁也。为题一诗于屏上云："人间龙象风骨奇，癯者精悍老不疲。得非石林洪觉范，参寥佛印相追随。茶瓜却去香火冷，曦驭不转松阴迟。口钳未欲作诗债，坐隐聊尔逃弹痴。黑矜骤胜见颜色，白负少衄方低眉。宣州一著太容易，瓜葛争道真儿嬉。吾闻懒瓒有道者，寒涕不收从垂颐。

又闻作止俱是病,况此念念倾人危。何如四脚棋盘一色子,一局辗转无成亏。"

壬午,

> 二十八日。徐本作"丙午"。

问囚既罢,因询故吏予旧识王本者,今在何地?吏曰:"弃家久矣。今住松山尹皮袋之旧居。"又问:"尹皮袋何人也?"吏曰:"本陕右人,居此山者凡五十年,无贵贱少长,皆以尹皮袋呼之。自称曰得得,或问'得得'之说,渠云:'知得来处,知得去处。'世以此为达人。有素约,虽风雨不愆。一日,山下渤海民家召饭,阴置蛊毒,既觉,辄嗽新泉,危坐数日,所苦良已。既而复召复去。门人娄先生者事尹岁久,切戒之曰:'今中毒凡五,幸无恙,当辞以不赴。'尹曰:'予不诺其情,则是家必不满意也。'后竟为蛊所困,乃闭目不食,嗽水凡七昼夜。晨起谓娄先生曰:'汝尝吾粪秽否?'。

> 吾,徐本作"我"。

娄有难色,尹笑曰:'汝尚有此尔'。乃自取以舐之,曰:'无秽矣!吾将行上矣。'娄且泣且恳曰:'愿师见教。'尹曰:'少吃盐莫吃醋,别人爱你你休做。'跏趺而逝。后数岁,有人持尹书以遗娄先生,曰:'吾待汝于华山,汝宜速来。'娄即往焉。后不知其所终。尹尸经三十年,兀坐如枯株,亦不腐。大定丙午岁,

> 即大定二十六年。

咸平集真观刘道士载归本观,火其尸而葬之。有识者无

不为之叹恨。"又说："初奉迎出故山时，冠服俨然，及临风，衣袂飘扬，翩翩如飞蝶焉。独幅巾宛然，无纤毫败朽。市民郭氏者以新巾易之，秘藏于家，晨昏香灯，奉事弥谨，初道友往来见，时得瞻顶，自后其家颇厌人事，托以羽化焉。"

癸未，

　　二十九日。徐本作"丁未"。

登紫霞山，观宇文叔通撰《刘司空神道碑》。

　　宇文叔通即宇文虚中，《金史》卷七十九，《中州集》卷一《归潜志》卷一俱有传。

刘公名宏，字子孝，唐燕王仁恭之七世孙也。仕辽任懿州宁昌军节度使。收国初，以阖境归附本朝，懿之生齿数万，无跻履之丧，公之力也。古人谓：活千人者必封。如公，又岂止活千人而已，则刘氏之昌也，无疑矣。

　　《辽史·天祚纪》二天庆八年十二月甲申："宁昌军节度使刘宏以懿州户二千降金。时山前诸路大饥，乾、显、宜、锦、兴中等路斗粟直数缣，民削榆皮食之，即而人相食。"《金史·太祖纪》天辅二年十二月甲辰："辽懿州节度使刘宏以户三千并执辽候人来降，以为千户。"金天辅二年即辽天庆八年。皆与收国归附之说相左。

四月甲申朔，

　　初一日。徐本作"戊申朔"。误。

以先考讳日，饭僧于禅会。

　　寂撰父础行状："寿八十二，实大定丁酉。四月初一日也。"

斋罢，易衣于方丈，壁间有著色维摩居士像，其隐几示病，

挥犀语道,俱有生意。详其顾盼领略,是必与文殊对谈之
际,惜乎两幅之失其一也。予因以两偈赞之云:"不悟维
摩其病,却将天女相猜。要识本来面目,化身金粟如来。
登玉座,余半席,重积领,惟一杯。可笑曼殊室利,

> "室"原误"空",意改。

区区却为食来。"

乙酉,

> 初二日。徐本作"己酉",误。

宿清安县治之生明堂。清安,世传辽太祖始置为肃州,本
朝改降为县。

> 《辽志》二:肃州信陵军,刺史,重熙十年州民亡入女直,取之
> 复置。统县一:清安县。(《兴宗纪》重熙九年十二月,以所得女直
> 户置肃州。)《金志》上:清安县,辽肃州信陵军,熙宗皇统三年降为
> 县。属咸平府。《许亢宗行程录》曰咸州北去四十里至肃州,而赵
> 彦卫《御寨行程》云三十里,洪皓《纪闻》误"肃"为"宿",亦言四十
> 里。《奉天通志》卷五十四页四十二下四十三上,谓清安县位置当
> 在今昌图城,并引或说,在昌图城南二十里之大营盘石城。兹从前
> 者,定于今昌图县昌图镇。

驿卒告予曰:"堂之北轩,有樱桃正发。"予亟往视之,乃朱
樱数株,长五尺许,每枝才三四花,憔悴有可怜之色。予
问其故,答曰:"此方地寒,经冬畏避霜雪,辄埋于地,以是
顿挫如此。"予因念丁未岁尝假守淮西,

> 辑本《拙轩集》提要:称寂于大定二十六年冬由户部郎出守蔡
> 州。而丁未肆眚诗有"万里湘累得自新"句。丁未为大定二十七
> 年。《世宗本记》载是年二月辛亥,以皇太孙受册肆赦。并与集

合。是寂之刺蔡州,当以人言去国。

庭事之后,朱樱四合璀璨炫目,尝夜饮其下,月色如画,疏
阴满地,笙歌间作,都不知曙星之出也。感怀今昔,为作
诗云:"前年守淮西,官府颇雄壮。园池通远近,亭榭分背
向。炎方得春早,二月花已放。白红与青紫,夺目纷万
状。得非造物者,为出无尽藏。朱樱结嘉实,眩耀极一
望。钱王锦绣树,金谷红步障。予时籍清阴,坐待佳月
上,老妻劝我饮,稚子俨成行。长腰芦花白,宾厨荐新酿。

> 徐本"宾"作"兵"。

肴核既狼藉,鲙炙庖夫饷。呜呜长短句,

> 下"呜"字。徐本作"兹"。

付与雪儿唱。眼花乱朱碧,世事齐得丧。儿童虽见诮,官
守幸不旷。年来客辽海,黄尘没飞鞅。芳时因奔走,安得
有佳况?一从出山谷,风色如挟纩。春归樱始华,生意未
敷畅。冬藏苦冰雪,所幸今无恙。我将话南州,人或疑诞
妄。绕枝三叹息,回首一悽怆。退坐想繁华,萧然觉神
王。"

丙戌,

> 初三日。徐本作"庚戌"误。

复归咸平,路经西山崇寿寺。昔予守官于此,

> 《拙轩集》提要:寂于大定二十九年被命提点辽东路刑狱。

寺已荒废,今十有五年,颓毁殆尽,又非曩昔之比,低徊感
怆,遂留诗于寺壁云:"紫霞山寺久不来,往昔破碎今摧
颓。一钵残僧饫藜藋,百身古佛眠莓苔。门楣金乌经雨

泣,殿脊铁凤含风哀。安得使君鞭紫马,咄嗟檀施随缘来。"

丁亥,

> 初四日。徐本作"辛亥",误。

谒先师宣圣庙,学生吕阳、衙作尹等陪位。礼毕,少憩于营道堂,程考诸生月课,既而话及与予友善者杨、王、李三秀才相继下世,又当时春秋二仲同来者,转运副使郭重元,

> 《滏水集》卷十一郭公碣铭有转运使公郭某未悉即重元否?

幕客赵彬、赵莘,亦成鬼录,念念不觉惘然,因成一绝句:"旧僚郭、赵身先烬,先友王、杨骨已枯。莫笑啜嚅翁不达,人间口斗不如吾。"

己丑,

> 初六日,徐本作"癸丑"误。案:阙戊子一日。

谒侍御史范元济于西塔寺;

> 即范楫,后陞户部尚书,请参《滏水集》卷十一《姬平叔墓表》。

既别,登九曜阁,有蔡正父所撰弘理大师碑。

> 即蔡珪。字正甫。《金史》卷百二十五,《中州集》卷一,皆有传。

庚寅,

> 初七日。徐本作"甲寅",误。

宿铜山县。铜山,辽之铜州也,本朝改为东平县焉。

> 《辽志》二:同州镇安军,下,节度。本汉襄平县地,渤海为东平寨。太祖置州,军曰镇东,后更名,隶彰愍宫。统州一,未详;县

二:东平县,永昌县。《金志》上:铜山县辽同州镇安军。本汉襄平县。辽太祖以东平寨置,因名东平,军曰镇东。章宗大定二十九年以与东平重,故更。据洪皓所记:铜州北距咸州四十里而南距银州(即今铁岭市)亦四十里。兹依《奉天通志》卷五十四页三十四下之说,定铜山县于今开原南四十里之中固镇。《辽志》别有铜州广利军,治析木县,则为今海城县东南四十里之析木城。不可牵混。以下当有残阙。

壬寅夏日。

　　壬寅,清高宗乾隆四十七年。

剑舟居士属馆上供事,

　　谓供事四库馆者。

从《永乐大典》中录出。

　　徐本无此后款。

《辽东行部志》一卷,金王寂撰。寂字元老,蓟州玉田人。海陵天德二年进士。世宗大定二年为太原祁县令。十五年尝奉使往白霫治狱。十七年以父艰归。明年起复真定少尹,兼河北西路兵马副都总管,迁通州刺史,兼知军事,又迁中都副留守。二十六年冬由户部郎出守蔡州。二十九年被命提点辽东路刑狱。章宗明昌初召还。终于转运使。《中州集》称其著有《拙轩集》,《北迁录》诸书。《拙轩集》馆臣在《大典》中辑成六卷,付聚珍板印行,又有畿辅丛书本、金源丛书本,而此录亦在《大典》中录出,四库并未著录,仅载明昌元年二月十二日在提点辽东路刑狱任,于二月十二日出按,至四月七日止,一月零二十五日所经之地,所办之事,所作之诗文,均载焉。于地理并未详述。而所载诗五十七首,文三首,均《拙轩集》所不载,可补一卷。金源著述,传世日稀,梓而存之,亦考古者所欲快睹也。志中年月,屡经传写,不无讹舛,今取辛楣先生四朝朔闰表核之,表云金章宗明昌元年岁次庚戌二月朔为乙酉,十二日丙申,与志合,三月朔宋丙辰金乙卯,四月朔甲申,则金与宋同,与首一条干支恰合,余皆据表订定,庶不贻误读者。诗别钞出,转贻吴仲怡中丞,附刻《拙轩集》之后。

宣统纪元闰花朝日江阴缪荃孙跋于对雨楼下之南窗。

王恽《开平纪行》疏证稿

　　王恽《中堂事记》(见《秋涧先生大全文集》卷八十一—八十二)有经行开平笔录数则,言方舆者多转载而一抄再抄,讹误滋多,今重加辑录,并疏证其地理之可知者,至于人物,则但就纪行涉及者,稍事注释,便阅读而已。

〔中统二年〕二月癸巳朔。五日丁酉,行省官奉旨北上。

　　上年七月十三日立行中书省于燕京。

后三日,恽与偕行者周定夫,

　　《事记》记行省同僚甚悉(以下诸人事迹凡不言依据者,皆录自本书)。定夫名止,滨州人。资强发,有口辨,多记前人利害事条,因言事见称,在当时有足观者。都堂悬其卷于幕中,用劝来者,自是游道颇广,尝权右司都事。至元元年累官中书都事,除河南宪佥,升辽东宪副。十三年改江东宣慰副使,历湖南、湖北两道按察使,以翰林侍读学士致仕。又见《雪楼集·跋姚雪斋赠周定甫诗后》。

巳刻,遇河南经略使史公于居庸南口。

　　史公,史天泽,宪宗二年任经略使,中统元年六月任宣抚使,本书下文又称河南宣抚经略使史公。居庸南口古称居庸下口,今北京市南口镇。

相与迎谒道左,公问㫤相所在,

祃相，祃祃，或谓即牙老瓦赤。

曰次西南土楼村，公相见而去。

在南口南十五里，又作"土鲁"。据出土乌古论元忠妻鲁国长公主墓志及《金史·昭德皇后传》，鲁国公主葬后于宛平县土鲁原。

知车驾回銮，北兵已败，遁去，行者居者为熙然也。

《史集·忽必烈合罕纪》，世祖征行至和林并驻冬汪吉河畔，阿里不哥败退谦谦州之玉须河滨，帝遂亦还军合剌温只敦已之斡耳朵（见 J·A·Boyle 译本二百五十四—二百五十五页）。

前次北口店，复有旨"山北寒沍（音 hu），可缓来"。遂还。

北口店详下文。山谓太行也。

是日遇张国公于中店，

张国公，张柔，封蔡国公。下文称保定总管蔡国公。中店无考。

说见赍亡金实录赴省呈进。

王鹗撰《张柔墓志》言，壬辰汴降，柔入史馆取金实录、秘府图书（《元名臣事略》卷六引）。《元史》卷百四十七本传称，中统二年柔以金实录献诸朝，即此"赴省呈进"事。欧阳玄《进金史表》："柔归金史"云云，即谓此实录。又，郝经《遗山先生墓铭》："国史实录在顺天道万户张公府。"张公即张柔。元好问《与枢判白兄书》："……向前八月，大葬之后（案：谓葬其母苏氏），惟有实录一件，只消亲去顺天府一遭，破三数月功，披节每朝终始及大政事、大善恶系废兴存亡者为一书；大安及正大事，则略补之。此书成，虽溘死道边，无恨矣。更看向去时事稍得放松否也？"（《遗山先生集》卷三十九）

省官时缮写进读《大定政要》，得此，遂更为补益之。

　　《政要》无闻。《金史》及钱大昕《元史艺文志》著录有《圣训》、《遗训》等书。下文四月六日纪事：未刻诸相入见，进《大定政要》，因大论政务于上前，圣鉴英明，多可其奏。

二十二日役来趣阖省北上。

　　二十二日甲寅。

越三月壬辰，

　　壬辰应是"壬戌"之误，且遗"朔"字。

五日丙寅未刻，丞相祃祃与同僚发自燕京。是夕，宿通玄北郭。

　　通玄为燕京北郭中门，约当今北京市宣武门外下斜街一带。其名复见《金史》抹撚尽忠、鄯阳、纥石烈执中各传（卷百一、百二十一、百三十二），日后为阿合马戮尸处。

偕行者都事杨恕、

　　杨恕字诚之，杨云翼第二子。正大四年经义进士及第。中统二年任燕京行省左司都事，后为翰林待制，移易州，见元好问撰《内相文献杨公神道碑》及《中州集·礼部杨公云翼小传》。其人又见《元史》《世祖纪》及《刘因传》。刘敏中《中庵集》卷二十，唐元《筠轩稿》卷十三，刘因《静修文集》卷二十均有祭杨恕文。

提控术甲谦、

　　王恽谓谦字和之，辽东人。

详定官周止、

　　即周定夫。

省掾王文蔚、

　　王恽言文蔚字仲玉，东平人。终济南经历官。

刘杰。

　　王恽言杰字汉卿,号莱山,益都文登人。中统元年授中书省掾,累迁知潞州,仕至杭州总管。见《明一统志》卷二五及弘治《潞州志》卷三。案:《元史》卷二百八《高丽传》有武略将军、副统领刘杰使高丽之事。又王恽有《扬州送刘汉卿东归汴梁诗》。

六日丁卯,午憩海店。距京城二十里。

　　即今北京西郊海淀镇。

凡省部未绝事务,于此悉行次遣。是晚宿南口新店。

　　新店距南口七里。其地高平宽敞如台,广二里,袤三里,背山面水,有踞虎蟠龙之势,又名"龙虎台"。延祐二年昌平县治徙于此。元刘一清《钱塘纪事》卷九载宋日记官阁赞严光大所记宋君臣赴上都朝元世祖,有《行程纪》,称此为昌平站。柳贯《九月二十八日迎大驾到昌平县诗》:"前瞻直南口",谓昌平县对南口,距离甚近。

距海店七十里。戊辰卯刻,入居庸关。世传始皇北筑时,居庸徙于此,故名。

　　始皇修长城而徙居庸,传闻异辞。

两山巉绝,中若铁峡,

　　诗人经行居庸多言关如削铁,断崖万仞。如王恽作《居庸怀古》乐府:"壮巉巉铁峡谁设险"又《黑山秋霁诗》:"我度居庸关,天峡四十里。巉岩积铁色,两势苍壁倚。"(诗词凡不另言出处者,皆见本集,不再一一注明)胡助《上京纪行诗》七首之三《居庸关》:"天险限南北,乱石如城陴","涧谷四十里,崖峦争献奇"。柳贯《度居庸关诗》:"崎岭里四十",郝经《居庸行》:"巉巉铁穴六十里。"洪武《顺天府志》卷十四昌平县关隘门谓居庸关"入深四十里，两山夹峙，一水傍流，骑通连驷，车行兼辆。……又案图册云，先入南口，过关入北口，关中有峡曰弹琴，道旁有石曰仙枕，两岸峭壁刻石为佛像，皆作亭以覆之。前先设隆镇卫于此地把截，总治诸小隘口。……"六十与四十，算法之差，谓南北两口间里距也。

少陵云，"硤形藏堂隍，壁色立积铁"者，盖写真也。

杜甫此诗题曰《铁堂峡》，见《九家集注杜诗》卷九。居庸如削铁状，故又有"铁铸"之说及"铁门"与"铁门关"之称。《圣武亲征录》太宗庚寅年七月，由官山、铁门关、平阳南下。《元史》卷百二十《札八儿传》，"金人恃居庸之塞，冶铁锢关门"。萨都剌《过居庸关诗》："关门铸铁（原校：一本作"铁铸"）半依空"，"前人（一本作"前年"）又复铁作门"。均可为证。

控扼南北，实为古今巨防。

《析津志》：居庸"中断而为关，南北三十里（三十里亦计算途程长短之差异），古今夷夏之所共由定，天所以限南北也"。郝经《居庸关铭》："岩壑重复，扼制出入。是天所以限南北，界内外，固中原之围，壮天地之势者也。"袁桷《居庸关诗》："平峦转城隍，隐隐南北界。"柳贯《晨度居庸至南关门诗》："两都扼喉南北镇，九州通道东西行。"迺贤《居庸关诗》："重关设天险，王气舆坤轴。"皆所以言此关两崖峡束，石路盘肠之险蔽与雄伟。

午憩姚家店。

今关沟附近下姚家河。

是夜宿北口军营。月犯东井钺星。或者云，斧钺用兵之兆。

居庸北口之名首见《金史·抹撚尽忠传》，北口屯营，俗说创于拖雷监国之时（戊子年），然太祖时哈儿鲁人塔不台已"以所统哈儿鲁军世守居庸之北口",见黄溍所撰《柏铁木儿家传》。

距南口姚店三十里而远。

姚店,姚家店之省。

己巳辰刻度八达岭,

己巳,第八日。宋人记契丹通道,一自南口以上居庸关、八答岭(李攸《宋朝事实》卷二十)。八答岭即八达岭。金人刘迎有《晚到八达岭下达旦乃上》及《出八达岭》两诗,见《中州集》卷三。

于山雨间俯望燕城,殆井底然。

昔人谓居庸之险不在关城而在八达岭。由八达岭下达关城,降若趋井。而燕京又居关南之平野,由岭下视,非井底而何?

出北口,午憩棒棰店。

《析津志》,居庸关南自龙虎台,北至棒槌店,皆有次舍。"棰"为槌之借字。王崇献《宣府镇志》卷一山川门"棒槌峪,怀来城东南三十八里。"讹作傍水峪或帮水峪。店当在山下。

天容日气,与山南绝异,以暄凉校之,争逾月矣。

前出萨都剌诗:"居庸关。山苍苍,关南暑多关北凉。"

午饭榆林驿。

"午"字疑误。《析津志》:安寠淤子口,通榆林站。又,昌平西北八十里至榆林。驿为日后文宗争位、燕铁木儿败上都王禅等兵之处。又名榆林站,见《元史·世祖纪七》至元十六年六月乙酉及同纪十三至元二十八年五月甲寅之下。今仍名榆林。

其地大山北环,举目已莽苍沙碛,盖古妫川地也。

冯海粟《缙山道中诗》:"榆林东北缙山围,百嶂千峰画卷挥。"(《元诗选》三集之丙《海粟集》)周伯琦《榆林诗》:"崇山峙东西,步障明锦绣。"胡助《榆林诗》:"青山环合势雄抱",袁桷《渡怀来沙碛诗》：“沙清圆石滑”，“远山列翠度”。八达岭下至榆林驿，与南山联为一体，地逼山险，又为居庸之外卫。妫川水极清，俗名清水河，发源延庆县永宁城大海沱山下黄龙潭，入怀来界西南流，合于桑干。由燕尾河下游经老君山下数里，乃名浑河（自怀来旧县城以下，今尽浸没官厅水库）。妫河冬春多涸，经行之域沙石遍布。

是夜宿怀来县。南距北口五十三里。

金元县城在旧县城西北，而旧县城今降为怀来镇。《钱塘记事》称此地为隘口。

县东南里许为酿泉，井水作淡鹅黄色，其曰“玉液”即此出也。官为置务，岁供御醪焉。

《长安客话》（卷八）长安岭南有镇安驿，道边土垣一周，宛然一小城，乃元时官酒务。每岁驾幸上都于此取酒。郝经《怀来醉歌》：“系马门前折残柳，玉液和林送官酒。”（嘉靖）《隆庆志》（卷一）：“玉液泉在州城西南，水清味淡，造酒极佳。元时取造玉液酒，因以名泉。其水西流入清水河。李溥光诗：‘尚酝香飘玉液泉’是也”（李诗名《温泉》，见《元诗选》三集丙集）。

庚午泊统墓店。

庚午，九日。统墓店即土木堡，又名土木村，明英宗被也先俘获处。

询其名，土人云：店北旧有统军墓，故称。

沈涛《瑟榭丛谈》上卷引王恽行纪及陈孚《统幕诗》：“不知何代开军府，犹有当年统幕名”，以斥（嘉靖）《隆庆志》“辽主游幸尝张大幕于此，因名统幕”一名之无稽，而谓《通鉴》武德六年秋七月辛巳，高开道所部弘阳、统漠二镇来降，则统漠之名，唐初已有。顾祖禹《读史方舆纪要》且称镇即高所置。沈涛尝官怀来。早于沈氏百余年之钱良择《出塞纪略》已主此说,姜南《叩舷凭轼录》误袭辽主张幕之说,陈衍《元诗纪事》卷四引姜书,沿袭其误。

是夜宿雷氏驿亭。

雷家驿又称雷家站。雷又作"漯"。参《元史》卷二十一《成宗纪四》大德十年正月丁卯及卷二十七《英宗纪一》延祐七年六月戊辰纪事。《析津志》:"榆林西行至统幕分二路:一路北行至上都,一路西行至雷家店。"袁桷、柳贯等翰苑诸人经行第一路,故诗咏不及雷家站以西诸驿;而恽及张德辉、周伯琦走第二路,再趋向西北以达上京或上京以北之地。今为新保安镇。

地形转高,西望鸡鸣山,南眺桑干上流。

桑干河源出山西马邑县桑干山金龙池,进入河北后,流经涿鹿县(保安旧城),东经新保安二十里与燕尾河、洋河诸水合,洋河既合桑干,其流甚浊,因别称浑河。王恽目击之桑干上流,正涿鹿东一段流程。《元史》卷一百三十八《伯颜传》称为"鸡鸣山之浑河"。

自奉圣东,诸山下注,白波汹涌,若驱山而东。

奉圣州,今涿鹿县(保安镇)。奉圣以东诸山,指今保安东北山(标高一千五百五十四尺)及八再营至八西营中间之山(标高一千零五十一公尺)。

鸡鸣山者,昔唐太宗东征至其下闻鸡鸣,故名。

鸡鸣山,北魏已有此名,古称磨笄山,山侧即鸡鸣驿。郝经《鸡鸣山行》:"一峰奇秀高插空,万马踏碎青芙蓉。桑干黑浪落绝壁,霜静天澄更觉雄。"

东南距怀来七十里而远。辛未午刻入宣德州。

辛未,十日。宣德州,后升府,今宣化市。

申刻使者也鲜乃至,传旨趣令诸官速赴行殿。

《元史》卷十四《世祖纪十一》。至元二十四年五月己亥有也
先传旨谕北京等处宣慰司,禁隶乃颜所部者往来。

是夜宿考工官刘氏第。

宣德自来为群工所聚,宣德所属荨麻林(今洗马林,在万全县
西南)尤为来自撒马耳干之织造各种金锦(纳失失)之工匠聚处
(参伯希和《荨麻林》一文,冯承钧汉译载《西域南海史地考证译丛
第三编》六十至七十八页)。考工官刘氏,必刘敏一家。敏尝领西
域工匠千余户。事见《元史》卷二百五十三本传。

十一日壬申侯祸相为一日留,盖有所需也。距雷氏驿九十里。

《析津志》:雷家店九十里宣德。

癸酉,行六十里值雪,宿青麓。

癸酉,十二日。青麓,《口北三厅志·山川志》卷二以为青边
口,里程差近。《宣府镇志》:青山,青边口堡北八里,其色青于群
山。

十三日甲戌,至定边城。憩焉,盖金所筑故城也。

《三厅志·古迹志》(卷三)以张家口东北九十里之静边城当
之。而据杨时宁《宣府镇图说》,静边城在葛峪堡及常峪口边外
(六十八至六十九两页),约为今崇礼县(西湾子)以东之地。

是夜宿黑崖子,距青麓九十里。

即下文黑崖甸。王恽等一行离宣德后转趋东北,宿青麓,宿黑
崖子。所谓黑崖子或黑崖甸应与恽等归程位在牛群头与云州之间
之崖岭为一地。《明史·华云龙传》:洪武三年冬行边,至云州,袭

元平章僧家奴营于牙头,云云。牙头即崖头。崖头、崖岭、黑崖三者或即一山,约当今正阳墩一带(赤城县云州镇西北)。

十四日乙亥,抵榷场峪,盖金初南北互市之所也。

榷原误"礁",意改。峪以榷场命名,其地必为通道,故为贸易处。玩味文意。双城方为榷货官驻扎之地,而此双城舍羊城或曰北羊城者,莫可当意。然羊城或北羊城,辽初便是南北贸易之所,不始于金初。约在今沽源县西南黄盖淖(或王家沟)一带(必其地有辽、金新旧二城,故以"双城"命名)。

是夜露宿双城北十里小河之东南。距黑崖甸北一百有五里。

此小河,必今小河子镇以东之小河(发源独石口东南之南厂,西北流经石头城子等地,也潴于囫囵诺尔,囫囵诺尔即察罕脑儿)。

十五日丙子,停午至察罕脑儿,时行宫在此。

周伯琦《察罕脑儿诗》自注:"察罕脑儿,犹汉言白海也。"白海古曰白泺,见《金史·地理志上》桓州下注语,泺即蒙古语之脑儿。"白海"之名多见元人诗,许有壬有《宿滦河望白海行宫诗》。杨允孚《滦京杂咏》:"鸳鸯坡上是行宫",自注:"即察罕脑儿。"其地实名鸳鸯坡。王恽来时行宫尚系毳车毡帐,其筑土墙在至元十七年(参《元史·世祖纪》此年五月甲辰纪事),督工役者蔡珍(同书卷百六十六本传)。考古学者谓囫囵诺尔(此诺尔古时当兼有公鸡、小泉子两诺尔为大水泊)东北有大宏城子,系金之景明宫,而大宏城子东北傍近闪电电河(即上都河之讹,乃滦河上游)之小宏城子,乃元之察罕脑儿行宫(见郑绍宗著《考古学上所见之察罕脑儿行宫》,载《历史地理》第三辑七十八至八十五页)。

申刻大风作,玄云自西北突起,少顷四合,雪华掌如,平地
尺许。

乱滦河而北,

　　"乱"字误,疑为"渡"或"涉"。又,涉水处必在小宏城子以
东。

次东北土楼下,

　　约当今之大梁底(标志一千四百公尺)。

群山纠然,川形平易,因其势而广狭焉。泉流萦纡,揭衣
可涉。

　　袁桷《滦河诗》:"近山马昂鬃,远山凤腾(原校:一作"翥")
羽。百谷奔乱流,屈曲长蛇赴。"可为恽书之补充写照。今正蓝旗
(黄旗大营子)以东、崔家营子东北尚有一大泉水,昔时沟渠交错,
蔓草如茵,必又胜于今日。

地气甚温。大寒扫雪,寝以单韦,煦如也。

　　滦河平野辽金以来称金莲川。冬温夏凉,为乌桓、鲜卑以来游
牧民避暑之所。

沙草靘茂,极利畜牧。

　　陈孚《金莲川诗》:"茫茫金莲川,日映山色赫。天如碧油幢,
万里罩平野。野中何所有? 深草卧羊马。"马祖常《上京书怀》:
"沙草山低叫白翎","谷量牛马烟霞错",萨都刺《上京即事》:"大
野连山沙作堆","沙际风来草亦香。""牛羊散没落日下,野草生香
乳酪甘。"柳贯《滦水秋风词》:"旃庐水泊成部署,沙马野驼连数
群。"同人《后滦水秋风词》:"丈夫射猎妇当御,水草肥甘行处家。"
张嗣德(四十一代正一教主)《滦京八景诗》:"牛羊下夕群屯雾",
"监牧平沙时先马"(《元凤雅》卷三)。周伯琦《扈从诗》:"刍牧万

群肥。"冯子振黑漆弩小令《至上京》:"白茫茫细草平沙"(陈乃乾辑《元人小令集》二十九页)。《元史·太祖纪》:六年十月,"袭金群牧监,驱其马而还"。同书卷百二十二《槊直腯鲁华传》:"下金桓州,得其监马几百万匹。分属诸军,军势大振。"元因辽金之旧,仍设马监于此,盖滦野水草丰美,自来饶畜牧之利。

按地志,滦野,盖金人驻夏金莲、凉陉一带,辽人曰王国崖者是也。

《金史·地理志上》:桓州有金莲川,有凉径。金莲川本名曷里浒东川,景明宫,避暑宫也,在凉陉。又曰,抚州有旺国崖,大定八年五月更名静宁山。考迺贤《塞上曲》:"乌桓城下雨初晴,紫菊金莲漫地生。"此金莲川之所以得名也。曷里浒即界里泊,又曰辖里衮、辖里尼要、押里尼要,衮或尼要即脑儿,浒也,泊也。今称好莱诺尔(在炮台营子以西)。曷里浒东川者,言其为曷里浒以东之平川地。陈孚《金莲川诗》:"昔人建离宫,今存但古瓦。"离宫,便谓景明宫焉。《元史·郝经传》(卷百五十七):"宪宗二年,世祖以皇弟开邸金莲川。"又《杨惟中传》(卷百四十六):"宪宗继位,世祖以大弟镇金莲川,得开府,专封拜。"又《别的因传》(卷百二十一):"甲寅(案:即宪宗二年)世祖以宗王镇黑水。"考黑水即滦河,滦河上游弯曲处而日后城开平府,曰上都者,所谓金莲川之地也。凉陉,《元史·太祖纪》曰桓州凉径。又称冷陉、硎头等,其名甚古,又名炭山,更曰黑山,元人诗词多见其名,马臻并有《黑山》一诗,柳氏《滦水秋风词》且以黑山与白海相对仗。俗说即滦河发源处之黑龙山(标高一千六百五十三公尺)。王国崖即旺国崖,又作望国崖、尪国崖等。既属抚州,而抚州为今之张北县,则大马群山西南支之前赛寒坝(标高一千六百二十九公尺)约略当之。《宣府镇志》山川门,望国崖,保安旧城东北四十五里,显误。总之,滦河回环处以南、大马群山以北数百里间,皆得谓之"滦野"。

十六日丁丑,上遣参知政事张易。

张易官至中书平章政事兼枢密副使、知秘书监事。至元十九年三月以阿合马之死而牵连被杀。

廉右辖(自注:廉名希宪,字介甫,瀚海人。□资沉毅,临大事不可夺,其廉正有大臣风节。)传旨尉谕行省官。

"右"原误"名",今改正。希宪官中书右丞。

时御道不启,拜觐者皆俟,故留八日而发。距双城七十里。

此行宫南距双城之里程。

二十三日甲申,次鞍子山南。

今名骆驼山(标高一千八百二十八公尺)。"鞍子"者,像骆驼之双峰耳。明洪武三年五月丁酉(九日)李文忠、左丞赵庸败元太尉蛮子、平章沙不丁、朵儿只八刺等于白海子之骆驼山(又简称驼山),即此。永乐八年明成祖北征时,金幼孜等于此山迷路,见《北征录》。又《口北三厅志》卷二山川志作博索特门山。

距滦河四十里。

实为西南距。

二十四日乙酉,次桓州故城。

《元史》卷七十二《祭祀志一》:"中统二年四月己亥,躬祀天于旧桓州之西北,洒马湩以为礼,皇族之外,无得而与。"旧桓州谓桓州故城。约在今斯交音子以东濒闪电河处(骆驼山东北)。

西南四十里有李陵故台。

柳贯《望李陵台诗》:"李陵思乡台,驻马一西向。"陈孚《李陵台约应奉冯昂霄同赋》:"空有台上石,至今尚西向。"黄溍《李陵台诗》："日暮官边道，土室容小憩。汉将安在哉，荒台独仿佛。"萨都剌《过李陵台诗》："山头空筑望乡台。"马臻《李陵台怀古》："登台望汉地。"高邱有石如人，翘首西向如望乡者。台下"土室"为驿站所在。俗说，今正蓝旗以南黑城子是其故址。《明太宗实录》卷七十一永乐八年七月戊辰，改开平李陵驿为威虏驿。即此。

道陵敕建祠宇，故址尚在。

金章宗死葬道陵。建祠宇，他书未见。

未刻朔风发发。雨霰交作。传令：方春牧马不胜寒，尤瘦弱者，悉用毡毳答覆其背，否者，以法从事。

尤字原作"克"，意改。答即"搭"字。此亦蒙古养马之一法。

二十六日丁亥，晨霜蔽野如大雪，日极高，阴凝始释。距鞍子山二十有五里。

与李陵台之距离。

是日完州人高道字道之来自和林城。

《元史》卷五《世祖纪二》至元元年八月丙辰，皇子南木合说书官以高道为之。当即此人。和林城，今蒙古人民共和国前杭爱省哈尔和林。

说迤北正三月间，地草自燃，东自和林，西至炊州。

"炊"当作欠。欠欠州俗作谦州或谦谦州，在唐麓岭（今唐努山）以北、谦河（今叶尼塞河上游）上游流域。

其燃，极草根而止，水温处愈甚。人往来者，须以毡濡水覆其上可越。又有黑风，掠人面如灼，兵械及山椒，遇夜皆有火出，在山者如列炬然。或者云，火，兵象，皆彼自焚消铄之兆。

山椒，泛言灌木丛。

二十七日戊子,次新桓州,

陈孚、周伯琦等皆有《桓州诗》。金幼孜《北征录》永乐八年明
成祖北征回,七月五日发环州,晚次李陵台。"环州",桓州之舛
文。俗说其遗址即今正蓝旗之四郎城(旧称库尔图巴尔哈孙)。

西南十里外,南北界壕尚宛然也。

刘秉忠《过界墙诗》:"三岁三番过界墙。"柳贯《后滦水秋风
词》:"界墙洼尾砂如雪。"吴师道《闻危太朴王叔善除宣文阁检讨
诗》:"亭障连山入杳茫。"界墙、亭障,并谓金西北路(即治桓州城)
之界壕。王国维说:恽所见金西北路界壕,当在新桓州城北十余
里。(见《金界壕考》一文,载《观堂集林》卷十五)。

距旧桓州三十里。

明人杨守谦作《大宁考》,据恽书言桓州有二城,南为新城,北
为故城,相距三十里。

申刻,欻有兔自北来。

欻,忽然之义。

入王相帐中,获焉。公曰:"兔阴类,性狡,一举而得,吾事其有解矣。"

王相指王文统。

二十八日己丑,饭新桓州。未刻,扈从銮驾入开平府,盖圣上龙飞之地。

《元史》卷一百二十六《廉希宪传》,希宪曰:"上都,圣上龙飞
之地,天下视为根本。"上都,府名开平。

岁丙辰,始建都城。

《元史·世祖纪一》:"岁丙辰,春三月,命僧子聪卜地桓州东、
滦水北,城开平府,经营官室。"案:丙辰乃宪宗之六年。子聪即刘

秉忠,《元史》卷百五十七本传:"初,帝命秉忠相地于桓州东、滦水上,建城郭于龙冈。三年而毕,名曰开平。"遗址今正蓝旗东北之昭乃门苏木,城阙犹存,遗物遍地。

龙冈蟠其阴,滦江经其阳,四山拱卫,佳气葱郁。

《大宁考》引此文江作"河",葱郁作"郁葱"。王恽别作《开平晚归诗》:"龙首岗边野草深,秋风滦水动归心。"袁桷《登墥台诗》:"蜿蜒西龙冈,绿草摇晴波。"马祖常《北歌行》:"却将此地建陪京,滦水回环抱山转。"同人《次韵端午行》:"滦水之阳汉陪京。"黄溍《上都分院诗》:"洪河贯其前,青山环四旁。"周伯琦《诈马行》:"龙冈环拱滦水淙。"同人《明日慈仁宫进请毕……》:"况在皇州滦水阳。"揭曼硕《题上都崇真宫……》,"玉京滦水上"。洪河即滦河:龙首岗,龙冈异称,又曰卧龙山。(天顺)《明一统志》卷五万全都指挥使司下:"卧龙山在旧开平北三里,元上都北枕龙冈,即此山也。"此山之外,南屏山在开平城南四十里,牛心山在开平城东四十里。

都东北不十里,有大松林。

《大宁考》引文无"不"字。马祖常《上京书怀》、袁桷《松享行》、《登墥台》、《上京杂咏》、《开平十咏》、《行路难》各诗,皆有歌吟此大松林之句,且言松林为唐人所种以分界番汉者,但后代采伐无度,千斧百车,既燃薪煤,又用以架屋,而运输京师诸地。"松林夜雨"为滦京八景之一。张嗣德诗:"百万苍虬几雪霜","剑戟森严坚岁暮",皆所以喻松林老树之枝干盘曲、寒冬不凋也。白珽《续演雅》:"滦人薪巨松,童山八百里。"原注:"取松煤于滦阳,即上都。去上都二百里即古松林千里,其大十围,居人薪之将八百里也。"案松林千里,古称平地松林,东北自潢河上游,以迄于神榆树之北。冯子振小令《松林》一阕:"听神榆树北车声,满载松林寒

雨。"即对松林伐木之描述。神榆树又曰神树。明洪试三十五年
（即建文四年）十一月甲申日于其地设烟墩堠站，此松林再向西南
伸延，则为龙门所以北之万松沟。

　　异鸟群集，曰"察必鹊"，盖产于此者。

　　山有木，水有鱼，

　　《大宁考》作"山多树木，水饶鱼虾"，

盐货狼藉，畜牧蕃息，大供居民食用。

　　袁桷《客舍书事诗》："干酪瓶争挈，生盐斗可提。"此上都产盐
之证。又《开平十咏》之七写上都商业，曰："煌煌千贾区，奇货耀
初日。"马祖常《北歌行》："万井喧阗车戛轮。"曹元用和马此诗：
"万井间阎春浩荡。"皆所以描写上都之繁华。

然水泉浅，大冰负土，夏冷而冬冽，东北方极高寒处也。

　　袁桷《开平十咏》之一有句云："寒沙杂软草，其下有片冰。"刘
一清《钱塘纪事》："自燕京至上都八百里，一步高一步。井深数十
丈，水极冷，六月结冰。五月六月汲起冰，六月雹如弹丸大。一年
四季常有雨雪，人家不敢开门，牛羊冻死，人面耳鼻皆冻裂，秋冬积
雪可至次年四月方消。……此地极冷，每年六月皇帝过此避暑，冰
块厚者数尺。"

按方志，盖东汉乌桓地也。

　　周伯琦《桓州诗》自注："桓州，古乌丸地也。"乌丸即乌桓。柳
贯《还次桓州》、《次韵伯庸……》、《八月十五日得旨……》各诗之
乌桓，并谓桓州。虞集、张昱之《白翎雀歌》、迺贤之《寒上曲》，其
乌桓城，与萨都剌《白翎雀诗》、《年簇簇行》之桓州城，同义。

距新桓州四十有五里。

　　《大宁考》开平距新桓州东四十五里，本此。

（八月）二十日庚戌,诣都堂辞诸相南归。

> 都堂,即行中书省。

二十一日辛亥辰刻由都西门出。

> 都,指开平府。

是夜宿桓州。

> 指新桓州。

二十二日壬子,抵旧桓州。

> 皆由来时路回转。

二十三日癸丑,前次牛群头。

> 周伯琦《纪行诗序》:"失八儿秃地多泥淖,又名牛群头。"柳贯有《午日雪后行失八儿秃道中有怀同馆诸公诗》。失八儿秃,蒙古语"有泥淖"也。遗址为今独石口北七十里之石头城子。《明太宗实录》卷一百四十,永乐十一年六月辛亥:"勅镇守大同山阴侯吴高曰:'前虏寇掠失八都驿马,得志,闻将复来……'"云云。又壬戌条:"又失八都之地,其西当冲要之路,东北离开平二百余里,南抵独石,多有军士屯种牧养,而无城堡堤防。故前被虏人劫其驿马。宜筑城堡,设官军三百或五百备御。"案:石头城子则此明初设置之城堡也。《钱塘纪事》谓牛群站是草地站始点,"此去皆草地。此乃鞑靼家官人管待,名鞑靼站。路中每十里一急递铺"。以下自南而北为明安站、凉亭站、李三站,各为一日程,再行四十里至上都开平府。宋君臣自牛群站以下来路即恽之归路。

取直东南下崖岭。

> 此崖岭必系偏岭之异名。黄溍《担子洼诗》:"自从始出关,数日走崖谷。迢迢度偏岭,险尽得平陆。坡陀皆土山,高下纷起伏。连山暗丰草,不复见林木。"偏岭乃山区与草原分界处。担子洼在

岭下。迺贤《担子洼诗》："朝发牛群头，夕憩担子洼。"

夜半宿山南农家。

> 山，谓崖岭。

明日甲寅，宿云州张继先家。

> 辽、金望云县，元中统四年升县为云州。今赤城县云州堡。元人作诗常混同云州为云中郡（今大同市），参上举沈涛《丛谈》上卷，张继先事迹待考。

二十五日乙卯，自望云沿龙门河南行，

> 龙门河即沽河，为白河上源，又称龙门川，在云州堡以东，合独石、红山二处之水从龙门峡南出，故名。龙门峡隔河相望。两山对峙高数百尺，望之若门，大川出其下，又名龙门山（参《寰宇通志》卷七，《明一统志》五，《宣府镇志》一）。

入寒山峪。遇大雨，息寒山递铺。

> 此寒山峪似当于赤城县东南之赤城山。递铺在山侧。

午霁，渡泥涧，人马绲而下，挽而上，登靖边北岭。

> 此靖边北岭似当于赤城山以下之上下马鞍山。

有虎突起涧东，啸而去，人马为辟易。投宿碧落崖下。崖峻绝，方广如画屏然，泉流萦带，环山根一匝。秋稼已熟，黄云满川，盖朔方之武陵溪也。

> 碧落崖即滴水崖。《宣府镇志·山川门》："滴水崖又名碧落崖，在雕鹗堡东四十里。石崖滴水，去地百余仞，隆冬不冻。"滴水崖环山面水，上有朝阳洞，为此崖胜处。王恽称此崖"方广如画屏然"，与明人汤兆京之诗"千尺丹崖插碧天"，吴亮诗："危崖削出石为虹"，徐渭诗："滴水孤崖百丈边"，相仿佛。

二十六日丙辰，下十八骨了，泥滑不能骑；比至平地，仆马

为痛矣。

十八骨了殆谓色泽岭。袁桷《行路难》之第一首曰："桑干岭上十八盘,赫日东出红团团。""马行犹知泥浅深。重车没踝路莫寻。"周伯琦诗序之色泽岭,今涩石岭又名塞石岭。胡助《枪竿岭二首》其一言:"九折盘纡过客愁","长年只说枪竿岭",其二又言:"桑干岭上一回首,何处云飞是故乡。"

行约两舍,抵田家止宿。

约在今青龙桥东北二道河。

二十七日丁巳,宿北口小店。

即居庸北口,参上文北口军营。

明日逾灰岭,

灰岭自来为交通咽喉要路。《明史》卷百三十《华云龙传》见"灰岭隘口"之名。《明太宗实录》洪武三十五年十一月甲申纪事言灰岭设烟墩候望。(洪武)《顺天府志》引《元一统志》:"灰岭口在昌平县东北二十八里(同书引大都图册曰二十五里)。壁峭路险,入深七里许。"王崇献编《宣府镇志》谓永宁城南至灰岭口十里。(嘉庆)《隆庆志·地理志》(卷一):灰岭有东西之分,东在永宁城东南十五里,西在永宁城南十二里。案:恽所逾者西灰岭也,亦即灰岭口也。验今地图,灰岭口在贤庄口西三里,而贤庄口南距天寿山明泰陵(即孝宗之墓)只五里。又:明蒋一葵著《长安客话》卷七称:灰岭之险特倍于长城岭(在十八盘西五里)。石如蛤粉,无树木,大石嵯嵯,吹籁扬尘,则纷溶而起,百里可见,了了如雪。殆此岭之所以得名也。

试桃花峪温汤。

殆今之桃峪(又名桃谷洼),在南口西。峪内西北向东有大崵山，又名汤谷山，为崵山潭之所在。陈孚《云州诗》："天险龙门峡，悬崖兀老苍。""路人遥指语，十里是温汤。"

山间殊有奇观，石为盘涡如碧玉盆者非一，寿藤灌木交荫左右；其水泉，盖潞河之上源也。

此潞河，谓西潞河，亦即温余河。今温余河上源有二，一南沙河（古之漯余水），一北沙河（古易荆水）；南沙河出自鱼沟，北沙河出自亭子庄、小埝头诸水（请参阅光绪《昌平州志》所引刘万源《南北沙河考》及傅云龙《北沙河为漯余水考》二文），皆非恽所谓"桃花峪温汤为潞河之上源"，实指桃峪洼所临之龙潭。其水经居庸关下至养马峪（南口西南）而止。

是晚，宿新店。又二日，至燕。

经二日返燕京，则新店曾为一日留。

张德辉《岭北纪行》疏证稿

1247 年张德辉应忽必烈之召赴其衙帐，备顾问，有《纪行》之作，见王恽《玉堂嘉话》卷八（《秋涧先生大全集》卷一百）。后人辑出单行，或题《边堠纪行》（《说郛续》卷二十六）、（《古今游记丛钞》卷四十五）。或题《塞北纪行》（《渐学庐丛书》一集，《皇朝藩属舆地丛书》又影缩此本）。俄人 Palladius 译成俄文，E. Schuyler 复从俄文译英文。而清人沈垚作《西游记金山以东释》、王国维作《长春真人西游记注》则以李志常书与德辉《纪行》相比较；又清人丁谦及近人姚从吾并有专书著作，丁但考证地理，为《蓬莱轩舆地丛书》之一种；姚则地理外，兼及史实与典制，改"边堠"、"塞北"为"岭北"以求切实，题名《张德辉岭北纪行足本校注》（见《文史哲学报》1962 年 9 月，第 11 期 1—38 页）。今不蔽愚陋，赓续前贤，采诸家之长而补其罅隙，作疏证如下：

岁丁未夏六月初吉，

丁未，定宗之二年，公元 1247 年。初吉，月之七、八日。

赴召北上。

《元名臣事略》引恽所撰《德辉行状》：上在王邸。岁丁未，遣使来召。又元好问撰《令旨重修真定庙学记》，王以丁未之五月，召真定总管府参佐张德辉北上。（《遗山先生集》卷三十二）盖五月旨意下，而六月启程也。上、王，并谓即帝位前之忽必烈。

发自镇阳。

即真定府,今河北正定县。案遗山先生别作《送高雄飞序》言:"恒府天壤间大都会,在今为长乐官之汤沐邑。且乾龙潜跃之渊也。自文统绍开,俊造骈集,七八年间,鹤书特征,与凤尾诺之所招致,视他郡为独多。"(本集卷三十七)案:恒府即真定。长乐官喻庄圣太后怯烈氏唆鲁禾帖尼。乾龙潜跃谓世祖也。鹤书、凤尾诺均借以指征聘贤士。雄飞之北上在壬子年(宪宗二年,迟于张氏之行五年)。真定既属庄圣母子封地,则张、高皆其藩臣也。世祖之起用儒臣,自本投下始。

信宿过中山。

今河北定县。

时积阴不雨,有顷开霁,西望恒山之绝顶。

原注"所谓神峰者"。

姚从吾谓神峰为大茂山,又名神尖石。

耸拔若青盖然。

恒山山势尨嵷,其阴冰雪盛夏不消。明人石瑶诗"百里见恒岳,茏葱步阵开。"即言其耸拔青翠也。

自余诸峰,历历可数。因顾谓同侣曰:"吾辈此行,其速返乎? 此退之'衡山之祥'也。"

韩愈过湖南有《衡山南岳庙诗》:"潜心默祷若有应","须臾静扫众峰出"。以见祭礼之灵验。故苏轼写《潮州韩文公庙碑》,便谓:"公之精诚能开衡山之云",云云。

翌日出保塞,

清苑县宋称保塞,今河北保定市。杨云鹏有《送张汉臣归保塞兼简张万户诗》(《元诗选三集·甲集》所选《陶然集》)。

过徐河桥。

桥在安肃县。徐河即徐水,金人谓之馈粮河。河自安肃徐河桥南流,至清苑县北五里广济桥,又南流入获城河,今已涸(见《畿辅通志》卷五十九舆地志十四山川第三卷)。

西望琅山,森岩剑戟而葱翠可挹。

《水经注》称根山。《隋书·地理志中》博陵郡唐县有郎山。俗称狼山。《读史方舆纪要》:"狼山山岑竞举,若竖鸟翅。立石崭岩,亦同剑杪。"清人严饮谟诗:"琼阁珠宫积翠间。"刘傛诗:"山色如屏带古梅。"一言山之森列,一言山之葱翠。

已而由良门、

姚说即梁门。颜案:或称梁门案,今河北徐水县。又案:《三朝北盟会编》卷二十三宣和六年十一月二十八日纪事:蔡攸议废安肃、保信二军,复为梁门、遂城县。安肃、保信二军,盖梁门、遂城二县也。在太宗时建二军,并保州,犬牙相制易州,以控西山之路,国家沿边,独此最为要害。昔澶渊之役,世号铜梁门、铁遂城者也。(下略)

定兴,

今河北定兴县。

抵涿郡,

今河北涿县。

东望楼桑蜀先主庙。

案:《三国志·先主传》(卷三十二)言:"先主少孤,与母贩履织席为业。舍东南角篱上有桑树生,高五丈余,遥望见幢幢如小车盖,……"。庙在楼桑村,建于唐乾宁四年。金承安初重修,黄华老人王庭筠撰《碑记》。杜甫、刘禹锡、朱熹以下多有吟咏。恽亦题诗曰："百里燕南道,山河带(一作"绕")帝宫。荒村仍故里,乔木几秋风。"故里,先主旧居。乔木,楼桑也,层荫如楼,遮蔽百亩。今名楼桑村,在涿县城西南十五里。

经良乡。

今北京市房山县良乡镇。

度芦沟桥。

桥作于金大定二十九年六月丁酉而成于明昌三年三月癸未,见《金史·章宗纪一》。

以达于燕。

今北京市。

居旬日而行。北过双塔堡、

《元史·河渠志一》(卷六十四):"双塔河源出昌平县孟村一亩泉,流经双塔店而东,至丰善村,入榆河。"(辑本)《顺天府志》:昌平县急递有双塔铺。(铺之外村镇有双塔店,古迹有双塔故城,"在县西南一十里孟村庄,旧传辽人所筑,遗址尚存"。铺、店、故城必在一处。)张弘范有《过双塔诗》(见《淮阳集》)。

新店驿,

又名龙虎台,今昌平县西南。延祐二年昌平县徙治于此。

入南口,

居庸之南口。今昌平县南口镇。

度居庸关。

在南口西北十里。

出关之北口则西行,

北口,今八达岭之岔道。赵羽有《岔道秋风诗》:"历尽羊肠路忽通。"言出山地入平川也。

经榆林驿、

今康庄车站以西。

雷家店，

又称雷家驿或雷家站。今新保安镇。

及于怀来县。

旧县地今已没入官厅水库矣。

县之东有桥，中横木而上下皆石。

姚说，此桥是鸡鸣山麓右侧洋河山之古桥遗址。陈孚《怀来诗》："忽闻鸡犬声，见此千家市。石桥百尺横，其下跨妫水。"揭傒斯《登怀来县古城诗》："长桥人并立，还爱此河清。"

桥之西有居人聚落，而县郭芜没。

前出之陈孚诗："人言古妫州，残城无乃是。民家坐土床，嬉笑围老稚。"前引揭傒斯诗："落日开平路，怀来古县城。数家唯土屋，万乘有行营。"

西过鸡鸣山之阳，

在今下花园车站以东约三里。《金志上》德兴府德兴县下注："有鸡鸣山。"

有邸店曰平舆，其巅建僧舍焉。

姚说，僧舍当即鸡鸣山上之永宁寺（寺建于辽圣宗太平四年）。

循山之西而北，沿桑干河以上，

谓今洋河之一段流程。

河有石桥，由桥而西，乃德兴府道也。

德兴府，今涿鹿县。

北过一邸曰定防。水经石梯子，

丁谦曰:定防,今花园镇。石梯子,今响水铺。

至宣德州。

今宣化市。

复西北行过沙岭子口,

今沙岭子镇,在张家口东南。

及宣平县驿。

宣平县,金承安二年以大新镇置。《地理志上》以外,尚见《卫绍王纪》、《承裕传》及《元史·太祖纪》,为防御蒙古驻兵处。今张家口左卫镇西北十里之宣平堡。

出得胜口,

《金志上》抚州柔远县下注:"得胜口旧名北望淀,大定二十年更。"《太祖纪》天辅六年十二月,上伐燕京,而迪古乃出得胜口。《完颜忠传》作德胜口。忠即迪古乃。《顺天府志》引上都图册。野孤岭下有得胜口。永乐二年城德胜口,移万全右卫于此。《北征录》永乐八年明成祖北伐,记经得胜口路途之艰险难渡。

抵扼胡岭,

扼原作"扼",据他本改。即野狐岭,又作隘狐岭,额狐岭等,辽、金二史以下多有记述。在张北县城南五十里,长约五里。高约一百丈,形势险要(民国年修《县志山川志》)。

下有驿曰字落。

《经世大典》称字老站(见《永乐大典》卷万九千四百十六,页十二下)。此系大都至上都间西出之道,称"字老站道"。周伯琦《近光集》,名之曰"纳钵西路"。

自是以北,诸驿皆蒙古部族所分主也,每驿各以主者之名名之。

至上都，至和林。分道于此。

由岭而上，

岭，扼胡岭。

则东北行，始见毳幕毡车。逐水草畜牧而已，非复中原之风土也。

沈垚说：《西游记》称："北顾但寒沙衰草，中原之风，自此隔绝矣。"

寻过抚州，

抚州本辽秦国大长公主投下州。章宗明昌三年置刺史，为桓州支郡。四年置司候司。承安二年升节镇，军名镇宁。遗址在今张北县。

惟荒城在焉。

《西游记》上，过抚州，过盖里泊，"始见人烟二十余家"。故称抚州为"荒城"，宜矣。

北入昌州。

《金志上》：昌州，明昌七年以狗泊置，隶抚州，后属德兴府。遗址为今内蒙古太仆寺旗西南之九连城，又名黑城子。

居民仅百家，中有廨舍，乃国王所建也。

国王，木华黎国王也。

亦有仓廪，隶州之盐司。

"隶"。顾本作"枭"，义长。《金史·食货志四》盐法门，大定二十五年，更狗泊为西京盐司。盐司者，两京盐司之谓（元中统三年仍置盐司使于昌州）。

州之东有盐池，周广可百里，土人谓之狗泊。以其形似故也。

《金史·地理志上》宝山县(昌州所治)下注:"有狗泊,国言押恩尼要。"案:"恩"当作"里"。同书《食货志五》:承安三年九月,"行枢密院奏:斜出等告开榷场,拟于辖里尼要安置。"其事,又见《章宗纪三》此年十月癸未日下,乃作辖里袅。袅、尼要并蒙古语之 Na'ur,即"泊"也。然《地理志上》抚州丰利县(约在今张北县西北)下复云"有盖里泊"。不知盖里泊即押里尼要或辖里尼要与辖里袅,亦即狗泊也。今犹称为好莱诺尔,又曰九连城泡子,在九连城(黑城子)东北。《长春游记》盖里泊"南有盐池,迤逦东北去"。《黑鞑事略》作界里泺。

州之北行百余里,有故垒隐然,连亘山谷。垒南有小废城,问之居者云,此前朝所筑堡障也。城有戍者之所居。

此金西北路界壕也。长春书称明昌界,以界壕修自明昌年间。郝经称之为界墙,有诗,并自注:"昌州北金人所筑界墙也"(《陵川集》卷三)。杨奂《抚州诗》:"北界连南界,昌州又抚州。"(《还山遗稿》下)北界、南界,西北、西南二路之界壕,昌、抚二州适当其连接处。参王国维《金界壕考》一文。张、丘二家所见界壕,今犹得于炮台营子(当地居民误界壕为炮台)至乌兰胡同西北方窥其遗迹。昌州北之界壕,则自太仆寺旗(宝昌镇)东南向东北蜿蜒,经桓州遗址(库尔图巴尔哈孙城),过闪电河(即上都河)而与西南路界壕相接,直达多伦西南之边障店(当地居民又称界壕为边障)。1964年笔者携同中央民族学院历史系师生数十人在太仆寺旗黑渠山村(宝昌东北)作民族、社会历史调查。村外界壕及其故垒,历历在目,壕之深、高与垒之方、广,可得而测量,残器碎币可俯拾也。(当地居民更称此段界壕为小边墙,东北起骆驼山,西南抵河北康保县境。)

自堡障行四驿,始入沙陀;

此元人所称之也可迭烈孙,明人所称之也可的里速,即大沙窝,又曰瀚海。而今人名曰浑善达克沙漠者之东南边际。长春书名明昌界北之大沙陀。张、丘入沙陀处,约在今哈嘎淖附近(正蓝旗所在地黄旗大营子西北)。

际陀所及,无块石寸壤,远而望之,若冈陵丘阜然,既至,则皆积沙也。

丘处机《出明昌界诗》:"坡陀折叠路弯环","天产丘陵没大山"。彭大雅之写蒙古风土:"四望平旷,荒芜际天,间有远山,初若崇峻,近前则坡阜而已。大率皆沙石。"(《黑鞑事略》)明成祖北征蒙古之所目睹:"远见似高阜,至则又卑。"其叙小伯颜山"望之若高,少焉至其下,则又卑矣。"(《北征录》)西方传教士称:蒙古国某些部分山岭极多,其他部分则属平地,实则其全部土地乃由含沙很多之砂砾所构成(《迦宾尼游记》)。案:此地理学上"蒙古高原"之所以得名也。

所宜之木,榆柳而已,又皆樗散而丛生。

《西游记》言大沙陀,"其碛有矮榆,大者合抱。东北行千里外无沙处,绝无树木"。《北征录》:金沙苑(鱼儿泊北之平川也)多水,途边多榆木。沙陀高低,树青沙白,甚有可观。

其水尽碱卤也。

丘诗:"到处盐场死水湾。"徐霆言,界里泊"愈北,其地多碱"。

凡经六驿而出陀。

连同前四驿,计十驿矣。

复西行一驿,

自昌州至此总十一驿。十一驿中可知者伯只剌(又作白只剌)、憨赤海两驿而已(参陈得芝《元岭北行省诸驿道考》一文)。

过鱼儿泊。

鱼儿泊多见《元史》等书并元人诗文。又称答儿海子(《特薛禅传》)。唐曰大洛泊,辽曰达里淀,又曰大水泊(撒里袅),今作达里泊或达里诺尔。以盛产鱼得名。

泊有二焉,周广百余里,中有陆道,达于南北。

二泊,指今达里泊(在西)与冈爱泊(又作冈噶诺尔,或曰虻牛泡子)言之。前者大,后者小,故以达里泊兼括冈爱泊。《北征录》永乐八年六月二十七日,"晚次通川甸,即应昌东二海子间"。二海子,谓达里与冈爱也。其间平川地,即通川甸。

泊之东涯有公主离宫,宫之外垣高丈余,

下"宫"字从他本补(顾本亦无"宫"字)。公主,鲁国大长公主也速不花也。睿宗女,适斡陈驸马,封鲁国王。至元七年于其封地建城邑,名应昌府。二十三年升应昌路。遗址距达里诺尔西南约二公里,当地居民犹呼"鲁王城"(《内蒙古文物资料选辑》185—189页),离宫在泊东而城居泊西南。《滦京杂咏》第六十首:东城无树起西风,百折河流绕塞通。河上驱车应昌府,月明偏照鲁王宫。

方广二里许,中建寝殿,夹以二室,背以龟轩,

姚氏说,龟轩为中高而前后低之矮长廊。

旁列两庑,前峙眺楼,登之颇快目力。宫之东有民匠杂居,稍成聚落。

《西游记》亦言:至鱼儿泊,始有人烟聚落,多以耕钓为业。案:两书所言之民匠、人烟,殆公主之媵户,亦即鲁王之投下户。

中有一楼,榜曰"迎晖"。

蒙古俗,门窗皆东向朝日,故题榜额者(必是一汉人士夫),以

"迎晖"命名。

自泊之西北行四驿,有长城颓址,望之绵延不尽,亦前朝所筑之外堡也。

王国维说,此外堡当系世宗大定间所筑(《西游记校注》)。今内蒙古阿巴嘎旗(新浩特)西北甘珠庙起,东北至蒙古人民共和国苏赫巴托尔省沙尔哈德(在左森果勒东南)一段界壕遗址,必即德辉所亲见。

自外堡行一十五驿,

十五驿中必有益图(明人译迤都,成祖更名擒胡山,清人曰察罕七老山,即白石山,在今蒙古人民共和国苏赫巴托尔省达里干嘎一带)、阔斡秃(清人译科图,今内蒙古阿巴嘎旗吉尔嘎朗吐苏木附近)、哈思哈纳秃(又译哈尔哈纳秃)、失儿古鲁(今锡林浩特市)四驿(见上引陈得芝氏之文)。长春称此路为"鱼儿泊驿路"。

抵一河,深广约什滹沱之三,

德辉家真定,傍滹沱河,故引以为比。

北语云翁陆连,汉言驴驹河也。

即今克鲁伦河。古又有怯禄连、怯绿怜诸译。驴驹河,又作胪朐河(辽、元二史)、龙驹河(金史)、卢车河(赵秉文《滏水集十一·姬平叔墓表》)、间局河(耶律楚材诗)、陆局河(《长春西游记》),姬志真《送张文敬之和林诗》称玄水(《云山集二》),即黑水。

夹岸多丛柳,其水东注,甚湍猛。

《西游记上》言陆局河"两岸多高柳,蒙古人取之,以造庐帐"。又,陆局之支流沙河,"水濡马腹,旁多丛柳"。

居人云:中有鱼,长可三四尺。

原作"二四"据他本改。

春夏及秋捕之，皆不能得，至冬，可凿冰而捕也。

《西游记上》："沙河抵陆局河处积冰成海，周数百里，风浪漂出大鱼，蒙古人各得数尾。"案：温都尔罕西南有一时令湖，以吐纳克鲁伦之水，当即此海，昔涨而今涸矣，风浪漂鱼，言语不诬，余于1959 年在克鲁伦河亲睹其状。

濒河之民，杂以蕃汉，稍有屋室，皆以土冒之，亦颇有种艺，麻麦而已。

陈得芝谓：今温都尔罕之西发现辽城遗址两座，四周有耕屯痕迹，殆即德辉所至之处。

河之北有大山，曰窟速吾，汉言黑山也。自一舍望之，黯然若有茂林者，迫而视之，皆苍石也。盖常有阴霭之气，覆其上焉。

姚说"窟速吾"当是"窟剌吾拉"之缺文，蒙古文"窟剌"即Qara，义为"黑"，而吾拉即 Ula，"山"也。沈垚以《元史·撒吉思传》帖木哥斡赤斤封地之黑山当之。其说实误。斡赤斤封地之黑山，又见《明太祖实录》卷一百八十二、一百九十洪武二十年五月辛未及二十一年五月甲午纪事，为脱古思帖木儿驻地之一。《元史·土土哈传》曰哈剌温山。同书《洪万传》、《兀爱传》作蒙可山，《伯帖木儿传》作梦哥山。均指兴安岭言（参拙作《东北古地理古民族丛考》之十"兴安岭的古名"，见《文史》十二辑 147—150 页）。张氏所望见之黑山，应在驴驹河曲，即克鲁伦河与桑沽尔河汇合地东北之木伦附近，当是今肯特山或其一峰也。

自黑山之阳西南行九驿，复临一河，深广加翕陆连三之一，鱼之大若水之捕法亦如之。其水始西流，深急不可

涉,北语云浑独剌,汉言"兔儿"也。

《口北三厅志》十三《艺文志》引作"鱼之大若龠陆连水中者,捕法亦如之"。此隋唐书突厥、回鹘二传之独洛水、独乐河,《元史》等书有土兀剌河、脱剌河、秃兀剌河等译,今土拉河。案:以"兔儿"解浑独剌,实误。赵孟頫《兔诗》自注:"讨来,国朝语谓兔儿。"即蒙古语之 Taolai(–Ta'ulai)。姚书札奇斯钦识语释"浑"为 Gun,其意为"深",与"深广"之语相适应。其说可取。

遵河而西,行一驿,有契丹所筑故城,可广三里,背山面水,自是水北流矣。

沈垚谓此方三里之契丹故城即《西游记》之东故城。王国维以辽之防、维二州之一州当之。案:今考古发掘证实,该地确有一城,名乌兰巴尔哈逊,即"红城",应属辽之防州(在温都尔希勒特以东),维州尚在其西北(哈达桑附近);镇州又在维州东北(今隆城,又称龙县),乃西北路招讨司驻扎地。

由故城西北行三驿,过毕里纥都,乃弓匠积养之地。

据考古发现,今塔腊内河所经哈达桑西南有一古城,疑是毕里纥都。札奇斯钦说,毕里纥都疑是 Biligtu,蒙古语(源于突厥——回鹘语)"有智慧的"、"有记忆力的"(或可译"智慧者"与"聪明者的")。与"弓匠积养"义合。

又经一驿,过大泽泊,周广六、七十里,水极澄澈,北语谓吾愺竭脑儿。

今鄂尔浑河上游以东之乌盖依诺尔,又译沃给诺尔、额归泊等。由图拉河畔西进有顺流向西南直趋和林者与渡河西北先出鄂尔浑下游之地者两条路,明洪武五年北征蒙古即出此后一途径,与张德辉行程相合,当日德辉沿此路从浑独剌即图拉河畔来到吾愺竭脑儿即乌盖依诺尔也。

自泊之南而西,分道入和林城,相去约百余里。

即哈剌和林,又有哈剌鹘林等称,今译哈尔赫林、哈尔和林,其地有额尔德尼昭,故又以额尔德尼昭称和林城。

泊之正西有小故城,亦契丹所筑也。

沈垚以《西游记》之西故城当之(又以为或是镇州。案:镇州说误,详前文)。王国维说,额归泊西有湖名柴达木,其旁废城左右有唐回鹘苾伽可汗及突厥阙特勤二碑在焉,张氏所记,殆谓此城。案:《辽史》称"古回鹘城",苾伽可汗碑作"辟遏可汗故碑"(《太祖纪下》天赞三年九月丙申朔、甲子两日纪事)。唐之安北都护府与瀚海都督府亦治于此。

由城四望,地甚平旷,可百里,外皆有山。山之阴多松树,濒水则青杨丛柳而已。

沈垚说,即《西游记》之长松岭。记曰:"松栝森森,干云蔽日,多生山阴涧道间,山阳极少。"应是今之巴彦乌拉山。

中即和林川也。

和林川以哈剌和林河(和林河)得名(蒙古语"黑林"Kara‑Khrom)。此平川今名 Toglokho Tologai,周围环以矮山,东西长约五十里,阔二十至三十里。鄂尔浑河穿流此山谷,乌盖泊在平川北部之近山处,东西长八十里,阔亦如之。泊水经纳林河,西流入鄂尔浑河。

居人多事耕稼,悉引水灌之,间亦有蔬圃。

圃原作"浦",据他本改。《史集》言,和林于太宗在位时,始有农业,种植萝卜等蔬菜。又言,太宗之某年,稼穑方成而雨雹毁之。再事灌溉,其年秋稼大稔。

时孟秋下旬，糜麦皆槁，问之者云，已三霜矣。

　　沈曰："《西游记》所谓暮布冰霜，已三降也。特《记》甫初伏，《纪行》则孟秋下旬，时稍不同耳。又，《纪行》所说，尚在和林川中；《记》则十三至十七日连日山行，已在和林西北山中，故地气较寒矣。"

由川之西北行一驿，过马头山，居者云，上有大马首，故名之。

　　约当巴彦乌拉以西某一山峰。长春称十四日过山渡浅河，其山，亦谓此马头山也。

自马头山之阴转而复西南行，过忽兰赤斤，

　　下言忽兰赤斤至马头山间为春水飞放之地。又言忽兰赤斤至定宗大牙帐所在之转弯处，为来往交通所必经。以今道里衡之，约在臣赫尔（又译成赫尔，在车车尔格勒以东）以东某地。

乃奉部曲民匠种艺之所。

　　部曲民匠，犹言世祖之奴仆工农，均投下户也。

有水曰塌米河注之。

　　《太宗纪》作塔密儿河，《宪宗纪》作答密儿，《李庭传》作塔迷儿河。今有他米勒、塔米尔、北特末林河诸称，为鄂尔浑河支流之一。

东北又经一驿，过石墩。石墩在驿道旁，高五尺许，下周四十余步，正方而隅，巍然特立于平地，形甚奇峻，望之若大墩然，由是名焉。

　　丁谦、姚从吾均谓石墩即鄂博（obo）。《华夷译语·地理门》墩曰"斡勃斡"。

自墩之西南行三驿，过一河曰唐古，以其源出于西夏故也。其水亦东北流。

　　沈垚、王国维并以水出西夏为传闻之讹,非事实也。沈氏及张穆(《蒙古游牧记》卷八)又疑所谓唐古河即哈瑞河,又曰哈绥河。

水之西有峻岭。岭之石皆铁如也。

　　此岭即宪宗四年及七年两幸之月儿灭怯土。

岭阴多松林,其阳,帐殿在焉,乃避夏之所也。

　　避夏之帐殿,谓世祖是时之所居。

迨中秋后始启行,东由驿道过石堠子。

　　《说郛续》本作“东道过”。

至忽兰赤斤

　　原注:“山名,以其形似红耳也。”

　　颜案:此蒙古语之 Hula‘an Ciki(n)

东北,迤逦入陀山,

　　沈说,当是今之赛堪山。丁说,盖小山若坡陀形,非山名。后者是。

自是且行且止。行不过一舍,止不过信宿,所过无名山大川,不可殚纪。至重九日,王帅麾下会于大牙帐,

　　元因辽、金旧俗,重九拜天。帅字原作“师”,从沈垚所引者改。(下文:“四月九日率麾下复会于大牙帐”可证,“率”与帅通。)大牙帐,定宗所居斡耳朵,亦即怯绿连河河洲之曲雕阿兰,又称大斡耳朵者。

洒白马湩,修时祀也。

　　《昔儿古思传》“……得同饮白马湩,时朝廷旧典,白马湩非宗戚贵胄不得饮也。”案:拜天必燎羊、马肉,杂烧马湩,名曰“烧饭”,又称“排食抛盏”,简曰“抛盏”。《纪世大典·礼典·郊祀门》拜

天之礼"衣冠尚质,祭品尚纯"(《元文类》卷四十一)。尚质,尚纯,谓此"纯白裘"、"白马湩"并下句之桦木什器(桦皮白色,以之为器也)。

其什器皆用白桦,不以金银为饰,尚质也。

原作"禾桦",据顾本改。《说郛续》、《游记丛钞》作"水桦",亦误。柳贯《后滦水秋风词》有句:"旋卷木皮斟醴酪"(《待制集》卷六)。旋卷木皮,桦皮杯盘旋挖而成。以盛乳酪。

十月中旬,方至一山崦间避冬,林木甚盛,水皆坚凝,人竟积薪储水,以为御寒之计。其服,非毳革则不可。

《黑鞑事略》,其服,"旧以毡毳"。

食则以膻肉为常,粒米为珍。

同上《事略》:"其食,肉而不粒。……牧而庖者,以羊为常,牛次之,非大燕会,则不刑马……"《蒙鞑备录》:"鞑人地饶水草,宜羊马。……或宰羊为粮,故彼国中有一马者,必有六七羊;诸如有百马者,必有六七百羊群(案:言群有羊六七百只)也。近年以来,掠中国之人为奴婢,必米食而后饱,故乃掠米、麦,而于扎寨处,亦煮粥而食。彼国亦有二、三处出黑黍米,彼亦解煮粥。"

比岁除日,则迁帐易地,以为贺正之所。

案:岁除,旧年之末日;正,新正,正月一日也。

日大宴所部于帐前,自王以下,皆衣纯白裘,

所谓质孙服也。又作只孙。凡预宴者,上自皇帝,下至卫士、乐工皆服装饰珍珠之一色服,曰质孙衣,又曰珠衣。柯九思《宫词》第五首:"万里名王尽入朝,法宫置酒奏箫韶。千官一色真珠袄,宝带攒装稳称腰。"自注:"凡诸侯王及外番来朝,必赐宴以见之,国语谓之质孙宴。质孙,汉言一色,言其衣服皆一色也。"(《丹

邱生集》卷三）。质孙，蒙古语之 Jisun，"颜色"也。质孙宴又名
"诈马宴"。诈马，即波斯语之 Jāmha，义为"衣服"或"外衣"。详
韩儒林先生《元代诈马宴新探》一文（《穹庐集》二百四十七—二百
五十三页）。蒙古俗尚白，故洒白马湩，用白桦器，衣纯白裘。

三日后方诣大牙帐致贺，礼也。

贺新正大礼。

正月晦，复西南行。二月中旬，至忽兰赤斤，东行及马头山而止，趁春水飞放故也。

辽、金、元三朝称春猎为"春水"（秋猎称"秋山"）。飞放，放
鹰鹘以捕天鹅、鸿雁、鹿、兔诸禽兽。

四月九日，率麾下复会于大牙帐，洒白马湩，什器亦如之。每岁唯重九、四月九，凡致祭者再，其余节则否。

《金史·纥石烈牙吾塔传》：正大七年，"太宗（案：谓窝阔台）
至应州，以九日拜天，即亲统大兵入陕西"。正大七年乃太宗二
年。《太宗纪》二年秋七月，帝自将南伐，中经八月，此九日迨为九
月九日（重九）。又《元史·祭祀志一》郊祀门上：世祖中统二年四
月己亥（原作"乙亥"，新点校本已改正），躬祀天于旧桓州之西北，
洒马湩以为礼，皇族之外，无得而与，皆如其初。考是年四月朔日
为壬辰，己亥乃八日。当是八日启行，而次日祭天也。

自是日始回，复由驿道西南往避夏所也。大率遇夏则就高寒之地，

凉爽且少蚊虻。

至冬则趋阳暖薪木易得之所以避之。

《渐学》本及沈引作"薪水"（姚氏同），亦通。《事略》："其地
卷阿，负坡阜以杀风势。"又言："其营，必择高阜，主将驻帐，必向

东南。"《秋涧集》卷五十一《大元国故卫辉路监郡塔必迷失神道碑铭》:"辉帐千屯,分牧其西,夏则避炎潏顶,冬则迎燠山阳。"John of plano carpini《蒙古记》记札牙黑河(Yaik,押亦,今乌拉尔河)游牧的蒙古两千户,冬即向南到海边,夏则沿此诸河向北到山上去。Wiliam of Rubrufk《东游记》:鞑靼人知道他的牧场的界线,并知道在冬夏春秋四季到哪里去放牧他的牛羊,因为在冬季他们来到南方较温暖的地区,在夏季,他们到北方较寒冷的地方去。

过以往,则今日行而明日留,逐水草,便畜牧而已。

牧民以牲畜为养命之源,而牲畜则视水草而迁移,因之人为牲畜之附属物,牲畜又为土地之附属物。

此风土之所宜,习俗之大略也。

仆自始至迨归,游于王庭者凡十阅月,

《行状》:"戊申夏,公得告将还。"十阅月,只是滞留王府之日(《纪行》末所志日月,亦署戊申夏六月望日)。

每遇燕见,必以礼接之;至于供帐、衾褥、衣服、食饮、药饵无一不致其曲,

曲,款曲。

则眷顾之诚,可知矣。自度衰朽不才,其何以得此哉!

德辉卒于至元十一年,寿八十,则此时五十四岁(殆生于金章宗明昌六年)。

原王之意出于好善忘势,为吾夫子之道而设,抑欲以致天下之贤士也,德辉何足以当之。

《世祖纪一》:"岁甲辰,帝在潜邸,思大有为于天下,延藩府旧臣及四方文学之士,问以治道。"甲辰,乃马真皇后称制之三年,下距丁未之召德辉,中隔二年。"好善忘势"语出《孟子·尽心上》。

"吾夫子之道",儒者治国之道也。前引元遗山《真定庙学记》:"王府忠国抚民,一出圣学。比年宾礼故老,延见儒生。谓六经不可不尚,邪说不可不绌,王教不可不立,而旧染不得不新。顺考古道,讲明政术,乐育人材,储蓄治具。修大乐之绝业,举太常之坠典。……"同人《送高雄飞序》:"天家包举六合,臣属万国,立武事以兼文修,由草创而为润色。延见故老,网罗豪隽。必当考古昔之理乱,论治道之后先,察民生之休戚,观风俗微恶,以成长治之业,以建久安之势。……"圣学即儒学,而长治之业、久安之势,必赖儒者以建成之。《德辉行状》:世祖问以"致治之道",首询"孔子既没,其性安在"? 次及"金以儒亡"之俗说,有无依处? 第三、第四方属访求"中国"人材,亦即有用之汉人与安定社会、充裕农家生活等问题。经德辉前后所荐举,计好问、雄飞(即高鸣,《陵川集》有答高雄飞书,《困学斋杂录》有高鸣小传)外,复有魏璠(字邦彦,《元史》附其事迹于从孙魏初之传)、李治(《元史》有传)、白文举(即白华,《金史》有传)、郑显之、赵元德、李进之、李槃、李涛等数十人。其中魏璠于庚戌岁即定宗五年,同被召至和林,旋卒于彼地。迟于张氏之行三年。李槃尝奉庄圣太后命,侍阿里不哥讲读,见《廉希宪传》。《析津志·名宦志》之幸轩李槃,亦即其人。高鸣则"诸王旭烈兀将征西域。闻其贤,遣使者三辈召之,鸣乃起,为王陈西征二十余策,王数称善,……"(本传。案:旭烈兀征西域,常德随行。有《西使记》之作,德亦真定人。)赵元德,金御史(见《遗山集》卷十)。李进之号迂轩,为真定教官(见同上书卷十及卷十四)。郑显之、李涛事迹不详。诸人多真定籍或真定属县籍、以至久居真定者。而真定则庄圣后并世祖与阿里不哥兄弟之投下,是诸人固为彼母子、兄弟之藩臣也。世祖即位前,久已有意于国家之治理(与兄弟争位,事属必然),而以儒家伦理纲常感动之者,先是德辉及其引进之人，而姚（枢）、许（衡）、窦（默）、郝（经）诸家之以儒臣见重于世祖，尚在其后。《行纪》之所以"见重"于世者，不徒以其记录蒙古之山川、风景与民俗而已。

后必有"贤于隗者"至焉。

燕昭王"先礼郭隗以招贤者"，郭隗曰："王必欲致士，先从隗始，况贤于隗，岂远千里哉。"（见《史记·乐毅列传》及《燕昭王世家》）

因纪行李之本末，故备忘之。戊申夏六月望日，

行李，此处作"使人"、"旅行"解。戊申，定宗三年，公元1248年。望日，月之十五日。

太原张德辉谨志。

德辉原籍冀宁交城县。元冀宁路治太原城。

周伯琦《扈从诗前后序》疏证稿

周伯琦于元顺帝至元十二年（1352年）以监察御史扈从顺帝巡幸上京，东出西还，较它元人纪事独详；其前后扈从诗序，殆最完备之大都至上都间舆地书也。今以序与诗相印证，以集中它诗文及有关书籍相参校，为蒙古古行纪疏证之又一种，备治蒙古史者稽览焉。

扈从诗前序

至正十二年岁次壬辰四月

实公历1352年5月。

予由翰林直学士、兵部侍郎，拜监察御史。

《元史》本传：至正十二年，除伯琦兵部侍郎，遂与贡师泰同擢监察御史。两人皆南士之望，一时荣之。贾祥祺题《纪行诗》："国朝混一以来，中台南士之选，惟公居首。"

视事之第三日，实四月二十六日。

公历六月九日。

大驾北巡上京，

《纪行诗》第一首："乘舆绳祖武，岁岁幸滦京。夏至今年早，山行久雨晴。"二十六日，盖夏至之节。（辑本）《析津志·岁纪门》：四月十七日天寿节，太史院涓吉日，大驾幸滦京。又：车驾自四月内幸上都。

例当扈从。

《扈从诗后序》：国制，凡官署之幕职掾曹当扈从者，东西出还，甲乙番次，多不能兼。惟监察御史扈从，与国人世臣环卫者同，东西之行，得兼历而悉览焉。案：国人世臣环卫者，蒙古勋戚与怯薛官也。

是日启行，至大口留信宿。

张翥《大驾时巡，千官导送至大口》："万乘巡行远，三灵护佑多，旌旄随大纛，鼓铎杂鸣驼，丽日孚黄缴，微风送玉珂，臣心如草色，不断到滦河。"《日下旧闻考》卷百三十七京畿考、昌平二卷引《昌平州志》：大口村在州东南五十五里。案：《元史·太祖纪》帝至中都，三道兵还，合屯大口。《世祖纪十三》至元二十八年，（1291年）二月癸未，大驾幸上都，是日次大口。《成宗纪二》大德二年（1298年）三月甲申，次大口。《文宗纪一》天历元年（1328年）九月丙子，王禅游兵至大口。同纪二：二年（1329年）五月丁丑，文宗迎明宗。戊寅，次于大口。同纪三至顺元年（1330年）五月戊辰，车驾发大都，次大口。大口乃大都北边门户而至上京之第一程也。

历皇后店、

皇后店在昌平辛店东北，小榆河南。《元史·顺帝纪九》至正二十四年四月癸卯，知枢密院事也速、詹事不兰奚迎战秃坚帖木儿于皇后店。《析津志·属县志》大兴县桥梁门有黄埝庄，古迹门称黄埝店，在京城西北六十里，与皂角纳钵相近，每岁大驾往还皆经于此。"黄埝"即皇后异书。

皂角，

　　（万历）《顺天府志》卷二《营建志·邮舍门》：昌平州有皂角
铺。今名皂角屯，在大榆河西北，永太庄南。

至龙虎台，皆捺钵也。

　　辽曰捺钵。皇帝四时渔猎，称行帐为捺钵。汉语译“行在”、
“行宫”、“行营”、“营盘”，金元沿袭此制，又曰纳宝、剌钵等。

国语曰纳钵者，犹汉言“宿顿所”也。

　　杨允孚《滦京杂咏》第二首注：“凡车驾行幸宿顿之所，谓之纳
宝，又名纳钵。”案：纳钵语源，诸家说不一其辞，余以女真语“纳卜
戈”（相当满语之 na boo）当之，犹言“地房子”也。（此语借自女真
语，无意谓契丹语与女真语同一语族）。

龙虎台在昌平县境，又名新店，

　　新店又曰南口新店，北距南口七里，为昌平县徙治之所，见拙
著《王恽中堂纪事》疏证稿。

距京师仅百里。

　　王恽称海店（今北京市海淀镇）距京城二十里，新店距海店七
十里，计九十里。

五月一日，

　　公历六月十三日。

过居庸关而北，

　　虞集《题滦阳胡氏雪溪卷诗序》（《翰林珠玉》卷二）去年即与
侍御马公（按指马不田言）同被召出居庸，未尽东折，入马家瓮，望
缙山，云云。案：瓮山，殆此马家瓮也。伯琦两往上京，来回皆过居
庸。本集卷一《过居庸关二首》作于庚辰岁之行。参后文“往年职
馆阁”句注文。

遂自东路至甕山。

后文东路有二,一由黑谷,即此行之所经。

明日至车坊,

今名车房屯,在延庆县永宁城西北十三里(近旧县城)。

在缙山县之东。

缙山,金县名,唐为妫川县。

缙山乃轩辕缙云氏山,

远古传说,黄帝轩辕氏以云纪官,夏官缙云氏。

山下地沃衍,宜粟,粒甚大,岁供内膳,

《纪行诗》咏缙山县:"缙云山独秀,沃壤岁常丰。玉食资原粟,龙门记渚虹。"(嘉靖)《隆庆志》卷三《食货志》谷之属有粟。

今名龙庆州者,仁庙降诞其地故也。

同上诗注:"缙山县,今名龙庆州。"史《仁宗纪二》延祐三年(1316年)九月庚戌:"改缙山县为龙庆州,帝生是县,特命改焉。"《地理志一》龙庆州下:"至元二十二年(1285年)仁宗生于此。延祐三年,升缙山为龙庆州。"今北京市延庆县旧县城。

州前有涧名芎水,风物可爱。

今名秀水河。(嘉庆)《隆庆志》卷八《古迹志》秀水园,俗名东花园。在州城东北十二里,元仁宗诞处,其址尚存。

又明日入黑谷,

(乾隆)《延庆县志》卷一《山川志》黑峪在永宁城西北二十里,即此。又名黑峪口。

过色泽岭,其山高峻,曲折而上,凡十八盘而即平地。

虞集《雪溪卷诗序》:望缙山,度龙门百折之水,登色泽岭,过黑谷云云。

《纪行诗》咏十八盘岭:"车坊尚平地,近岭昼生寒。拔地数千

丈,凌空十八盘。"十八盘,色泽别名也。案:史《泰定帝纪二》泰定三年(1326年)七月乙丑,发兵修野狐、色泽、桑干三岭道。《顺帝纪六》至正十四年(1354年)五月,诏修砌北巡所经色泽岭,黑石头河西沿山道路,创造龙门等处石桥。又,(嘉靖)《隆庆志》(案:明改龙庆为隆庆)卷一《山川志》:"涩石岭在永宁城东北十二里,又名塞石岭。"均色泽岭异译,今仍名十八盘岭。(乾隆)《延庆县志·山川志》作"二十里",后者是。

遂历龙门

《纪行诗》咏龙门:"千岩奇互献,万壑势争趋。峭壁剑门壮,重梁星渚纡。"又本集卷一《龙门诗》:"两山屹立地望尊,天作上京之南门。雷雨低垂银汉近,蛟龙出没碧涛翻。"《九月一日还自上京途中纪事十首》之六:"龙门天下壮,咫尺异寒暄,云气东西接,泉声日夜喧。"皆所以写龙门之高峻雄壮与水势湍急也。今龙门所。

及黑石头,

即前引《顺帝纪六》之黑石头。约在今赤城县一带。

过黄土岭,

(乾隆)《赤城县志·地理志》,北路自杨家村至独石城北边外,共二十九村庄,黄土岭其一也(在赤城与云州中间)。

至程子头,

约在今羊房堡(云州堡西北)以南某地。

又过摩儿岭

《元诗选》及《口北三厅志·艺文志二》节录此纪,摩作"磨"是也。约为今十八盘、马皮岭一带。

至颉家营。

约为今油房、马营沟一带（独石口西南）。

历白答儿，

《元诗选》、《三厅志》引"答"均作"塔"，亦是也。约为今之独石口。虞集《雪溪卷诗序》，过黑谷至于沙岭乃还。

至沙岭。

案：《辽史·耶律孛鲁传》：从上猎松林，至沙岭卒。松林本名女河汤泉。应系上都东北不十里之大松林，此松林北接潢河上源之平地松林，以迄今龙门所以北之万松沟，沙岭在其旁。《滦京杂咏》二十三首自注："过人到偏岭之北面不可洗，头不可梳，冷极故也。过此始有暖意；素非高岭，寒气止隔于此，良可怪也与？"疑沙岭在偏岭东南。

自车坊，黑谷至此，凡三百一十里。

《纪行诗》咏沙岭二首之二："山行三百里，马上不知疲。"自注："是日上都守官远迎至此，内廷小宴。"盖大都辖区与上都辖区分界处也。

皆山路崎岖，两岸悬崖峭壁，深林复谷中，则乱石荦确，涧水合流，淙淙终日，深处数丈。

同上诗："谿涧淙淙急，峰峦矗矗奇"，"高岭横天出，炎天气候凉。"

朱德润《黑谷东路山诗》："高冈盘崔巍，白石落绝壑。鸣泉咽古窦，岩麓浮如削。""大峰齐云霄，群峤入云脚。朱阑围碧瓦，隐见仙人宅。"所咏即色泽岭至沙岭诸山景致。

关有桥，浅处马涉颇艰，

前引《顺帝纪六》创造龙门等处石桥，此必沙岭之关桥也。

人烟并村坞处二三十家，各成聚落，种艺自养。

同上诗:"柴门成聚落,山崦尽人家。""萱开当夏昼,麦秀比秋成。""薪蒸因地利,种艺遍山阿,村坞甿居朴,谿桥客径赊。"

山路将尽,两山尤奇耸,高出云衣,如洞门然,林木茂郁,多巨材。

《元诗选》引奇作"高"。又一本材作"石"。同上诗:"岫分苍葿特,崖豁洞门高,丹壁张罗绮,青林挺箭旄。"疑是独石口之景致。

近沙岭,则土山连亘,堆阜联络,惟青草而已。

同上诗:"烟草青无际,云冈影四团。"

地皆白沙,深没马足,故岭以是名;

同上诗:"白沙深没马,碧草浅连冈。"

过此,则朔漠平川如掌,天气陡凉,风物大不同矣。

同上诗:"晴川平似掌,地势与天宽。""晨服增绵纩,寒乡贵稻粱。"

遂历黑咀儿,

约为今小厂一带。

至失八儿秃,其地多泥淖,以国语名,又名牛群头。

柳贯有《午日雪后行失八儿秃道中有怀同馆诸公诗》。失八儿秃,蒙古语之 sibaoar tu,"有泥淖"也。其地有驿,有邮亭,有巡检司。《纪行诗》咏牛群头曰:"岭西通驿传,山尽见邮亭。"案:史《文宗纪四》至顺二年(1331年)五月丙申"赈滦阳、桓州、李陵台、昔宝赤、失儿秃五驿钞各二百锭。"失下遗"八"字。(辑本)《析津志·天下站名》独石东北八十(里)牛群头。独石,今独石口。独石口北七十里之石头城子,即牛群头遗址。以其为蒙古草地站之起始,故置巡检司,稽查行旅。

髯髦甚盛,居者三千余家。驿路至此相合,而北皆刍牧之
地。

　　同上诗:"万灶闾阎聚,千辕骡骑营。市楼风策策,野堠雾冥
冥。"驿路,见下文。

无树木,遍生地椒、野茴香、葱韭,芳气袭人。草多异花五
色,有名金莲者,绝似荷花而黄尤异。

　　《元诗选》《三厅志》引"花"字在金莲下。《纪行诗》咏沙岭有
"野花金映辔,沙韭翠侵袍"。前者谓金莲花,而后者兼括它四种。
(辑本)《析津志物产门》:山韭,与家韭同。苦马里(Kumall),甜苦
二等,丰州虚(境?)内胜胜(东胜?)极多。地椒,朔北、上京、西京
等处皆有之。案:《滦京杂咏》第七十三首自注:"地椒草,牛羊食
之,其肉香肥。"今蒙古语称沙葱为 Komuali。同门草花之品,有紫
菊、金莲,并上都产,虽草属,皆入画。又本集卷二《赋得滦河送苏
伯修参政赴任湖广诗》:"金莲满川净如拭。"滦河套盛产旱金莲,
故上都别有金莲川之名。

至察罕脑儿,云然者,犹汉言白海也。

　　《纪行诗》咏察罕脑儿注:"犹汉言白海。"今沽源县东北之囤
囵、公鸡、小泉三诺尔,是矣(古为一水泊)。

其地有水泫汪洋而深不可测,下有灵物,气皆白雾,故名。

　　许有壬《宿滦河望白海行宫诗》:"水天涵野白,禁树拥云红。"
灵物云云,传说如此。

其地有行在宫,曰亨嘉殿,阙庭如上京而杀焉。

　　上引咏察罕脑儿诗:"凉亭临白海,行内壮黄图。贝阙明清
旭,丹垣护碧榆。"本集卷一《九月一日还自上京途中纪事十首》之
二,亦有"行宫临白海,金碧出微茫"之句。史《王思廉传》:仁宗车

驾自上京还,召见于白海行宫。又《拜住传》:至治元年(1321年)三月,从幸上都,次察罕脑儿,帝以行宫亨丽殿制度卑隘,欲更广之。案:亨丽,亨嘉之误。考古者谓,囤囵诺尔东北有大宏城子,系金之景明宫;而大宏城子东北之小宏城子,则元之察罕脑儿行宫也。

置云需总管府秩三品以掌之。

史《百官志六》:云需府秩正三品,掌守护察罕脑儿行宫及行营供办之事。达鲁花赤一员,总管一员,并正三品;同知一员,从四品;副总管一员,从五品;判官一员,正六品;经历一员,知事一员,提控案牍一员。延祐二年(1315年)置。

沙井水甚甘洁,酿酒以供上用。

沙井,掘沙为井以汲水。

居民可二百余家。又作土屋养鹰,名鹰房,云需府官多鹰人也。

上引诗又曰:"龙湫时雾雨,鹰署世衡虞。驻跸光先轨,长扬只一隅。"鹰署即鹰房,亦即云需府。衡虞即虞衡,掌山泽之官,主山泽之民者。长扬,长扬宫,扬雄作《长扬赋》。司马相如作赋以写狩猎之阵容与狩猎之时态者。又上引《九月一日……诗》:"饲豹仍分署,韝鹰亦有房。"豹,猎豹,与鹰同养,以待捕兽之用。又本集卷二《七月七日同宋显夫学士暨经筵僚属游上京西山纪事二首》之二:"韝鹰秋健诸首帐",亦指云需府言。前引《文宗纪》赈济五驿钞币事失八儿秃、李陵台之间为昔宝赤。昔宝赤(Sibguci),蒙古语"鹰人"也,昔宝赤驿,实谓此云需府言也。

驻跸于是,秋必猎校焉。

《三厅志》引猎校作"校猎"。本集二《立秋日书事五首》之四:"凉亭千里内,相望列东西,秋狝声容备,时巡典礼稽。"自注:"上京之东五十里有东凉亭,西百五十里有西凉亭。其地皆饶水草,有禽鱼山兽,置离宫,巡狩至此,岁必猎校焉。"

此去纳钵曰郑谷店,

即位于牛群头与明安驿间,约当今小河子一带。

曰明安驿、泥河儿,

《纪行诗》咏明安驿曰:"地旷居人少,山低云影微。石墙虫避燥,土屋燕交飞,沙净泉宜酒,天凉秋合围。朔方戎马最,刍牧万群肥。"前引《析津志》牛群头六十(里)明安驿。约当今沽源北苏鲁滩以东之地。

旧李陵台驿、双庙儿,

《纪行诗》咏李陵台二"汉将荒台下,滦河水北流。""川草花芬郁,沙禽语滑柔。"《滦京杂咏》第八十五首:"白白毡房撒万星,名王酣宴惜娉婷。李陵台北连天草,直到开平县里青。"可为周诗之补充。《析津志》明安驿六十(里)李陵台。今正蓝旗南之黑城子,是其故址。

遂至桓州,曰六十里店。

下文作六十里店纳钵。《文宗纪二》天历二年六月庚戌,次于上都之六十里店。案:此桓州谓新桓州,遗址乃今正蓝旗之四郎城(旧称库尔图巴尔哈孙)。萨天锡有《和胡士恭滦阳纳钵即事韵五首》,滦阳纳钵即此六十里店也。

桓州,即乌丸地也。

《纪行诗》咏桓州曰:"桓州当孔道,城筑自唐时。""草滋新雨歇,云起远山移。"自注"古乌丸地也"。案:王恽《中堂纪事》称,桓州,按方志,盖东汉乌桓地也。元人诗句之乌桓或乌桓城,并指桓州言。

前至南坡店，去上京止一舍耳。

《纪行诗》咏南坡："南坡延胜概，一舍抵开平。地蕴清凉界，天开锦绣城。"《滦京杂咏》第六十四首"南坡暖翠接南屏"，亦写其风景者。南屏，山名。又自注："南坡乃纳宝也，故游人罕至焉。"又八十八首："霜寒塞月青山瘦，草实平坡黄鼠肥。"自注："文宗曾开宴于南坡。"案：南坡以英宗及拜住遇害处而知名，史称"南坡之变"。上京，今召乃门苏木。南坡在其西南三十里，今正蓝旗（黄旗大营子）。

以是月十九日抵上京。

实公历七月二日。

历纳钵凡十有八，为里七百五十有奇，为日二十四，

十八纳钵：大口、皇后店、皂角、龙虎台、瓮山、车坊、黑谷、程子头、颉家营、沙岭、黑咀儿、失八儿秃、察罕脑儿、明安驿、李陵台、桓州、南坡店、上京。

大抵两都相望，不满千里，往来者有四道焉。曰驿路，

即统幕北行至失八儿秃。

曰东路二，曰西路。

为伯琦返回时所走。

东路二者，一由黑谷，

伯琦此次前往所经历。

一由古北口，

今古北口。

古北口路，东道御史按行处也。

予往年职馆阁，虽屡分署上京。

本集卷一有《岁庚辰四月二十七日车驾北巡大口,有旨伯琦由编修官升除翰林修撰、同知制诰、兼国史院编修官。明日署事,扈从上京》七言诗。庚辰,后至元六年(1340年)。"职馆阁",谓翰林直学士。

但由驿路而已。黑谷辇路,未之前行也。因添法曹,肃清毂下,

法曹,监察御史。欧阳玄作《扈从诗后叙》所谓"执法侍上上京,持数寸之笔,以申三尺之令"是矣。毂下,京师之地。

遂得乘驿,行所未行,见所未见,

参后序。

每岁扈从皆国族大臣及环卫有执事者,

即前文"国人世臣环卫者"。后序称"宗亲世臣环卫官"。

若文臣仕至白首,或终身不能至其地也,实为旷遇,所至赋诗,以纪风物,得二十四首,

实计序一首,昌平、居庸、缙山、十八盘、龙门、黑石头、黄土岭、程子头、摩儿岭、颉家营、白塔儿、牛群头、察罕脑儿、明安驿、李陵台、桓州、南坡各一首、沙岭二首、上都三首。

惜笔力拙弱,不能尽述也。

伯琦以工书知名,篆尤精,诗文为字学所掩。

虽然,观此亦大略可知矣。鄱阳周伯琦自叙。

扈从诗后序

车驾既幸上都,以是年六月十四日,

实公历七月二十五日。

大宴宗亲世臣环卫官于西内棕殿,

棕殿，棕毛殿简称。《滦京杂咏》三十八首："北极修门不暂开"，"圣驾棕毛殿里回。"自注："棕毛殿在大斡耳朵。"又六十二首："内宴重开马湩浇，严程有旨出丹霄，羽林卫士桓桓集，太仆龙车款款调。"自注："马湩，马奶子也。每年八月开马奶子宴，始奏起程。太仆寺，掌马者。"袁桷《伯庸开平书事次韵七首》之一："沈沈棕殿内门西"，贡师泰《上都诈马大宴五首》之二："棕椆别殿仙拥曹"，萨都剌《上京杂咏》第二首："沙苑棕毛百尺郁。"

凡三日。七月九日，

三原作"一二"，据《元诗选》改。七月九日，公历八月八日。

望祭园陵，竣事，属车辕皆南向，彝典也。

本集二《立秋日书事五首》之二："龙衣遵质朴，马酒荐馨香。望祭园林邈，追崇庙祐光。艰难思创业，万叶祚无疆。"自注："国朝岁以七月七日或九日天子与后素服望祭北方陵园，奠马酒，执事者皆世臣子弟。是月（一本作日）择日南行。"案：祭园陵，行烧饭礼也。属车，皇帝侍从之车。本集二《天马行应制作》："属车岁岁幸两京。"又《郊祀庆成纪事三十韵》："木樽澄酒尚玄。"礼以黑马奶酒为贵。

遂以二十二日

实公历八月二十一日

发上都而南，是日宿六十里店纳钵，

即桓州，见《前序》。

明日过桓州，至李陵台、双庙儿。又明日至明安驿、泥河儿。翌旦至察罕脑儿。

诸驿并见《前序》。

由此转西，至怀秃脑儿，有大海在纳钵后。怀秃脑儿，犹

汉言后海也。

　　《纪行诗》怀秃脑儿作 Qui－tu na'ur："侵晨离白海，辇路转西迈。""秋风动地来，曾波忽澎湃。"自注："汉言后海也。"案：怀秃脑儿，蒙古语之 Qui－tu na'ur 也。末句形容后海之浪涛。今炮台营子西北之好莱诺尔。冯子振《奉皇姊大长公主命题宋道君鹦鹉图卷》。"凄凉晚岁鸳鸯泺，漠雁沙鸿未必知"。

曰平陀儿，曰石顶河儿，土人名为鸳鸯泺，以其地南北皆水泺，势如湖海，水禽集育其中；以其两水，故名鸳鸯，或云水禽惟鸳鸯最多。

　　《纪行诗》鸳鸯泺作："官路何逶迤，里数不可废。宿止有常程，晚次鸳鸯泺。"怀秃脑儿至鸳鸯泺间为一日程。又曰："凫鹥杂翔集，巨鳞倏潜跃。居人岁取给，远眺仅一勺。"此泺以多鱼，故水禽集聚。平陀儿，石顶儿两水之名。鸳鸯泺今名安固里淖，古称昂兀脑儿，蒙古语 anggir，适为鸳鸯之义。按：石顶河之名，今尚存，土人呼为黑水河（哈喇乌苏）。源于山洪奔腾，称汗河子，潴为三盖诺、三张飞诺，有枝汗河、八台河、东洋河、布尔渡哈苏台河、罗彩察河连为一水，自南而北，注入黄盖诺，黄盖诺复与三盖诺、三张飞诺相通，东北流入安固里诺尔，此鸳鸯泊之一大水源。另一水源，乃自南北流之哈柳台河，必周氏所称之平陀儿也。详见《口北三厅志》卷二《山川志》引《一统志》及《张北县志》卷一《地理志》及附图。

国语名其地曰遮里哈刺纳钵，犹汉言"远望则黑"也。

　　此蒙古语之 Jeri Qara na'ur 也。

两水之间壤土隆阜，广袤百余里，居者三百余家，区脱相比。

　　区脱，瓯脱也。语出《史记》、《汉书》之《匈奴传》。裴骃《集解》引韦昭语："界上屯守处。"后泛指边界言。区脱相比，即居地相邻。

诸部与汉人杂处，

　　诸部，至少有相当数目之康里人。史《阿沙不花传》（卷百三十六）言割帷台岭境内昔宝赤牧地使大同、兴和两郡邑民耕种以自养。又言阿沙不花既领昔宝赤，帝复欲尽徙兴和桃山数十村之民，以其地为昔宝赤牧地，阿沙不花固请存三千户以给鹰食。按：阿沙不花，唐里人，所领昔宝赤必有相当数量之同族人。

颇类市井，因商而致富者甚多，有市酒家，资至巨万而连姻贵戚者。地气厚完，可见也。俗亦饲牛力穑，粟麦不外求而瞻。

　　上引诗："原隰多种艺，农蹊犬牙错。场圃盈粟麦，力穑喜秋获。"

凡一饲五牛，名曰一具，耕地五六顷，收粟可二百斛，问其农事多少，则曰牛几具。

　　牛具又曰牛头，本金猛安谋克女真户所输税名。其制每耒牛三头为一具，每牛一具赋粟五斗，称牛头税，又曰牛具税。详《金史·食货志二》牛头税项。此一饲五牛，乃后世之变化。

察罕脑儿至此有百余里，皆云需府境也。

　　据此，云需府鹰人外，又多农夫。

界是而西，则属兴和路矣。

　　兴和路，见下文。《纪行诗》咏兴和郡："滦阳界东履，汾晋直西略。"张养浩亦有《兴和道中诗》。

纳钵曰苦水河儿，曰回回柴，国语名忽鲁秃，汉言"有水

泺"也。

此水泺应是今白城子东北之筛汗诺尔。

隶属州保昌。

《元史·地理志一》中书省兴和路州一,"宝昌州,下。金置昌州。元初隶宣德府,中统三年(1262年)隶本路,置盐使司。延祐六年(1319年),改宝昌州"。今沽源县九连城。

曰忽察秃,犹汉言"有山羊处"也。

史《燕铁木儿传》至治二年(1322年)11月朔,明宗次忽察都之地,文宗以皇太子见。庚寅,明宗暴崩。《明宗纪》八月乙酉朔,次王忽察都之地。丙戌,皇太子入见。庚寅,帝暴崩。王忽察都即忽察都,亦即忽察秃也。忽察秃,蒙古语之 Quoa - tu 也。Quca,羖羠也。

地饶水草,野兽兔最多,鹰人善捕,岁资为食。又西二十里,则兴和路者,世皇所创置也。岁北巡,东出西还,故置有司为供亿之所。

上引咏兴和郡诗:"北巡必西还,远拟东邑洛。供亿颇浩繁,抚循在恭恪。"史《地理志上》:"兴和路,上。唐属新州。金置柔远镇,后升为县,又升抚州,属西京。元中统三年,以郡为内辅,升隆兴路总管府,建行宫。"(汪辉祖《元史本证》云:"是年升抚州为隆兴府,其升路在至元四年。")今河北张北县。

城郭周完,阛阓丛夥,可三千家,市中佛阁颇雄伟,盖河东宪司所按部也。西抵太原千余里,郡多太原人。

上引诗:"连甍结贾区,曾楼瞰廖廓。要会称雄丽,势压诸部落。"诗注:"兴和郡属河东宪司按部,西抵太原千余里。"又诗曰:"提封广以遐,编氓半土著。"土著,谓太原人言。

郊圻地坡陀宎隙，便种艺。

　　　上引诗："兴和号上郡，陂陀具城郭。"

路置二监一守，余同他上郡，东界则宣德府境，上都属郡
也。

　　　《地理志一》：中统四年（1263 年）改金宣德州为宣德府，隶上
都路。详下文。

府之西南名新城，武宗筑行宫其地，故又名曰中都，

　　　西南应作西北。中都，今白城子。史《武宗纪一》大德十一年
（1307 年）六月甲午，建行宫于旺兀察都之地，立宫阙为中都。中
都罢建城在至大四年（1311 年）正月壬辰。同年二月甲寅，又以
"城中都徽功毒民"罪，禁锢司徒萧珍。均见《仁宗纪一》。

栋宇今多颓圮，盖大驾久不临矣。

　　　《元诗选》颓圮作"圮毁"。检史《泰定帝纪一》至治三年
（1323 年）十一月己丑朔，车驾次于中都，修佛事于昆刚殿。同本
纪二泰定三年（1326 年）八月辛丑，次中都，畋于汪火察秃之地。
案：汪火察秃即旺兀察都与王忽察都，车驾不临幸，必在此时以后。
张养浩有《中都道中诗》：鸣禽旷野栖无树，破屋荒山住有人。亦
写其荒落者。

由兴和行三十里，过野狐岭，岭上为纳钵。

　　　《元诗选》不重"岭"字。岭在今张北县南五十里，长约五里，
高约百丈，形势险要，兵家必争之地。《张德辉纪行》曰扼胡岭。

地甚高，风寒凛栗不可留。

　　　《巡行诗》咏野狐岭："高岭出云表，白昼生虚寒。冰霜四时
凛，星斗只尺攀。"郝经《北岭行》："中原南北限两岭，野狐高出大
庾顶。举头冠日尾插坤，横亘一脊缭绝境。……"

山石荦确，中央深涧，夏秋多水。

　　同上诗："涧谷深叵测，梯磴纡百盘。坳垤草披拂，崎岖石巀嶭。""怳然九天上，熙熙俯人寰，连冈来重隘，拱揖犹城垣。"

东南盘折而下平地，则天气即暄，至此无不减衣者。

　　同上诗："停鞭履平地，回首势望尊，绵衣遂顿减，长途汗流靬。"诗注："岭界北甚寒，南下平地，则暄矣。"

前至得胜口，

　　距张家口三十三里。蒋一葵《长安客话》卷八《边镇杂记》名此为大胜甸，参《王恽开平纪行》疏证。

宣德，宣平县境也。

　　《地理志一》宣德府三县，其二宣平，下。今张家口左卫镇西北十里之宣平堡。

地宜树木，园林连属，宛南燕南。有御花园，杂植诸果，中置行宫。

　　上引诗："亭柳荫古道，园果登御筵。境虽居庸北，物色幽蓟前。"案：俗以为辽萧太后花园，大误。胡助《御花园诗》："朱扉金锁绿如云，雨露恩光草木新。若识九重临幸意，花时人世一般春。"

果有名平波者，似来禽而大，红如朱砂，甘酸。

　　平波即苹婆，俗曰苹果，佛书所谓苹婆，华言"相思"也。参《日下旧闻考》卷一百四十九物产考引《采兰杂志》。来禽即花红，《滦京杂咏》第七十五首："海红不似花红好"注"海红、花红、巴揽仁，皆果名。"俗名沙果或沙棠。胡助《折技来禽诗》写生沙果似妊姝，映日红腮雾露余。"为来禽即沙果之证。

又有名忽剌必者，比平波又大，味甘松，相传种自西域来，故又名之曰回回果,皆殊品也。

（万历）《顺天府志》卷三《食货志》物产门果类有唬喇槟。（钦定）《日下旧闻考》卷一百九十九《物产考》引《北京赋》:虎刺班于楤梓,苹菠楸于来禽。虎刺即唬喇槟或忽刺必也。俗称槟子。朱彝尊以为槟子即古之赤棠也。

得胜口南至宣平县十五里,小邑也。

前引诗:"始悟一岭隔,气候殊寒暄。小邑名宣平,相距两舍间。"两舍,宣平、得胜口之距离。

去邑三十里有山,出玛瑙石,可器。

《百官志四》将作院下有宣德、隆兴等处玛瑙人匠提举司之设,缘此地产玛瑙,故设提举官。

又前至沙岭,沙深,车马涉者甚艰。

此又一沙岭。张德辉书称沙岭子口,今张家口东南沙岭子镇。

又五十里至顺宁府,本宣德府也,比年因地震,改今名。

《地理志一》:"顺宁府,唐为武州。辽为归化州。金为宣德府。元初为宣宁府。太宗七年（1235 年）,改山西东路总管府。中统四年改宣德府,隶上都路,后至元三年（1337 年）以地震改顺宁府。"案:改名实在至元四年（1338 年）八月癸末,见《顺帝纪二》,志微误。

原地沃衍,多农民。

上引诗:"牛羊岁蓄息,土沃农事专。野人敬上官,柴门暮款延。"

又宜蓝淀草,颇有工染者,亦善地也。

南过坳儿岭,

沈涛《瑟榭丛谈》卷上:周序之坳儿岭即唐李可举破李克用于

药儿岭,今名鹞儿岭,在宣化东南三十里。考证綦详,可参看。《明史·薛斌传》(卷一百五十六)正统十四年秋与朱勇等遇敌于鹞儿岭,军败。

《元诗选》三集丙集李溥光《鹞儿岭诗》:"械械寒沙投马蹄,萧萧胡吹袭春衣。冰坚石齿河声断,霜落川牙树影稀。长路几经行客老,青山长见白云飞。何时还却行缘债,卓个茅庵冷翠微。"

路并□石,

所缺或是"大"字。

下临深涧,险阻可畏。涧黄流浩汗,

《纪行诗》咏自顺宁府历坳儿岭临浑河上源过鸡鸣山晚宿雷家驿:"登顿未及晡,修岭忽前阵。乱石森礧礧,浊流奔沄沄。"修岭即坳儿岭,而浊流指涧黄流。又:"斗崖鸣颓涧,险径缘鄂嶭,园林暗回隈,峰嶕排秋旻。"斗崖、险径又写其险阻可畏。

东南数百里,穿居庸关,流至京城南卢沟,合众水,势甚大,名为浑河。

《河渠志一》:"卢沟河,其源出于代地,名曰小黄河,以流浊故也。自奉圣州界,流入宛平县境,至都城四十里东麻谷,分为二派。"又:"浑河,本卢沟水,从大兴县流至东安州、武清县,入漷州界。"案:志之卢沟河实桑干河,而浑河则永定河也(至天津入海)。

每岁都水监专其事,否则为患不小。

《河渠志叙》:"元有天下,内立都水监,外设各处河渠司,以兴举水利、修理河隄为务。……导浑河,疏滦水,而武清、平滦无垫溺之虞。"案:都水监,秩从三品。掌治河渠并隄防水利桥梁,闸堰之事。都水监二员,从三品,少监一员,正五品;监丞二员,正六品;经历知事各一员,令史十人,蒙古必阇赤一人,回回令史一人,通事、知印各一人，奏差十人，壕寨十六人，典吏二人。至元二十八年（1291 年）置。二十九年（1292 年），领河道提举司。大德六年（1302 年）升正三品。延祐七年（1320 年），仍从三品。见《百官志六》。

岭路参互，四十里至鸡鸣山。叠嶂排空，绵亘二十余里，

《元诗选》岭路作"岭头"。前引诗："海鹏奋凌风，江蛟欻乘云。鸡鸣俗语传，世远昧所因。"案：鸡鸣云云，谓唐太宗北征，于此闻鸡鸣之传说也。但《大魏诸州记》及郎蔚之《随州郡图经》均作鸣鸡山，本名磨笄山，典本代王夫人磨笄自杀之故事。杜预《春秋地名》：靡笄山，《括地象》云，一名磨笄山，亦云马头山。

有小寺在山巅。

姚从吾说：小寺乃永宁寺，见本著《张德辉纪行》疏证稿。

旁有椦木，泉所经也。望之如在半天边，山隘迫尤甚。

椦木，独木桥也。前引诗："招提据危颠，略彴横天津。睥睨穷豪茫，翕忽丛鬼神。六龙行中天，壮观齐昆仑。造设开辟先，显耀当兹辰。"略彴即此椦木言。

又南二十里，乃平地，曰雷家驿，京尹所治也。

又称雷家店、雷家站、雷氏驿亭。今新保安镇。京兆尹治此，以巡幸故也。

雷家驿之西北十里，纳钵曰丰乐。

约在今沙城堡（即新怀来县）一带。

丰乐二十里，阻车纳钵。

《元诗选》里下有"至"字。约在今小土木或安家堡一带。

又二十里至统幕，

即明英宗被俘处之土木堡，今土木村。

则与中路驿程相合。

（辑本）《析津志·天下站名》：榆林西行至统幕分二路，一路北行至上都，一路西行至雷家站。案：至上都之路，即《前序》所称驿路；至雷家站之路，则伯琦扈从西还之途程，亦即《后序》所经各驿也。考《滦京杂咏》第十一首："榆林御苑柳丝丝，昨夜宫车又黑围。"自注："此处有御苑。黑围，地名，大驾经由之所，俗云'龙上枪竿'，是以御驾不由此处。"又二十五首自注："由黑围至此（察罕脑儿）始合辙焉。"龙上枪竿，简名枪竿岭，今长安岭。合辙处，察罕脑儿外，又在失八儿秃，见前文。

而南历狼居胥山，

沈涛《丛谈》卷上：《唐书·地理志》居庸关北有狼山，今在怀来县西十五里，一名狼居胥山，引周氏此序。考汉骠骑所封之山在代北二千余里，何以此山亦冒狼居胥之名，是犹窦宪纪功之燕然去鸡鹿塞三千余里，而宣郡亦有燕然山也。案：今名狼山堡（在七里堡西北）。

至怀来县。

今怀来县（沙城）怀来镇。

县，唐所置也。四山环抱流注，市有长桥，水名妫川，

《元诗选》市作"中"。妫川今名妫水河。今地名石桥者，即长桥遗址。

唐名妫川郡，有碑可考。

两唐书《地理志》无不谓唐武德七年（624年），诗平高开道，以隋怀戎县置北燕州，复北齐旧名。贞观八年（634年）改妫州妫川郡，取妫水为名。《纪行诗》咏怀来县："怀来虽小县，肇置自李唐。泉甘沙井冽，桥古川流长。重冈相抱环，远山势低昂。"泉甘

沙井,写玉液泉水酿酒;古桥川流,写县东之石桥。参王恽、张德辉两纪行疏证稿。重冈环抱、山势低昂,又写四山环抱,妙水中流也。本集《还自上京途中纪事十首》之九,曰:"怀来虽小县,城郭颇周严。野寺严兵骑,溪桥飏酒帘。唐碑文未泯,汉侯吏无觇。"诗相类。

县南二里,纳钵也。

此纳钵当在旧县南,妙河北。

凡官署留京师者,皆盛具牲酒果核,于此候迎大驾,仍张大宴,庆北还也。

上引怀来县诗:"銮舆岁西还,倾朝迎道傍。蟠桃百宝盘,敬上万年觞。"揭傒斯诗:"万乘有行营",行营指此迎驾之官署。

南则榆林驿,

今岔道西二十五里之东西旧榆林。

即汉史《卫青传》所谓榆谿旧塞者。

《纪行诗》:咏榆林驿:"此地名榆林,自汉相传旧。但见柳青青,夹路忘炎昼。"自注:"汉史称榆谿长塞,即此也。"与文同。《丛谈》上卷:"伯温又以怀来榆林驿即汉之榆谿长塞,亦误。"案:《汉书》青传,武帝称青"度西河至高阙","遂西定河南地,案榆谿旧塞……"此旧塞实在河套一带,与怀来南之榆林驿何干?

自怀来行五十五里,至妙头。

此妙头实谓今岔道。

又十里入居庸关。

《纪行诗》入居庸关为一题,本集二有《还途居庸关中即事诗》。

关南至昌平龙虎台。

《纪行诗》龙虎台诗自注："在昌平县境,北距居庸关二十五里。"

又南则皇后店,皂角,大口焉。

《纪行诗》大口诗自注："其地有三大垎,土人谓之三疙疸,距都城北门二十里。"案:《析津志·属县》大兴县古迹门:"黄堠店,在京城西北六十里,与皂角纳钵相近。每岁大驾往还,皆经于此。大口店,在京城西北四十里,旧有城,今为店,西有高丘鼎峙,曰三疙疸。车驾春秋往还,百官迎送于此。"又昌平县山水门:"大口,大驾时巡,千官导送至此,其迎驾,亦如之。"张翥仲举诗:"驻跸平原上。周庐彩仗攒。虎臣揥具剑,龙鸟镂衡鞍。玉馔幪舆入,朱弦进酒弹。高秋望云气,还北候回銮。□□□□□,采采花盈手,何以醉先生,清溪渌如酒。"又岁纪:……大驾于八月内或九月初,自李陵台一纳钵之后,次第而至居庸关,并过街三塔,雄伟据高,穹碑屹立。过此有黄堠店,人烟凑集,回视山北景物,则不侔矣。至龙虎台,高眺都城宫苑,若在眉睫,上位三宫储君至此,千官百辟,万姓多人,仰瞻天表,无不欢忻之至。再一纳钵,即三疙疸也。独守卫军指挥、留守怯薛、百辟于此拜驾;若翰苑泊僧道、乡老,各从本教礼祝献,恭迎大驾入城。"案:张诗题作《大驾时巡千官导至大口》,载《蜕庵集》。

遂于八月十三日至京师。

实公历九月二十三日。《滦京杂咏》第一首:"今朝建德门前马,千里滦京第一程。"至上京,出入京师,必由建德门。

凡历纳钵二十有四,

计六十里店,李陵台、明安驿、察罕脑儿、怀秃脑儿、鸳鸯泺、苦水河儿、回回柴、兴和路、新城、野狐岭、得胜口、宣平县、沙岭、顺宁府、坳儿岭、鸡鸣山、雷家驿、丰乐、阻车、怀来县、榆林驿、妫头、龙虎台、皇后店皂角大口。

为里一千九十又五，此辇路西还之所经也。

> 《元诗选》又作"有"。即前序所言之西路。

北自上都至白海，南自居庸至大口，已见前序，故得而略，独详其所未经者耳。

国制，凡官署之幕职掾曹当扈从者，东西出还，甲乙番次，多不能兼，惟监察御史扈从，与国人世臣环卫者同，东西之行，得兼历而悉览焉。

昔司马迁游齐、鲁、吴、越、梁、楚之间，周遍山川，遂奋发于文章，焜耀后世。

> 《史记·太史公自序》："迁生龙门，耕牧河山之阳。年十岁则诵古文。二十而南游江淮，上会稽，探禹穴，阚九疑，浮于沅、湘；北涉汶、泗，讲业齐、鲁之都，观孔子之遗风，乡射邹、峄；厄困鄱、薛、彭城，过梁、楚以归。于是迁仕为郎中，奉便西征巴、蜀以南，南略邛、笮、昆明，还报命。"

今予所历，又在上谷、渔阳重关大漠之北千余里。

> 上谷，即怀来。渔阳，今密云西南。

皆古时骑置之所不至、辙迹之罕及者，非我元统一之大，治平之久，则吾党逢掖章甫之流，

> 逢掖，宽袖之衣，古代儒者所服，章甫，缁布冠也；二辞为文士之代表。

毋得传轺建节，

> 轺，轺车；节，符节，二者以喻大臣出使。

拥侍乘舆，优游上下于其间哉！即赋五言古诗十首以纪

其实。

　　计:《怀秃脑儿作》、《鸳鸯泺作》、《兴和作》、《野狐岭》、《自顺宁府坳儿岭临浑河上源过鸡鸣山晚宿雷家驿》、《怀来县》、《榆林驿》、《入居庸关》、《龙虎台》、《大口》。

复为后序,以著其概,不惟便观者得以扩闻见,抑以志吾生之多幸也欤?! 鄱阳周伯琦述。

后　记

慈父贾敬颜教授,虽谢世已有十余年时间,但他的音容笑貌时时刻刻都萦绕在我的脑际。他的过早辞世,给我的母亲和作为子女的我们,带来了巨大的精神痛苦。十多年以来,无尽的哀思时刻在煎灼着我们,同时这也促使我带病整理父亲遗稿,以寄托我们全家对他的缅怀心绪。

1949 年,父亲毕业于北平中法大学文史系。先在中国科学院考古研究所任助理研究员,自 1952 年迄 1990 年逝世,在中央民族学院(今中央民族大学)任讲师、副教授、教授,以毕生精力从事中国北方民族史研究。他为人诚恳,淡泊名利,用他自己的话说是:"课徒之暇,唯书是娱",为我们做子女的树立了做人的榜样。在学术上,父亲治学严谨,孜孜不倦,具有中国老一代学者的风范。他在辽金史和蒙元史研究领域中提出了自己许多独到的见解。父亲一生著述丰厚,《民族历史文化萃要》、《东北古代民族古代地理丛考》、《契丹国志》校点译注等著作以及《探马赤军考》、《从金朝的北征、界壕、榷场和宴赐看蒙古的兴起》等 50 余篇学术论文,旁征博引,爬梳故籍,钩沉索隐,均体现了他治学严谨、言必有据的学术风格,将中国北方民族历史文化中的许多问题,真实而生动地呈现在读者面前,受到了国内外同行学者的赞誉和尊重。现奉献给读者的《五代宋金元人边疆行记十三种疏证稿》,是父亲生前对五代宋金元人北部边疆行记疏证文遗稿之合辑。父亲在本著中说过,自五代至元朝有关北疆历史地理的资料稀少,因此本书的出版对弥补这方面的欠缺不无裨益,我们认为这也正是本书的重要价值所在。我们虽然不是史学工作者,但从父亲在疏证这些行记时征引资料之丰富,态度之严谨,能看出他对此项工作花费了许多心血,因此在他逝世十周年之际,本书的出版,或许也是对在九泉之下的他的一种告慰吧!

当本著初次整理时,著名清史学家、父亲故友王锺翰先生饱含着对老朋友的怀念之情为本著撰写了序文。遗稿的整理工作,自始至终都得到了李桂枝教授的指导和支持,父亲的研究生蔡凤林、毕奥男、祁美琴、周竟红等,也都作了大量核对引文的工作,在此我们全家向他们表示衷心地感谢! 另外,本著经中华书局慨允后得以付梓发行,时下学术著作出版极其艰难,他们不惜牺牲自己利益扶持学术的高尚精神,实在是令我们感激不已,在此对他们也表示诚挚谢意!

贾敬颜之女贾濬　女婿唐三太谨识。
2001 年 5 月于北京